城市旅游发展与管理

郭 舒/著

Urban Tourism:
Understanding and Managing

前　言

全世界城市总数约37000座，其中，人口超过百万的大城市约有460座。生活在城市里的居民约占世界总人口的一半，发生在城市里的旅游活动频繁而丰富。2000年以来，旅游学术界出版了一系列围绕城市旅游现象展开研究的著作与教材，如吴必虎的《地方旅游开发与管理》、俞晟的《城市旅游与城市游憩学》、陶犁的译著《城市旅游管理》、保继刚的《城市旅游——原理·案例》、高峻的《都市旅游国际经验与中国实践》、赵煌庚的《城市旅游》等。这些成果从不同角度论述了旅游与城市发展的关系、旅游与城市居民的关系、城市旅游发展的成功经验、城市旅游的规划与营销，给后来的研习者很多启发。

本书的研究脉络从关注旅游的本质与透视城市旅游现象入手，沿着城市旅游空间的解析、城市旅游影响的评价、城市旅游管理机制的探索，一直到谋求城市旅游发展的竞争力研究。全书的内在逻辑结构如下：从基本命题出发，首先讨论"旅游"、"城市空间"、"城市旅游"这些核心概念；其次对派生概念"城市旅游影响"进行分析；最后转入对城市旅游管理与发展等实践问题的研究。下面概要地介绍一下本书的结构和主要内容。

第一章从微观和宏观两个角度剖析了旅游现象的本质。进而提出城市旅游是旅游现象与特定地理空间结合的产物，这个特殊的地理空间便是城市。本章对城市旅游研究的历史做了简要回顾，并且围绕如何厘清旅游产业边界做了大量研究。

第二章解释了旅游现象和城市空间是如何耦合在一起的。本书认为，城市旅游现象是旅游供求双方的行为在城市空间的投影，是旅游现象适应并改变了城市的空间结构。这种空间概念的建立，有助于从综合角度理解城市旅游的内涵，是对城市旅游概念的一种基于地理空间角度的阐释。

第三章、第四章、第五章分别讨论了城市旅游的经济影响、社会文化影响和环境影响。旅游影响的重要性不言而喻，甚至在相当长的时间里"旅游带来的影响"与"旅游现象本身"的界限在人们的认识中一度模糊不清。但无疑，对这部分内容进行研究是具有重要意义并且困难重重的：在城市内部参与旅游的商业构成十分复杂，旅游活动与居民活动密不可分，旅游明显的季节性以及研究方法与手段的陈旧，研究者对于"影响"的持续关注度不足等。在这些章节中，本书力图描绘城市旅游影响的清单，并通过具体的案例刻画这些影响是如何发生的。

第六章从区域管理的角度解读城市旅游管理，对旅游管理的微观视角与宏观视角进行了基于空间的整合。本书主张从城市旅游管理的需求角度和供给角度来审视旅游管理行为：从需求上回答"人为什么要外出旅行"，相应地从供给的角度回答"人为什么要选择城市"。这是城市旅游管理思维的核心部分，是具有生命力的旅游城市必须面对的问题。

第七章讨论了城市旅游发展的未来。通过对"城市旅游竞争力"这样一个具有比较含义的概念进行理论解释，提出未来城市旅游发展的动态化目标：一个通过给旅游者提供优质旅行体验的城市，能够借此带来经济的繁荣、环境的改善，又能为居民提供高质量生活保障的城市，才是未来真正有持续竞争力的城市。

目 录

第一章　旅游的本质与城市旅游现象透视 ·········· 1

 导言：旅游、城市旅游及其核心问题 ·········· 1
 一、生态旅游概念泛化思考 ·········· 7
 二、生态旅游管理初步研究 ·········· 11
 三、产业集群视角下的旅游产业范围与政策领域 ·········· 14
 四、旅游产业链经济特征分析与市场低效探源 ·········· 17

第二章　城市旅游空间的理解 ·········· 25

 导言：城市、城市空间结构与旅游空间 ·········· 25
 一、资源型城市战略制定的理论依据与模式选择 ·········· 28
 二、城市旅游发展模式选择的三维框架 ·········· 36
 三、旅游规划对象系统的一般性解释 ·········· 40

第三章　城市旅游的经济影响 ·········· 46

 导言：效应、评价及影响因素 ·········· 46
 一、关于旅游业推动城市经济发展模式的探讨 ·········· 52
 二、营销城市的杰作——2006年沈阳市世界园艺博览会 ·········· 56
 三、沈阳市两大旅游产业集群并存发展研究 ·········· 68
 四、基于区位熵方法的旅游集群产业集聚度评价 ·········· 74

第四章　城市旅游的社会文化影响 ·········· 82

 导言：旅游社会文化影响、社会变迁与文化遗产 ·········· 82
 一、边界旅游中的跨界组织间合作行为研究 ·········· 85
 二、东北亚边境旅游联合开发研究 ·········· 91
 三、"一宫三陵"申遗：机遇、挑战及政策建议 ·········· 98
 四、辽宁省工业遗产旅游的开发模式 ·········· 102

第五章　城市旅游的环境影响 ··· 111

　　导言：旅游环境影响的内容、方法与研究进展 ······················· 111
　　一、关于休闲产业推动城市个性化建设的思考 ······················· 113
　　二、生态旅游管理的目标、原则与机制 ······························· 116

第六章　城市旅游管理 ··· 123

　　导言：城市旅游管理的主体、对象和手段 ····························· 123
　　一、构造辽宁省城市旅游圈 ··· 132
　　二、辽宁省入境旅游市场特征的基础研究 ····························· 139
　　三、省域旅游产业问题分析与发展定位 ································ 147
　　四、沈阳城市旅游形象定位研究 ·· 151

第七章　城市旅游发展与竞争力 ··· 159

　　导言：城市旅游竞争力：理论与评价 ·································· 159
　　一、城市旅游发展的竞争力分析与政策建议 ·························· 161
　　二、旅游目的地竞争力问题的一种解释 ································ 166
　　三、城市旅游竞争力研究的理论与方法 ································ 172
　　四、旅游价值链演进规律与区域旅游竞争力的关系 ··················· 176
　　五、城市旅游竞争力提升的理论依据与现实途径 ····················· 179

后记 ·· 187

第一章　旅游的本质与城市旅游现象透视

导言：旅游、城市旅游及其核心问题

（一）微观视角下的旅游及其本质

微观视角下对旅游本质的研究是和对旅游者的研究同时进行的。把旅游现象浓缩为对个体旅游者的行为加以审视，区别旅游者与当地居民的差异，有助于思考并寻找旅游的本质。

旅游是如此难以界定，几乎每个研究过旅游的人都曾经为此着迷并感到困惑。至少有两个角度能够帮助我们很好地理解旅游现象：一是从个体或者微观的角度解释旅游，二是从群体的角度或者宏观的角度解释旅游现象。

从微观上看，旅游被看作人类有别于日常生活的一种特殊的生活状态，是连续日常生活谱系上的一段短暂的溢出。这种非日常生活的主角是旅游者，旅游者所度过的这段短暂时光确实不同于他自己的"惯常生活"。因为，这段被称为"溢出"的日子具有三个明显的特征：暂时性，异地性，目的性。这三个特征构成了对旅游者进行定义的最根本的维度。

旅游者的活动最本质的特征，即暂时性、异地性、目的性，可以还原为时间、空间与目的三个基本指标。这三个指标中，最难确定的是"目的性"，作为个体的人，到底出于什么目的而选择从日常生活状态中临时性地逃逸，答案真是太难统一了。这恰恰是"旅游者"与"非旅游者"的区别，但是操作性的定义更倾向于如何对旅游及其影响进行统计和测量。基于此，另外两个维度的指标相对而言就比较容易量化。

世界旅游组织对旅游者的定义是：暂时离开惯常环境至少24小时，到异国他乡旅行的人。看起来时间与空间维度都能够很容易地在定义中加以明确地限制，例如，惯常环境、异国他乡是空间，24小时是时间。但是"旅游的目的"就非常难以确定。

由于定义的差异，各国在进行统计比较的时候引起的歧义是不可避免的。其中最容易统计的部分是跨越国界的那部分旅游者，边界是一个天然的空间类指标，往往具有神秘的色彩，容易在心理上诱发旅游者一种自致性的角色的建立。它会准确无误地告诉人们，你离开家了并且已经身在旅途。旅游者的分类适用于国际旅游者的统计，忽视了国内旅游者，适合中国、美国、澳大利亚这样的国家，对于欧洲一些领土面积较小的国家有些不适用，在那些国家里，一日游的游客也许很多，他们几乎不需要过夜但确实是前往另一国家。

对于旅游"目的性"的挖掘更加令人兴奋，因为这类研究偏向于旅游学术的基础研究领域，是构成学科基石的重要部分，是区别旅游与非旅游的分水岭。探寻旅游者的出行目的不妨沿着这样的假设进行思考：旅游者为什么离开家？是什么吸引他到异地去？针对个体而言，"逃离"现实世界并"进入"旅游世界是怀着怎样的目的呢？这些"目的"造就了旅游者，使得他在社会角色意识上不再是客源地的居民而是目的地的访客。本书从生命时间与生存状态两个方面解释旅游的目的性。

从生命时间上看，个体的生命时间由生理时间、责任时间、工作时间和休闲时间构成。生理时间用于吃饭、睡眠等维系生存而消耗的时间。责任时间在生活中表现为陪护老人、照料婴儿、社会义工等，这类活动消耗时间但是不影响个体收入的增加与减少。工作时间与休闲时间是生命时间谱系上两个对立的范畴，前者带来收入，后者消费金钱。这四类生命时间是断断续续、彼此交织的，而不是顺序排列、孤立完整的。因此，当人们在追求幸福感的时候或者意识到"幸福在哪里"、"幸福是什么"这类问题存在的时候，潜意识中往往会追求生命时间上的均衡，特别是工作时间与休闲时间的彼此均衡。终其一生，个体用于生产劳动的时间与用于休闲娱乐的时间要大体相当，这样的人生更容易被理解为是幸福的。那么，旅游现象发生在哪个时间段落上呢？旅游发生在个体的休闲时间之内，对应着生产劳动时间。因此，在公认的区分旅游与非旅游的词典里，世界旅游组织着重强调了旅游现象应该是个体所做出的非赚钱营利为目的的某种行为。显然，旅游不存在于工作时间里，它不是营利的行为，相反它存在于休闲时间里，它是消费现象，是通过支出花费而不是赚钱的方式来消耗一部分生命时间的个体现象。本质上，旅游发生在生命时间里，属于休闲娱乐，不属于生产劳动，更不会属于生理现象或者是责任行为。

从生存状态上看，自然人和社会人的区别在于自然人扮演了较为简单的角色，而社会人在各种社会角色之间来回穿梭忙碌。社会人的生存状态可以描述为一个扮演不同角色的连续过程。随着社会的发展，身处其中的个体往往不自觉地选择某个角色加以扮演，并且根据世俗的标准判断是否"表演成功"，这种判断影响了个体对自身生存状态的认知与自我评价。"父慈子孝，兄友弟恭"是一个典型的社会对角色扮演提出了要求的例子。在现实生活中，个体扮演的角色越多，角色本身所赋予个体的约束就越多。例如，一个好律师同时是一个好父亲又是一个摄影俱乐部的发烧友……不同的社会角色对人的要求是不同的，但是无论怎么样，个体始终都被约束着。旅游给人们以这样的机会，就是当人在旅途的时候，个体似乎对现实世界里的所有角色都暂时地说了再见，束缚于个体的各种角色的约束瞬间失灵了。旅游在本质上、在生存状态上，无论个体感受到的是日常角色的光环，还是现实生活里的约束与压力，都可以使之暂时得到"逃逸"。旅游是对日常角色扮演的逃逸，是通过自致性的新角色，即通过"旅游者"角色的塑造，释放压力的一种内心体验。

（二）宏观视角下的城市旅游现象

从群体或者宏观的角度解释旅游，旅游现象常常被想象或者描述为一群人的"不约而同"。相对于特定的客源地与目的地而言，旅游是一种大规模群体性的、具有近似指向的空间移位现象。这种现象对接待地区的影响所引起的关注和研究兴趣，在事实上对"发展旅游业"的重视超过了对旅游流这种现象（宏观角度的旅游现象）本身的关注。

旅游流的特征包括群体性（人次）、近似需求性（回归个体旅游的目的性）、脉冲（回归暂时性）、空间移位（异地性），这些特征反映了一系列具有统计与测量功能的指标，这些指标用来描述特定目的地的旅游发展状况，帮助人们认识哪些现象应该属于旅游以及旅游的影响，哪些原本就不是旅游带来的，与旅游根本不相干。

今天，我们在看某个城市的旅游白皮书的时候，没人否认"接待人次统计数据"所描述的是"旅游现象"，至少也算得上是旅游现象的冰山一角，但此时的"旅游"与我们对个体角度"旅游"的认识已经大不相同了，这便是群体旅游的视角，视野进入了"旅游业"，属于宏观的角度了。对城市旅游现象的刻画与把握，单纯地从个体微观角度去理解显然是不够的，城市旅游现象需要从综合的视角去分析，"旅游业"便是这样一个综合的视角。

到底是否存在这样一个产业——旅游业，争论由来已久，至少可以追溯到1990年。这主要是因为，一方面，旅游业没有一个十分清楚的边界，大量与旅游供给有关联的企业同时为两个市场提供产品和服务：旅游者和当地居民。这样就很难计算甚至是估计旅游的经济贡献。另一方面，一般而言，产业通常由产品来冠名，石油产业、汽车产业算是典型，而这种似乎约定俗成的办法不适用于旅游。是否用旅游系统来代替旅游产业，干脆不再使用旅游业这样一个名词？类似的代名词还有旅游集群（Cluster）、旅游综合体（Complex），对种种起着替代作用的名词应该持谨慎的态度，用一个含义更加模糊的名词解释原本就需要赋予其准确含义的事物，实在不是明智的做法。但是，这种现象本身却说明了旅游业的复杂性。

在城市旅游现象中，旅游者和旅游业是两个最重要的核心要素。围绕这两个核心要素，值得关注的研究内容包括以下几个方面：旅游者作为需求方，有怎样的动机、在城市中如何获得体验；旅游业作为供给方，在城市中能够提供怎样的吸引和服务；旅游者和旅游业的互动会给城市带来怎样的影响；这些影响如何被引导和管理？

对城市旅游最大众化的理解是，它是与乡村旅游相对应的，发生在城市地区的旅游活动。怎样理解"城市地区"呢？显然，城市地区是作为乡村地区的对应物存在的。从产业类型上看，乡村地区更多地依赖农业而城市更多地依赖采矿业、制造业乃至服务业。从规模上看，很难定义一个地方达到多大的人口规模才可以称得上是城市。例如，在19世纪的英格兰和威尔士，人们普遍认为人口超过2500的地方就是城市。因为当时的农业产出不足以养活比这个数量更多的定居人口。超过这个规模意味着有别于农业的新兴产业形态必须存在。但这毕竟是大约200年前的情形了。如今，无论是依据产业形态还是依据人口规模来区分城市与乡村,其适用性都会遇到挑战。便捷的交通和互联网既改变了人们的生活方式,也影响着产业形态,尤其是在一些发达的西方国家,在城市拥有工作的人们可以享受到更多的住在乡村的乐趣。但是无论怎样,人口规模仍然是一个不可忽视的指标。一个5000人口的小镇与一个1000万人口的大都市的差别是显而易见的,后者的产业形态与经济结构复杂多样,甚至存在着国际化的经济活动与经济联系,因此也更有可能为旅游的发展提供机遇,当然它受到旅游的影响所引起的问题也可能更多。这正是城市旅游研究令人着迷的地方。本书在研究城市旅游时所提到的城市地区更倾向于有一定规模的城市,而不是小城镇。

是不是所有具有一定规模的城市都是"城市旅游"需要加以讨论的对象呢?当然不是。一系列通常被城市旅游研究所关注的城市类型有如下几种:首都城市(伦敦、巴黎、纽约),历史名城(维也纳),港口城市(悉尼),文化名城(罗马),工业名城,滑雪城市,有目的整合的度假城市,娱乐中心型城市(拉斯维加斯),特殊旅游服务中心城市(Spa、宗教目的地),艺术城市(佛罗伦萨)。采用这种列举方法进行的分类,其结果总是模糊的,但是却暗示了在不同的城市地区所进行的旅游活动是大相径庭的。相比之下,所有值得研究的城市包括三类。第一类,因休闲度假而完成了城市化的地区,包括那些经由规划的或者不曾规划,但是已经被创造出来的旅游度假地城市。第二类,历史古迹城市,包括那些由于历史、建筑、文化的独特性而能够吸引大众旅游者的城市。第三类,转型的城市,是指那些已经着手为吸引旅游者而进行基础设施建设的城市。应该说,这种分类的依据考虑了城市与旅游之间关系的某些内在属性。其中,前两类可以称为"旅游城市",第三类可以称为试图成为"旅游城市"的城市或"准旅游城市"。

城市旅游是发生在具有一定规模的旅游城市或准旅游城市的旅游活动。城市旅游的主体是旅游者,城市作为目的地而不是客源地而存在。城市成为为旅游者提供旅游体验与消费便利的文化空间和经济空间。城市的许多文化功能与经济功能往往同时为旅游者和当地居民服务。"一定规模"是强调城市的规模不是小城镇,旅游经济在当地不是一元化的经济(Mono-tourism Economy)。拥有一定规模的城市应该是旅游经济与其他经济活动并存的。

(三) 城市旅游研究的历史

20世纪80年代,西方城市旅游研究最先发端于政府和产业部门。最初是决策部门需要专门的研究报告用于比较城市旅游与城市制造业的经济贡献差异。传统上认为,城市经济发展最基本的途径是制造业产品的出口贸易,而现在风景可以作为就地出口的产品来看待了。只是作为出口贸易的城市旅游与传统贸易形态的差别太大了。此外,令政府部门关注的典型事件还包括因旅游而增加的就业岗位无法全部纳入到任何一个现有产业的目录下面。旅游就业岗位的统计需要大量甚至是昂贵的调查研究。

受到产业部门和政府政策顾问需求的感召,学术界稍晚进入这个领域的研究。以往学术界关注的目的地类型更多的是海滨度假地或者是风景名胜区而忽略了城市。导致当时这种情形的主要原因可能是研究人员感觉到在度假区旅游者的身份更加容易辨识。相对而言，研究人员需要花费更大的精力去区分，在城市博物馆的参观者中，哪些是旅游者，哪些是当地人。现在，大城市作为目的地的研究开始了。学术争论的主要命题包括是否存在一个可以被准确估算其贡献度的旅游产业，这个产业是否有资格作为城市的替代产业，旅游在城市地区所创造的就业岗位是否仅仅是季节性的。

除了旅游发展现实力量的感召，另一个不容忽视的现实是，许多开设旅游专业或旅游研究机构的大学往往都位于大城市。这些旅游院校承担的研究项目往往包括如何为所在城市的旅游发展服务这一研究目标。加之因为置身城市，大量研究数据的采集相对方便，城市旅游的研究逐渐成为新兴的研究领域。

1990年以后，西方学术界有关城市旅游研究的成果已经很丰富了：在一般意义上较为宽泛地讨论城市旅游的著作包括 Law（1993）、Page（1995）、Cazes 和 Potier（1996）等的成果；着重于城市会展旅游的著作主要有 Judd 和 Fainstein（1999）、Murphy（1997）、Tyler Guerrier 和 Robertson（1998）；大学里城市旅游研究机构的建立以及学术杂志上城市旅游专栏的开辟，有利于优秀论文和报告的出现，Berg、Borg 和 Meer（1995），Mazanec（1997）相继编辑的城市旅游领域的论文集就汇集了这样一批成果。

（四）旅游的可持续发展与旅游产业的边界问题

1962年，美国海洋生物学家 Rachel Carson 出版了一本不同寻常的书，名字叫《寂静的春天》。作品唤起了人们的环境意识，这本书同时引发了公众对环境问题的注意，促使环境保护问题被提到了各国政府面前，各种环境保护组织纷纷成立，从而促使联合国于1972年6月12日在斯德哥尔摩召开了"人类环境大会"，并由各国签署了"人类环境宣言"，开始了环境保护事业。

1987年，世界环境与发展委员会通过了另外一个重要的报告——《我们共同的未来》。报告以丰富的资料论述了世界环境与发展方面存在的问题与建议，提出了"可持续发展"的概念。

1995年，联合国教科文组织、联合国环境规划署、世界旅游组织和岛屿发展国际科学理事会，在西班牙加那利群岛的兰萨罗特岛召开了"可持续旅游发展世界会议"，大会通过了《可持续旅游发展宪章》和《可持续旅游发展行动计划》，对旅游可持续发展的基本理论观点做了精辟的说明，为可持续旅游提供了一整套行为规范，并制定了推广可持续旅游的具体操作程序。

应该说，可持续旅游概念的出现是伴随着人类对环境的认识不断走向科学而出现的。回想一下20世纪60年代以前长期流行于全世界的口号——"向大自然宣战"、"征服大自然"，就不难发现，当时的大自然仅仅是人们征服与控制的对象，而并非保护并与之和谐相处的对象。了解了人类环境意识是如何启蒙的这段历史，就会发现可持续旅游理念的形成和不断完善与丰富是多么可贵。

今天的情形恰好相反，可持续旅游几乎成了标签，被肤浅乃至错误地到处张贴。"生态旅游概念泛化思考"通过辨析可持续旅游与生态旅游的关系，一方面追溯了旅游与生态旅游在本质规定性上的一致性；另一方面揭示了可持续旅游作为一种理念的指导意义及其在实践中具体化的形式。"生态旅游管理初步研究"部分在此基础上，把旅游者、旅游经营者、旅游地社区居民和政府共同纳入到"旅游"的范畴中，是较早探索旅游产业边界的尝试。

中国旅游产业经过了30年的发展，旅游业从默默无闻到如今被赋予诸多的功能，如扶贫致富、缩小地区发展差距、调整产业结构、刺激消费、拉动内需、增加就业等。在对旅游产业的种种期待之下，"旅游立市"、"旅游兴县"、"新的经济增长点"等提法层出不穷。但仔细检视之下发现，除了个别传统的山水景观城市，众多的此类努力似乎成了一厢情愿的事情，成功的典型案例似乎并不是很多。同时，关于旅游业从业人员素质低下、产品与服务质量难以跃上新台阶，甚至旅游产业的地位也遭受质疑。凡此种种，都成为被媒体热议和业内人士关注的焦点。这些事实引起人们深刻反思：旅游产业地位究竟应该如何被恰如其分地估量？

在旅游产业勃然兴起并走过了30年的发展历程之后，学术界和产业界关于"旅游产业的地位与意义"的争论，既令人感到欣喜又使人心存遗憾。我们欣喜于理论研究上的拨云见日必将极大地促进中国旅游产业又快又好地发展，同时也为围绕该课题的争论来得略迟而倍感遗憾。

讨论旅游产业地位，必须在两个更为基础的、先决性的领域取得研究性的突破，即旅游产业范围的界定与旅游效应的识别。相对于旅游效应问题，旅游产业范围的界定更具有基础性。"产业范围"要划清"旅游"与"非旅游"的界限，要解决由于范围不清而引发的理论争论，要为产业政策的制定与实施提供基础性依据。

回顾中国旅游研究的30年历程，学术界对旅游产业范围的认识经历了一个发展变化的过程：20世纪80年代是"要素论阶段"。将旅游者需求与相应的旅游产业供给抽象为食、住、行、游、购、娱六要素，并且以此为依据划分了餐饮业、住宿业、客运业、观光业、商业、娱乐业。"六要素"为普通人认识旅游业提供了简明易懂的途径。但是，当"六要素"被"八要素"、"十要素"取代的时候，它的局限性不言自明。无论怎样讲，早期的要素论所提出的"六要素"只能算是旅游产业的要素而不能等同于旅游产业的范围。

20世纪90年代末是"大旅游阶段"。"大旅游"提出的背景是旅游资源或旅游吸引物的所有权单位门类众多。例如，文物管理部门之于文化遗产；林业部门之于森林公园；城建部门之于风景名胜区与都市景观；宗教部门之于寺庙古刹；旅游管理部门之于"AAAA"景区。"大旅游"作为在特定历史时期的区域旅游管理思路，在整合旅游资源、治理旅游市场方面有其积极意义。但是"大旅游"概念的盛行，使旅游产业边界被模糊化。进而旅游产业的构成被泡沫化，旅游成为无边界的产业"巨无霸"。在此背景下的旅游政策也被虚无化了。

近些年出现了旅游研究的"卫星账户阶段"。由世界旅游组织所推荐的旅游卫星账户研究升温，出现了主张以旅游卫星账户中所反映的科目作为旅游产业的范围。这个范围实际上是"可以被核算与统计的"旅游产业。因此，简单地把国民经济核算统计体系中所覆盖的范围视为旅游产业范围也是不妥的。就旅游卫星账户方法自身来说，其"中国化"的道路还在继续探索之中，目前国家统计部门使用的范围与联合国统计署也不一致。

"产业集群视角下的旅游产业范围与政策领域"部分从旅游集群角度认识旅游产业范围，用意在于把旅游现象涉及的全部要素都整合在旅游价值链上，试图把模糊的旅游产业边界，通过一个典型的旅游集群模型展示给读者。"旅游产业链经济特征分析与市场低效探源"部分根据对旅游产业链纵向关系的描述，解释了为什么旅行社会陷入低价格竞争的陷阱这个有趣的现实问题。问题的求解过程使得我们对旅游产业边界的理解变得更加清晰。

一、生态旅游概念泛化思考[①]

本部分内容将目前学术界对生态旅游概念的有关界定进行了梳理，提出了更具本质规定性的生态旅游定义，并且探讨了对生态旅游概念内涵做限定性理解的理论意义和实践意义。

（一）生态旅游概念梳理

对于生态旅游（Ecotourism）概念的理解，相关的研究多围绕着供、求两个主体之间的关系所形成的三个层次展开：

第一种定义关注旅游需求方的行为，认为主体是旅游者，将生态旅游作为一种旅游活动形式理解。这种类型的旅游活动相对于一般旅游活动来说，对环境的影响较小（应该较小），并可以增强旅游者的环境意识。国外持此种理解的代表性定义有 Ceballos - Lascurain 和 Butler 等的描述。如 Ceballos - Lascurain 在 1987 年给出的生态旅游的定义："生态旅游作为一种常规的旅游形式，游客在欣赏和游览古今文化遗产的同时，置身于相对古朴、原始的自然区域，尽情考究与享乐旖旎的风光和野生动植物。"又如，Sirakaya Ercan 等在 1999 年给出的定义为："（旅游者）到具有优美自然景色和丰厚历史文化遗存以及相关未受干扰的自然地区，了解和欣赏目的地的自然和社会文化的一种非消费性、教育性和浪漫的旅游形式。"我国学者中也有人认为，应该狭义地理解生态旅游的概念内涵，把生态旅游看作一种旅游活动形式。张广瑞（1999）强调生态旅游是一种"有目的的旅游活动"。陈忠晓和王仰麟（1999）认为："生态旅游通常为一种指向自然区、野生生物和传统文化的小尺度旅游。"

第二种定义关注旅游供给方的行为，认为主体是旅游规划者和管理者，甚至包括旅游地居民在内，把生态旅游看作一种旅游发展模式，将旅游发展与社区发展、环境保护紧密结合，认为只有同时具有保护资源和促进社区经济发展功能的旅游是生态旅游。国

---

① 郭舒. 生态旅游概念泛化思考. 旅游学刊, 2002（1）.

外此类代表性的定义有 Kutay K.（1989）所给出的描述："生态旅游是一种发展模式，把自然地区作为旅游目的地，以及将生物资源同社会经济明确相连。"Kinnaird（1996）和 O'Brien 也认为生态旅游是一种新的旅游发展解决方式。Richardson 认为："生态旅游是一种减轻大众旅游不利的生态和社会影响，并通过整合自然保护、环境教育和旅游目的地社区的福利事业，促进可持续发展的旅游。"

卢云亭（1996）、李东和等（1999）曾分别在对已有生态旅游概念进行透视的基础上，把以上两种理解倾向称为"单义性"定义。

第三种定义强调供求双方两个主体行为的综合，认为生态旅游既是一种以自然环境为资源基础的旅游活动，又是具有强烈环境保护意识的一种旅游开发方式。国外典型的定义有 Ziffer K.（1989）的表述："生态旅游既是一种旅游方式，旅游者带着欣赏、参与和感受的心态，访问相对不发达地区，非消耗地使用野生生物和自然资源；又是一种管理模式，被访问的国家或区域承诺通过当地居民参加、适当市场营销、加强规章制度及利用企业收益资助土地管理和社区发展，来建立和保持生态旅游场所。"国内的此类定义也都力图从生态旅游者的旅游经历和生态旅游地的生态工程两方面相结合的角度来表述生态旅游的定义，例如，卢云亭（1996）认为："生态旅游是以生态学原则为指针，以生态环境和自然资源为取向，所展开的一种既能获得社会经济效益，又能促进生态环境保护的边缘性生态工程和旅行活动。"黄羊山（1995）、梁锦梅（2001）更主张将生态旅游的概念核心理解为一种旅游供求系统或体系。

金波等（2001）对国外有关的生态旅游定义进行了搜集整理，其结果反映了上述三种观点并存的局面。

随着对生态旅游研究的深入，国内更多的学者开始倾向于第三种理解，认为应该对生态旅游的概念内涵做综合的解释。

少数学者提出，对生态旅游做综合性的定义表述，不仅会给学术语言带来混乱，还会导致应用研究中新的困境。笔者认为，应该把生态旅游的概念限定在旅游活动形式的范围内，从而避免把生态旅游的概念作为旅游发展模式而扩大化，在学术语言上更加符合旅游本质的规定性。

单纯的、非功利的旅游活动的本质属性是旅游者对景观的审美体验。俞孔坚（1989）把这种审美体验分为三个层次，每一个层次上的旅游主体（旅游者）和审美对象（景观）都是一一对应的。在他描述的这个旅游者审美体验的系统中，生态信息属于最高层次上的旅游审美对象之一，与其相对应的，作为审美主体的旅游者，客观上需要在景观知觉和审美心理结构上达到较高的社会文化层次和个性层次。生态旅游活动的本质就是旅游者对"生态性"的追求过程，这一过程伴随着审美与体验。作为生态旅游的目的地，在旅游规划与旅游管理行为上，要把握旅游者对何种生态景观感兴趣，如何满足旅游者对异质生态景观审美和体验的需求，如何让旅游者对景观的感知和满意度在旅游规划中发挥作用，创造、提供并保持生态环境的完整性。这些行为实际上是在生态旅游本质规定下的各种功能的表现。因此，生态旅游的本质应该围绕旅游者这个主体、围绕生态旅游活动来定义。笔者认为，生态旅游是指旅游者在追求生态体验的同时承担生态责任的一种旅游活动。也许这样的定义表述仍未必准确，但是它的限定意义是明确的（见图 1-1）：

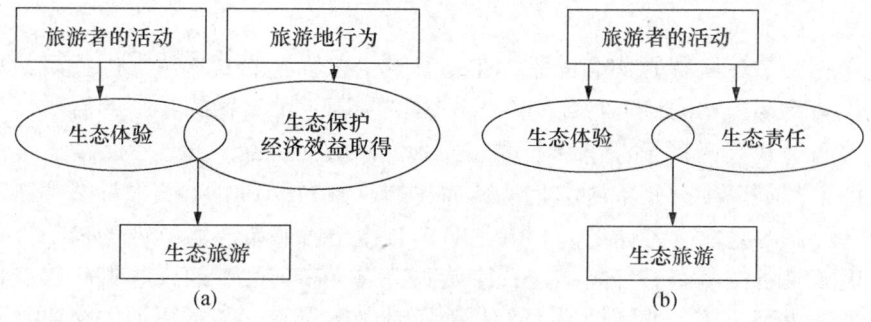

图 1-1 生态旅游的定义比较

图 1 中（a）反映了强调双义性或综合性解释的定义。这种综合无疑是在包容两个主体的行为。而且，此类定义把获取经济利益（如增加地方就业、提高社区居民生活质量等）作为生态旅游的内涵也是不妥的。比较而言，更为合理的定义可以用图 1（b）表示。在这种描述中生态旅游的概念虽然被限定在旅游活动形式的范围内，但无意于否定作为特定旅游方式的生态旅游所应承担的保护生态与环境的责任。在定义表达上，本部分内容没有述及旅游地诸行为对生态的保护，实际上也是在主张无论何种形式的旅游地开发和管理，都应该在可持续思想指导下，注意生态与环境的持续利用。

（二）防止生态旅游概念泛化的意义

首先，在学术语言上坚持这种本质性的定义描述，可以避免对生态旅游进行深入理论研究时遇到的种种尴尬。

尴尬之一：生态旅游与可持续旅游的关系。把生态旅游作为绝对的甚至是唯一的可持续旅游发展模式来理解，实际上是对生态旅游概念的泛化，将生态旅游由本质上的旅游活动形式扩大到旅游地规划管理的模式，其结果几乎是把生态旅游与可持续旅游画上了等号。环境学者提醒我们，任何形式的旅游活动，即使如生态旅游，也会对生态环境产生一定的影响。发展生态旅游，如有不慎，同样可能导致严重的生态环境问题。因此，从环境保护的角度看，任何形式的旅游活动都应该体现对生态、环境的足够重视与维护，而并非只有生态旅游才可独当此任。否则，就会导致"认为任何旅游形式只要搬上生态旅游的思维模式或按照生态旅游的基本原则来管理经营，必然可以得到持续发展"的错误理解，造成生态"标签"的滥用。本书不是在否定生态旅游应该也必须在长期发展中承担保持自然、社会、文化环境和谐发展的功能，而是认为，可持续旅游作为旅游地持续发展的理念，其实践的途径应当包含多种具体的旅游活动形式，生态旅游仅仅是其中的一种而已，没必要认为可持续理念就是生态旅游的本质，进而模糊了两者的界限。否则，就无法解释是否应该把可持续旅游理念也类似地引申到自然旅游等其他替代性旅游产品的本质属性中。因此，唯有承认生态旅游在本质上是一种特定的旅游活动形式，才有可能在界定生态旅游与可持续旅游之间牵扯不断的关系时，避免陷入两难。

尴尬之二：生态旅游的基本特征。在已有对生态旅游的基本特征进行概括总结的文献中，常常会发现这样的情形：我们在试图深刻刻画一种事物的特征的时候，结果竟然是在描述着两个甚至更多个截然不同的主体。例如，自然性、持续性、生态性、二重性、效益性，都是以生态旅游地作为特征描述的对象的；高品位性、自然趣味性，则是介于旅游者和旅游地两个主体之间，既是对生态旅游者旅游体验特征的描述，也是对生态旅游地应该具备的基本条件的描述；原始独特性、参与性、规模小型化、责任性等特征的概括则侧重于旅游者的活动过程。北美学者对生态旅游基本特征的探讨更是基于对生态旅游概念内涵做扩大化理解的结果。如美国学者 Gunn（1994）和加拿大学者 Butler R.W.（1993）所总结的生态旅游特征就相当广泛。这种广泛性的特征描述虽然有利于从更加宏观的角度理解生态旅游现象，但疏于对生态旅游本质特征的限定性归纳，不利于区别生态旅游同其他形式旅游活动的差异。对事物特征的描述如果不能区别此物与彼物，而是维持彼此交叉、你中有我、我中有你的局面，既偏离了进行特征归纳的本意，又不利于深入认识所研究的对象。这种尴尬源于对生态旅游概念本质理解的泛化。如果把生态旅游作为一种旅游活动形式来考察其特征，进而进行生态旅游特征的归纳，就会发现，上述矛盾实际上本不应存在。如陈刚（1999）从生态旅游者对环境的审美感受角度，认为生态旅游具有"无为"、"倾听"的特征。冯卫红（2001）从生态旅游活动参与程度的角度总结了生态旅游的层次性特征。这些关于生态旅游特征的探讨，是从主体审美、体验、参与角度进行研究的，其共性是基于把生态旅游视为一种旅游活动形式来考察的。

其次，防止生态旅游概念的泛化，有利于生态旅游的实践研究。如前所述，生态旅游概念的泛化在本质上是主体（是强调旅游者行为还是旅游地行为）与定位（是旅游活动形式还是旅游发展模式）的限定问题，缺乏限定的定义表述，必然反映为将生态旅游本质与生态旅游的开发原则、目标、功能甚至发展生态旅游需要应用的基础理论混为一谈的情形。

笔者认为，把原则、目标、功能甚至应用理论也作为生态旅游概念内涵的一部分加以理解，过度地对生态旅游的概念内涵进行综合，这几乎把生态旅游变成了一种理念，其直接后果是使生态旅游地的规划与管理缺乏可操作性。如果从旅游活动形式的角度重新审视生态旅游概念，围绕旅游者这个主体构建旅游地规划与管理系统，将会有助于生态旅游活动的切实开展。

可喜的是，在生态旅游的实践研究中，已有很多学者注意到以旅游者及其旅游活动（行为）为核心考虑相关的规划与管理问题。例如，围绕旅游活动影响提出在规划与管理上重视门槛人数的指标应用；围绕旅游者层次提出针对性管理的思路；围绕旅游者教育提出的设想；围绕旅游者消费行为提出生态旅游的良性消费对策；围绕生态旅游活动的路线提出的技术干预策略；围绕旅游活动中导游的关键作用提出对导游素质的要求；强调生态旅游目的地的开发应该重视和加强对旅游者行为的研究与管理；等等。

（三）结论

生态旅游概念本质属性应从旅游者角度定义并从旅游活动的形式上与其他旅游形式相区别。

可持续旅游发展，作为一种理念，它的主体应该是旅游地。生态旅游作为一种旅游活动形式在旅游地开发中仅仅作为一种可供选择的市场方向而存在，并不是可持续旅游发展的唯一形式，更非模式。

对生态旅游基本特征的归纳，应是在生态旅游本质的规定下进行的，其所描述的应该是旅游者进行生态旅游活动时表现出来的特征，而不应该同时包括旅游地的某些特征。

上述讨论无意否定在开发生态旅游时应该注意维持生物多样性和环境保护等"责任"理念。并且主张，在生态旅游的实践中，尤其迫切地需要旅游者承担这一责任。

二、生态旅游管理初步研究[①]

本部分内容以生态旅游管理为研究对象，从区域管理的角度对旅游管理的对象体系进行了剖析。研究认为，旅游管理有广义和狭义之分，旅游管理适宜采取综合管理或区域管理的思路。

（一）生态旅游管理研究进展

生态旅游的概念于20世纪80年代由西方学者提出，国际上颇具影响的生态定义是Ceballos-Lascurain于1987年在《生态旅游的未来》中的定义，"生态旅游作为一种常规的旅游形式，游客在欣赏和游览古今文化遗产的同时，置身于相对古朴、原始的自然区域，尽情考究与享乐旖旎的风光和野生动植物"。在我国，有关生态旅游的综述研究表明，国内生态旅游研究成为热点话题是发生在20世纪90年代，这与可持续发展理念引入旅游研究并不断深化不无关系。

自1987年《我们共同的未来》问世，到1995年在西班牙召开可持续发展世界会议通过了《可持续旅游发展宪章》和《可持续旅游发展行动计划》，可持续旅游发展这一概念迅速得到世界各国旅游学术界与实业界的公认。可持续发展思想对生态旅游概念的充实和提高起到了决定性的作用，给生态旅游注入了新的强大的生命力。相当多的学者认为，生态旅游是可持续旅游的最佳选择之一。

---

① 郭舒，曹宁. 生态旅游管理初步研究. 北京第二外国语学院学报，2002 (6).

从生态旅游管理研究的学科背景来看，旅游学、生态学、地理学、林学、环境学和管理学的学者都投入了极大的热情，生态旅游管理是各个不同学科背景研究人员共同关心的问题。生态旅游管理问题之所以吸引了众多研究人员的关注，是由于人们期待着生态旅游的实践能够符合（或应当符合）可持续发展的理念，期待着生态旅游作为特殊形式的旅游活动可以承担保护环境、维护生物与文化的多样性、促进社区经济发展等责任。

从生态旅游管理的研究领域来看，由于强调的角度和重点不同存在着不同的侧重。Mowforth（1992）等提出从主体角度对生态旅游管理要素的特征进行把握，这些主体包括旅游者、旅游经营者、旅游地社区、旅游地政府、国际保护组织和学术界。Buckley（1994）认为，生态旅游管理的四个目标是自然生态目标、持续发展目标、支持保护目标和环境教育目标。Ceballos-Lascurain（1996）主张建立生态旅游管理战略体系，并提出建立的步骤为：评估当前旅游形式；确定旅游预期情境；基于旅游需求的类型制定管理对策；制定正式管理策略文本；实施与反馈修订。国内学者的研究主要集中在以下三个领域：一是强调管理的计划职能，主张通过加强生态旅游地的规划管理实现生态旅游的持续发展。二是由于生态旅游强调保护的特点，研究者比较偏重于生态旅游地环境管理的研究，针对环境问题的成因探讨有关的管理对策。三是从旅游者管理的角度出发，提出生态旅游旅游者教育与行为约束的途径。

（二）研究角度

生态旅游管理有狭义和广义之分，狭义的（或基础的）研究以旅游者的管理为中心。研究人员认为，生态旅游的实施与旅游地的生态旅游产品开发存在一定联系，但并非必然的因果关系。如果旅游者不是采取生态旅游的消费方式或行为方式，即使是按照生态原则进行开发的旅游目的地，同样会造成生态环境的破坏，与开发生态旅游的初衷背道而驰。同时认为，忽视对旅游者的管理，是近年来"生态旅游"标签滥用的主要原因。因此，狭义的生态旅游管理强调必须提高旅游者的生态责任意识并且适当约束旅游者的行为，关注如何对旅游者的消费方式与行为方式加以影响，使之能够自主地（责任意识养成）或者被动地（行为适当约束）以自然资源和生态环境为价值取向，尽量减少自身活动对生态环境的破坏或不良影响。

广义的研究以旅游经营者管理为中心。研究人员反对把捡垃圾等活动也视为生态旅游活动，因为旅游者不同于环保人员，旅游者应当承担环境保护的责任，但更需要获取令人愉悦的生态旅游经历。如果把这些由环保工作者从事的工作强加在旅游活动中，并把它当成生态旅游，那么，这样的生态旅游必然缺乏活力和吸引力，没有长远生命力，最终将会失去市场。因此，广义的生态旅游管理强调生态旅游规划管理的重要性，认为只有加强对旅游经营者诸行为的约束与协调，才能达到既控制对生态环境的破坏程度，又为旅游者提供令人满意的生态旅游经历的双重目标。

在开展生态旅游的过程中，旅游者不是唯一需要承担生态环境保护责任的主体，旅游经营者、社区居民、当地政府同样需要担负起生态环境保护的责任。同时，生态旅游管理又不只是研究一般性质旅游经营单位的管理问题,也不是仅仅关注所谓的生态旅游经营单位的管理问题,而应当属于区域管理范畴。无论是生态环境问题还是旅游发展问题都与区域问题密不可分。从管理目标上看,区域管理包括经济增长、充分就业、保护环境和社会公平。区域不可能像企业一样通过"解雇"自己的居民,提高效率、实现经济增长。事实上,实现充分就业正是区域可持续发展的目标之一。区域也不可能像企业一样任意进行要素"重组",因为"改天换地"、"征服自然"的最终结果是破坏生态环境,破坏人类生存条件。开展生态旅游活动在区域上造成的不利的外部性(如污染)如果不反映在旅游产品的价格中,原本应该由旅游企业承担的成本便转嫁给当地的居民,显然是不公平的。同样,发展生态旅游获取的利润如果不在企业、社区居民、政府(负责资源与生态环境保护)之间合理分配,也是不公平的。上述问题,如果缺乏宏观的区域管理的视野,仅局限于旅游企业管理,是无法得以科学解决的。

综上所述,生态旅游的管理有狭义和广义之分,本部分内容对这两个研究角度进行综合,提出应当把生态旅游者、生态旅游经营者、生态旅游地社区居民和政府共同纳入生态旅游的管理范畴,使其成为生态旅游管理目标的共同承担者。扩展了以后的生态旅游管理研究范畴如图1-2所示。

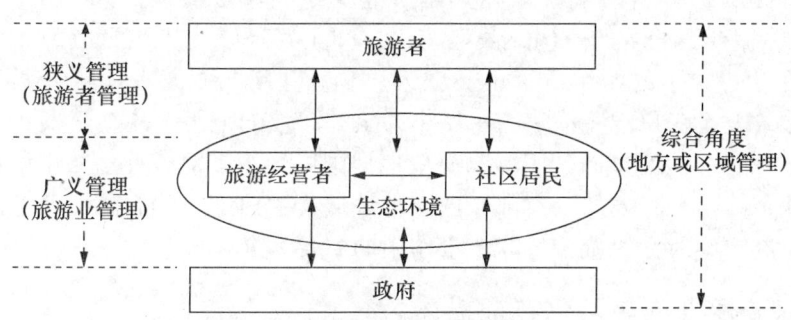

图1-2 生态旅游管理研究的角度

(三)生态旅游管理的基本逻辑

生态旅游管理的目标就在于促进或保持生态旅游所带来的最小社会成本(生态代价最小)和最大经济效益的平衡。当然,生态旅游活动的开展离不开对生态旅游者指向性需求的满足。生态旅游管理应该包括生态体验、经济效益、生态保护三个目标。生态保护目标应该居于主导地位。任何一个目标滞后实现,都将影响到整个目标系统的平衡。就生态旅游目的地来讲,生态旅游管理应该坚持区域管理、政府介入的原则。坚持这一原则的主要原因是生态旅游的发展具有多目标与多主体的特性。生态旅游管理目标与管理主体(也含对象)的多元化特征,决定了其管理手段的复杂性。这些管理手段包括教育手段、政策工具、法律手段、利益驱动、社会舆论、决策参与、消费引导等。

三、产业集群视角下的旅游产业范围与政策领域[①]

中国旅游产业经过了30年的发展,旅游产业从默默无闻到如今被赋予扶贫致富、增加就业等诸多的功能,也引发了各种争论,特别是"旅游产业的地位与意义"颇受质疑。在众多影响旅游产业地位评价的因素中,"如何界定旅游产业范围"引人关注。本部分内容主张从旅游集群角度认识旅游产业范围。笔者介绍了典型的旅游集群模型及其应用价值与局限;以此为基础,探讨旅游价值链扩张作为集群发展动力的机理及其对阶段性调整旅游产业政策的启示。

(一)问题的提出

旅游产业不断地被赋予扶贫致富、缩小地区发展差距、调整产业结构、刺激消费、拉动内需、增加就业等诸多功能。实现这些期望成为旅游产业政策的作用方向。同时,也引起对另一相关问题的关注:旅游产业的范围界定。旅游产业范围无疑是各项旅游发展决策制定与实施的主要依据。对旅游产业范围的认识经历了一个发展变化的过程。早期的要素论所提出的"六要素"只能算是产业要素而不能等同于产业范围。前几年,"大旅游"概念盛行,旅游产业构成被泡沫化,产业界限虚化,旅游成为无边界的产业"巨无霸"。在此背景下的旅游政策也被虚无化。近些年,旅游卫星账户研究升温,出现了主张以旅游卫星账户中所反映的科目作为旅游产业的范围。这个范围实际上是"可以被核算与统计的"旅游产业。因此,简单地把国民经济核算统计体系中所覆盖的范围视为旅游产业范围也是不妥的。本部分内容尝试从集群角度描述旅游产业范围,揭示旅游集群演进机制,同时探讨旅游产业政策作用的主要方向。

(二)旅游发展的集群化特征描述

1. 旅游集群研究的简要回顾

在西方学术成果中,尽管"硅谷现象"、"第三意大利"等典型专业化集群现象引起了学术界的广泛兴趣,但是在旅游研究领域,学者们(Pavlovich,2003;Ahmad、Morrison,2004;Mosedale,2006)更多地从中小旅游企业网络治理的角度探讨旅游集群的演进、信任机制、产品链等命题。

国内的研究也反映了不同学科背景对旅游集群的关注。管理学背景的研究主要从制度创新、技术创新角度关注旅游集群的演进机理。区域经济学背景的研究更多关注对旅游集群的结构与形态的揭示。例如,冯卫红(2008)等基于旅游地理学视角,主张从空间结构与空间要素角度探索旅游产业集群的形成与演进机理;庄军、刘嗣明(2005)提出旅游产业集群包括宏观、中观、微观三个层次以及区域关系、产业关系、市场关

---

① 郭舒,曹宁,丁培毅. 产业集群视角下的旅游产业范围与政策领域. 社会科学辑刊,2010(2).

系、社会关系4种网络结构。

在对旅游业与制造业进行对比分析的基础上，毛剑梅（2006）总结了旅游产业集群的特征和功能。尹贻梅、刘志高（2006）提出企业聚集和关联是反映旅游集群存在的两个先决条件。近年来，出现了大量关注旅游产业集群特征的研究。其中，冯卫红（2008）列举了旅游产业集群的特征；相阵迎、徐红罡（2007）认为探索旅游产业集群形成和发展的途径，要以把握旅游业的自身特征为前提。

2. 典型的旅游集群模型

旅游产业集群形成、演化与发展在符合一般产业集群发展基本原理的同时，也存在着两个显著的差异：一是旅游消费者必须亲自前往旅游产品和服务的生产地才能发生购买行为。相应地，由不同企业的分工与合作共同完成的旅游供给具有鲜明的空间（旅游目的地）集聚性；相反，基于生产而进行的跨国、跨地区远程、虚拟联盟则非常少。二是旅游者消费的产品和服务是以"旅行相关"而不是"日常生活相关"为主的，表现为旅行活动往往可以也需要被"预先安排"。因此，当互联网技术使自助旅游者的开放式预订系统日趋成熟，更加剧了旅游产业集群的动态演化。尽管如此，旅游集群的结构与要素仍然被以不同的角度加以描述与解释，其中 Gollub（1998）所建立的模型最具典型性。

Gollub 将旅游集群的成员划分为三种类型：核心层、依托层和基础层。核心层是旅游集群的基本层次，其成员主要包括经营自然、历史或文化景观、主题公园、事件旅游景点的企业；组织生态旅游、冒险旅游、户外运动旅游、遗产旅游等旅游项目的企业。核心层集群成员主要面向旅游者提供产品和服务，离开了旅游者的消费，就不可能存在和发展。

依托层成员是那些向旅游者提供部分产品和服务的企业，主要包括餐饮企业、住宿企业、零售企业、代办出入境手续企业、旅游交通企业、旅游交通的维护与保养企业、食品加工与销售企业、休闲与娱乐企业。依托层集群成员不仅向旅游者提供产品和服务，也为当地居民和其他消费者提供产品和服务。依托层既是创造地方经济收入的主力军（虽然它们获取的收入仅仅有一部分来自旅游者），也是创造旅游者体验的重要组成部分。

基础层成员包括提供财务咨询的企业，能提供企业诊断的顾问型企业，旅游规划企业，旅游培训企业，投资公司，营销公司，提供公共安全、公共卫生等社会服务的企业或部门，对供水与道路等基础设施进行维护的企业或部门。这些成员企业在教育、创新、金融、基础设施、信息服务、商业环境、生活质量和市场营销等领域支撑着旅游供给活动，是旅游集群的基础层面。基础层成员的数量与质量构成了一个地区旅游发展规模和水平的门槛，决定着旅游集群提供旅游产品和服务的效率。

3. Gollub 旅游集群模型的评价与启示

尽管旅游产业的贡献乃至产业地位不能仅仅依靠旅游产业范围的界定就能搞清楚（尚需对旅游效应进行综合审计），但是搞不清楚旅游产业的范围显然根本无法回答旅游产业地位这类问题。Gollub 的模型从旅游集群的角度审视旅游产业范围的启示在于：

首先，模型没有把旅游产业边界无限地扩大，也没有把其限制在"纯粹"的狭小范围内。模型所做的理论抽象，具有较好的应用价值。作为集群成员的三个层次，不需要进行谁比谁更重要或谁比谁更"旅游"的讨论。需要讨论的是如何从网络治理的角度谋求区域旅游产业的永续发展。

其次，通过模型可以看到旅游集群是由人力资本、新兴技术、研发、创新、商业环境、信任机制等现代的生产要素与条件，加上劳动力、自然资源等传统的生产要素共同构成的。长期以来，旅游业的生产要素似乎被等同为劳动力和自然资源这些传统甚至原始的生产要素，而那些作为高级生产投入的"现代化"要素被莫名地忽视了。其原因是抛开旅游集群或旅游产业体系的角度过于"微观"地看问题。这也是旅游业在其发展的特定阶段上被诟病为"劳动密集型"的主要原因。

再次，Gollub 的模型中，旅游集群的三个层次承担着不同的功能。核心层企业所提供的产品与服务的质量往往受到依托层、基础层发展水平的限制。比照集群成员的个别能力，区域旅游产业对旅游市场（需求）的反应能力，更取决于三个层次的成员是否能有机联动。这种反应是一种系统能力，是集群自组织性的表现。这种能力越强，集群对外部资源与影响的依赖就越少。

最后，旅游产业的集群化特征，可以引导我们通过对集群结构和要素的研究去探究旅游产业运行的规律。但是，旅游集群的结构和要素是不断变化的，旅游集群本身是在不断演进的，Gollub 的模型没能够解释这种演进的力量或机制。

（三）旅游价值链扩张与产业政策方向

1. 旅游集群阶段演进的动力机制

旅游产业集群在谋求市场扩张时如何同时获得自身的扩张与改变？核心层成员如何与依托层成员、基础层成员建立联系，吸纳新的利益主体变为集群成员？核心层成员、依托层成员与基础层成员这三类企业是如何共同为特定区域谋取经济利益的？存在于集群内企业之间的价值链关系或许能够揭示旅游集群演进的奥秘。

随着时间的推移，"利益驱动"把越来越多种类和数量的产品和服务吸纳到旅游集群中来，价值链经历由形成到横向延展，再到包括纵向在内的扩张过程。价值链的不断扩张中，与旅游者需求相关联的产品越来越依赖于核心层企业以外的依托层企业和基础层企业；单独的、个体形态的企业越来越依赖于整合的、弹性形态的分销渠道和网络。

旅游集群阶段性演进受到旅游者旅游决策和旅游消费支出的拉动。旅游者对产品与服务的需求变化，牵动整个价值链的调整与变化。随着旅游价值链关系的变化，一些成员加入集群，另一些则被淘汰出局，旅游集群得以加快整合并不断巩固，并最终提升了整个集群进行生产与营销的有效性。可以说，旅游价值链扩张是旅游集群由低级阶段向高级阶段演进的内在机制。

2. 旅游产业政策的阶段性作用方向

一些旅游资源相对匮乏的地区往往遭遇发展道路上的"瓶颈期"，直到发现了其他意外的旅游吸引物或者被邻近地区旅游业发展所带动，实现了突破。这种情况说明旅游价值链的扩张，往往需要外部催化力量，产业政策就是其中的一类催化剂。

旅游价值链扩张与旅游集群演进的内在关系暗示了区域旅游产业发展与管理的主要政策方向：瞄准旅游价值链、有利于价值链扩张的产业政策，就有可能成为促进旅游集群升级演进的积极政策。由于旅游价值链的扩张要经历不同的阶段，旅游产业政策的重点也需要适时地调整并有选择性地实施，具体情况如下：

（1）旅游价值链的形成阶段。在此阶段，地方旅游形象的成功确立是吸引和利用公共与私人投资的关键。不同于企业形象的塑造，地方旅游形象最有力的推广者是政府。异地旅行社是通过口碑宣传和媒体的报道才开始关注并鉴别一个旅游目的地或中转地，通过一点点的熟悉之后，才把这个地方作为其产品系列中的"猎奇新去处"加以推广。对于那些拥有独特的旅游吸引物与开发潜力，但是还远未在某个细分市场上树立起鲜明形象的目的地，国家或地方政府的旅游形象推广计划应该是该地旅游发展的第一步。

（2）旅游价值链的延展阶段。随着价值链的延展，集群供给能力提高，企业促销的努力也会提高。本地旅行社逐步学习如何向境外旅行社、旅游代理商、会展公司进行促销。第一代的宿舍式旅馆向商务酒店或经济性酒店学习如何在更具竞争挑战的市场中推销客房。机场进行扩建、改建试图容纳更多的航班。供给能力增加，促销压力增大，容易带来产品和服务质量下降；进入和退出的无序可能引发集群内部的短期行为和逆向选择。政策的重点是制定并完善各类标准，完善旅游集群的技术环境，如旅游产品与服务的标准、旅游企业的等级标准、旅游供给市场进入与退出的门槛等。

（3）旅游价值链的稳定阶段。集群内各种形式的合作越来越多，网络优势得到充分发挥，政策重点是优化集群的制度环境，促进合作伙伴关系建立，形成快速反应能力。对预期中的市场需求的把握能力决定着旅游投资最终能转化成何种旅游产品或服务，也决定着企业最终获得投资回报的能力。因此，那些没有在旅游需求引导下所进行的盲目投资，往往面临更大的风险和市场推广的困难。旅游者需求正在变得复杂化和个性化。具有创业精神和战略柔性的中小企业在面对需求的突变时更容易做出快速反应。中小企业规避风险的压力、对制度环境的依赖，可以通过建立合作伙伴关系得到缓解。

四、旅游产业链经济特征分析与市场低效探源[①]

包价旅游的消费者既欣然于旅行产品价格如此低廉，又纠结于被强迫购物、降低接待标准带来的劣质旅行体验。包价旅游产品的提供者是旅游产业链上的不同企业，通过旅行社的衔接实现与消费者之间产品与服务的交换。是什么导致了旅行社陷入低价格竞争的陷阱？包价旅游是否真的该退出，让位于自驾游和自助游？旅游产业链出

---

① 郭舒.旅游产业链经济特征分析与市场低效探源.辽宁大学学报（哲学社会科学版），2014（3）.

了什么问题，应该进行哪些规则设计才能约束旅游企业合理竞争、增加消费者满意度？本部分内容对近年来旅游产业链的研究进行了回顾，对旅游产业链的纵向关系及其经济特征进行了分析，阐明双重加价（Double Marginalization）是导致旅游产业链市场低效率和社会福利损失的本质原因，针对如何消除双重加价实现市场均衡提出了对策。本部分内容将为基于旅游产业链的市场竞争策略以及相应的规则设计提供概念性基础。

（一）问题的提出及旅游产业链纵向关系研究现状

多年来，消费者支付了低得令人难以置信的团队旅游价格之后，在旅途中屡屡遭遇强迫购物和缩水服务，此类事件令包价旅游广受诟病。备受关注的《中华人民共和国旅游法》出台后，旅行社的成本变得透明，零团费与诱导购物赚取回扣的做法得到了控制，但消费者是否因此如预期中一样满意？近年来，自驾游与散客出行异军突起，大举侵占传统包价旅游的市场，包价旅游真的到了穷途末路了吗？这些现实现象引发的理论困惑是，当旅游产业链的"优势"被津津乐道，纵向一体化成为产业升级"合理选择"的时候，我们需要冷静思考一下：旅游产业链是否也给我们带来了以及究竟带来多少市场效率和社会福利的损失？包价旅游"没落"问题的本质属性指向产业链本身还是应该指向产业规制的策略？

赵小芸（2010）对核心旅游产业链和相关旅游产业链的基本形态进行了刻画，描述了旅游产业链上资源规划开发、产品生产、产品销售、产品消费的纵向关系。舒波（2010）撰文比较了国内外旅游产业链的研究成果，描述了旅游产业链的网络结构，包括由上上游的食品、设备、工艺、家具、能源等制造商，上游的旅游要素供应商与整合旅游要素的运营商，中游的旅游代理商，下游的旅游者共同构成。张书云、张廷龙（2013）总结了旅游供应链管理的三个方面内容，包括供应方和旅行社或旅游经营商之间的关系；旅游批发商和零售商之间的关系；识别与选择旅游供应商。这里的供应商是指景点、酒店、餐厅、购物店等上游企业，旅游批发商是目的地的地接旅行社，而零售商是指客源地的组团旅行社。王起静（2005）在研究旅游产业链的类型时把有中介即旅行社介入的产业活动和无中介的区别开，并且分析了旅行社介入后的产业链中存在着外部经济内部化的特征，即产业链上的企业愿意通过某些行为增加自身及其链条上的相关企业的利益。王起静在举例中解释：无论是旅行社的宣传还是景点的宣传，都会在增加自身利益的同时，使另一方获益。现有研究成果对于旅游产业链的类型，特别是上下游旅游企业面对的市场是统一的还是分离的，缺乏关注。"双重加价"现象的存在，正是因为现实中旅游产业纵向链条上的企业大多数都拥有着复合的市场。

（二）旅游产业链的纵向关系及其经济特征分析

如果将旅游产业链纵向关系中的上游产品记为产品 A，将中游产品记为产品 B，将下游产品记为产品 C，旅游产业链的典型模式可以做如下描述（见图 1-3）：生产 A 产品的是旅游目的地的上游企业，即旅游景点、住宿企业、餐饮企业、纪念品商店、车船公司；生产 B 产品的是旅游目的地的中游企业旅行批发商，即与目的地 A 产品生产企业有着合同关系的"地接旅行社"；生产 C 产品的是旅游客源地的下游企业旅行零售商，即直接面向旅游者的"组团旅行社"。图 1-3 中的箭头方向表明了需求指向供给的方向，也是旅游者流动的方向，代表三种不同的产业链类型。

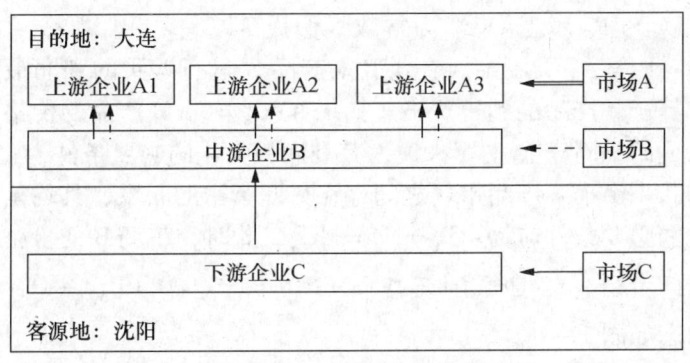

图 1-3　旅游产业链的纵向关系

根据旅游产业活动的特点，上游的 A 系列产品既可以作为最终产品直接面向消费者，也可以作为中游 B 系列产品的投入品。在这种情况下，A 经常作为 B 的一部分被整合在包价旅游产品中，由目的地的地接社以旅游行程合同的方式出售给客源地的组团社。因此，产品 A、产品 B 与产品 C 不再是同质产品，它们分属于三个不同的细分市场。图 1-3 以大连为旅游目的地，以沈阳为旅游客源地，据此图 1-3 所示的是：A 系列产品面向的是大连市居民的休闲娱乐市场，B 系列产品的市场是大连市的一日游或短途小包价散客同业拼团游客，C 系列产品面向沈阳市的异地团队包价游市场。因此，旅游产业链纵向控制的经济特征可以概括为：上游企业的产品既可以作为中游、下游企业的投入品，又可以作为独立的最终消费品，只是各自对应着不同的市场。

（三）双重加价导致旅游产业链市场低效和社会福利损失

图 1-3 中作为旅游目的地的大连市存在两条产业链：在一个中间产品市场上（在市场 B 上销售 A 产品），供给与需求双方为了得到其竞争均衡的结果，需要清楚 B 市场上的供给曲线与需求曲线。那么，就供给方面（上游 A 企业）来说，由于追求利润最大化的企业使命，其基本规律与最终产品市场（A 产品卖给 A 市场）是没有差异的，即在边际成本递增的假设下，在一个竞争性市场上，产品 A 的供给曲线应是向上倾斜的。

对需求方面（中游 B 企业）来说，此时的问题是，中间产品 A 的需求曲线是如何决定的。如果不存在市场 A，中间产品 A 的需求就是由对最终产品 B 的需求所引致的派生需求。那么，市场 B 的需求就决定了对产品 B 的需求，进而决定了对产品 A 的需求。

但是,旅游产业链的事实特征是,产品 A 有着独立的并且不同于市场 B 的市场 A。市场 A 的总需求曲线应是其最终需求曲线与其派生需求曲线之和:A 的最终需求曲线,记为 $D_A = D_A(P_A)$。

由于 A、B 是有实质性差异的两个不同的市场,如果两个市场均具完全竞争的市场结构,同时,若产品 B 与产品 A 是一一匹配的,企业 B 是其产品 B 的价格的接受者,P_B 是产品 B 的市场价格,对企业 B 来说是常数。假定企业 B 的固定成本为零,企业 B 的边际成本为 $AVC_B + P_A$,且 AVC_B 为常数(假设 $AVC_B > 0$)。那么,企业 B 的利润最大化一阶条件为:$P_B = AVC_B + P_A$。企业 B 对产品 A 进行购买的利润最大化条件就是使其边际成本之和等于其产品的销售价格。如果 $AVC_B = 0$,B 产品的价格与 A 产品的价格相同:$P_B = P_A$。同时,对于企业 A 来说,其利润最大化的必要条件为:$P_A = MC_A$。当一个中间产品市场和一个最终产品市场之间存在如此紧密的联系,其均衡状态必须联立求解。其效率最优的必要条件应为:$P_B = P_A = MC_A$。此时,市场 B 的价格将由企业 B 的一阶条件决定,因此市场 A 的均衡条件为:$S_A(P_A) = D_A^\Sigma = D_A(P_A) + D_B(P_A + AVC_B)$。两个市场的均衡状态如图 1-4 所示。

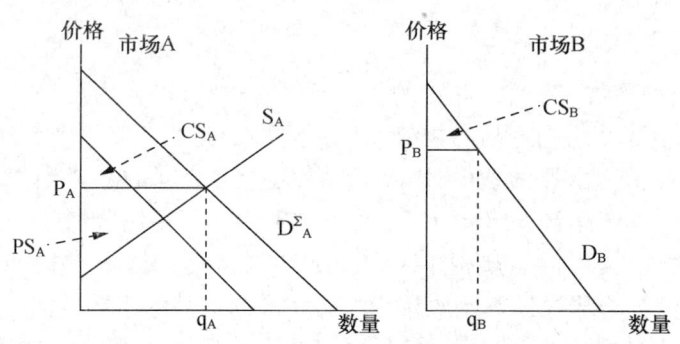

图 1-4 旅游产业链市场均衡

由此可见,对于旅游产业链来说,帕累托最优社会福利应为:$W_{III} = CS_A + CS_B + PS_A$,此时企业 B 产生了额外成本,但利润为零,市场 B 的生产者剩余也就为零。

旅游产业链中的目的地的地接社 B 企业通过向企业进行超低报价的手段招徕顾客,但是在接到旅行团队后,通过增加景点向旅游者收取额外费用、增加购物点收取商家回扣、暗中变更履行合同降低餐标或客房标准等做法侵害旅游者的利益。旅游产业链中的客源地组团社 C 企业往往采取增加订购车船机票、代办服务的方式在 B 企业报价的基础上增加额外报价,增加了消费者支出。无论是上游的 B 企业还是下游的 C 企业,凭借着垄断地位独立地进行决策,并且上下游企业的单方面加价行为会彼此影响对方做出再次加价或者降低服务接待标准等变相加价的行为。这种双重加价现象的实质是上下游企业都出现了产品价格的扭曲。旅游产业的纵向链条上,每一个上下游的企业调高自己产品的价格,是对社会福利的损害,也是市场低效率的。

（四） 消除双重加价实现旅游产业链市场均衡的启示

现实中，作为下游企业的零售商组团旅行社、作为中游企业的地接旅行社批发商与作为上游企业的旅游景点企业包括目的地的纪念品商店、餐馆和旅馆，普遍存在的接待档次缩水、增加额外收费项目、通过回扣给导游或司机的方式弥补零团费以获得利润，这些行为都可以还原成产业链纵向关系中的双重加价问题。

旅游产业链内部的企业，其行为总是以利润最大化为目标的。这些行为给市场效率和社会福利带来的后果，是可以通过经济规制政策加以激励和约束的。消除双重加价现象最直接有效的办法是要有充分的纵向约束。经济规制的约束策略需要以旅游产业链的基本特性分析为基础，因为在不同特性的产业链环境下，个体旅游企业获取利润的外部条件不同，所受到的规制的激励效果不同。

在纵向一体化或充分纵向约束条件下，消除双重加价，能够提高福利。当旅游产业链各个环节都实现完全竞争市场均衡下的市场效率与社会福利的时候，现实中以"灰暗价格"为表象的旅游产业链市场低效引起的一系列为消费者所诟病的现实问题，能够得到合理的解决。

上下游企业之间严格的纵向约束是旅游产业链实现市场均衡的重要保障。旅游产业链上的企业之间、企业与消费者之间签订怎样的协议以及如何确保严格遵守协议，是旅游产业规制的重要内容。

参考文献

[1] 陈刚．环境美与生态旅游．旅游学刊，1999（4）．
[2] 陈忠晓，王仰麟．生态旅游刍议．地理学与国土研究，1999，15（4）．
[3] 程占红，张金屯．生态旅游的兴起和研究进展．经济地理，2001，21（1）．
[4] 邓祝仁，郑海．生态旅游与良性消费．社会科学家，1999（5）．
[5] 冯卫红，苗长虹．旅游产业集群：旅游地理学研究的微观领域．人文地理，2008（3）．
[6] 冯卫红．旅游产业集群判定和识别探讨．经济问题，2008（2）．
[7] 冯卫红．生态旅游地域系统与旅游地可持续发展探讨．经济地理，2001，21（1）．
[8] 郭舒．生态旅游概念泛化思考．旅游学刊，2002（1）．
[9] 郝索．论我国旅游产业的市场化发展与政府行为．旅游学刊，2001，16（2）．
[10] 黄羊山．生态旅游与生态旅游区．地理学与国土研究，1995，11（3）．
[11] 金波，王如渊，蔡运龙．生态旅游概念的发展及其在中国的应用．生态学杂志，2001，20（3）．
[12] 蕾切尔·卡逊（Rachel Carson）．寂静的春天．吕瑞兰等译．吉林人民出版社，1997．
[13] 李东和，张结魁．论生态旅游的兴起及其概念实质．地理学与国土研究，

1999 (2).

[14] 李景奇,秦小平.生态旅游实施措施与利弊分析.中国园林,2000,16 (5).

[15] 梁锦梅.生态旅游地开发与管理研究.经济地理,2001,21 (5).

[16] 刘家明,杨新军.生态旅游地可持续旅游发展规划初探.自然资源学报,1999,14 (1).

[17] 刘家明.生态旅游及其规划的研究进展.应用生态学报,1998,9 (3).

[18] 刘忠伟,王仰麟,陈忠晓.景观生态学与生态旅游规划管理.地理研究,2001,20 (2).

[19] 卢云亭.生态旅游与可持续旅游发展.经济地理,1996,16 (1).

[20] 吕永龙.生态旅游的发展与规划.自然资源学报,1998,13 (1).

[21] 毛剑梅.旅游业与制造业产业集群的比较分析.经济问题探索,2006 (6).

[22] 明庆忠,李宏,徐天任.生态旅游环境问题类型及保育对策.经济地理,2000 (4).

[23] 倪强.近年来国内关于生态旅游研究综述.旅游学刊,1999 (3).

[24] 牛亚菲.可持续旅游、生态旅游及实施方案.地理研究,1999,18 (2).

[25] 舒波.国内外旅游服务供应链及复杂网络相关研究综述与启示.旅游科学,2010,24 (6).

[26] 宋子千,黄远水.对生态旅游若干理论问题的思考.林业经济问题,2001,21 (4).

[27] 王尔康.生态旅游与环境保护,旅游学刊,1998 (2).

[28] 王起静.旅游产业链的两种模式及未来趋势.经济管理,2005 (22).

[29] 王跃华.论生态旅游内涵的发展.思想战线(云南大学人文社会科学学报),1999 (6).

[30] 威廉·瑟厄波德.全球旅游新论.张广瑞等译.中国旅游出版社,2001.

[31] 温彦平.我国贫困地区的旅游业应走生态旅游的道路.科学·经济·社会,2000 (2).

[32] 吴必虎.旅游生态学与旅游目的地的可持续发展.生态学杂志,1996,15 (2).

[33] 吴必虎.区域旅游规划原理.中国旅游出版社,2001.

[34] 相阵迎,徐红罡.国内旅游产业集群研究的争议评述.旅游科学,2007 (6).

[35] 谢彦君.基础旅游学.中国旅游出版社,1999.

[36] 杨开忠,许峰,权晓红.生态旅游概念内涵、原则与演进.人文地理,2001,16 (4).

[37] 尹贻梅,刘志高.旅游产业集群存在的条件及效应探讨.地理与地理信息科学,2006 (22).

[38] 俞孔坚.观光旅游资源美学评价信息方法探讨.地理学与国土研究,1989,5 (4).

[39] 张广瑞.生态旅游的理论与实践.旅游学刊,1999 (1).

[40] 张书云，张廷龙．国内外旅游供应链研究综述．石家庄学院学报，2013，5（6）．

[41] 张延毅，董观志．生态旅游及其可持续发展对策．经济地理，1997，17（2）．

[42] 赵小芸．旅游产业的特殊性与旅游产业链的基本形态研究．上海经济研究，2010（6）．

[43] 钟林生，石强，王宪礼．论生态旅游者的保护性旅游行为．中南林学院学报，2000，20（2）．

[44] 钟林生，肖笃宁．生态旅游及其规划与管理研究综述．生态学报，2000，20（5）．

[45] 周鸿，赵丽昆．生态旅游与生态道德教育．思想战线，1998，24（7）．

[46] 周世强．生态旅游开发应重视和加强旅游行为的研究与管理．四川林勘设计，2000（1）．

[47] 庄军，刘嗣明．论旅游产业集群的系统架构．桂林旅游高等专科学校学报，2005（4）．

[48] Ahmad G., Morrison A.. Small Firm Social Networking in Tourism and Hospitality. Proceedings of Tourism: State of the Art II, Glasgow, UK, 2004.

[49] Berg van den L., Borg van der J., Meer van der J. Urban Tourism: Performance and Strategies in Eight European Cities. Rotterdam: European Institute for Comparative Urban Research, 1995.

[50] Buckley R.. A Framework for Ecotourism. Annals of Tourism Research, 1994, 21（3）．

[51] Butler R. W.. Tourism – An Evolutionary Perspective, Department of Geography Pulication Series, Number 37, University of Waterloo, 1993.

[52] Cazes G., Potier F.. Le Tourisme Urbain. Paris: Presses Universitaires de France, 1996.

[53] Ceballos L. H.. The Future of Ecotourism. Mexico Journal, 1987（1）．

[54] Ceballos – Lascurain. Tourism, Ecotourism and Protected Area. IUCN, 1996.

[55] Gamini Herath. Ecotourism Development in Austrilia. Annals of Tourism Research, 1997（24）．

[56] Gollub James. Cluster – based Economic Development: A Key to Regional Competitiveness. US Department of Commerce, Economic Development Administration, 1998.

[57] Gunn C. A.. Tourism Planning（Third Edtion）. Taylar & Francis, 1994.

[58] Judd D. R., Fainstein S. S.. The Tourist City. New Haven, CT: Yale University Press, 1999.

[59] J. Mosedale. Tourism Commodity Chains: Market Entry and its Effects on St Lucia. Current Issues in Tourism. 2006, 9（4&5）．

[60] Kinnaird M. F., O'Brien T. G.. Ecotourim in Tangkoko Duasudara Nature Reserve: Opening Pandora's Box Oryx, 1996, 30（1）．

[61] Kutay K.. The New Ethic in Adventure Travel. The Environmental Journal, 1989, 1(4).

[62] Law C. M.. Urban Tourism: Attracting Visitors to Large Cities. London: Mansell, 1993.

[63] Mazanec C.. International City Tourism: Analysis and Strategy. London: Pinter, 1997.

[64] Moulin C. L.. Plan for Ecological and Cultural Tourism Involving Participation of Local Population and Associations. in Hawkins D. E., Shafer E. L. and Rovelstad J. M., eds. Tourism Planning and Development Issues. Washington, D. C.: George Washington University, 1980.

[65] Mowforth M.. Ecotourism: Terminology and Definitions. University of Plomouth Research Report, 1992.

[66] Murphy P. E.. Quality Management in Urban Tourism. Chichester: John Wiley and Sons, 1997.

[67] Page S.. Urban Tourism. London: Routledge, 1995.

[68] Participants Charter for Sustainable Tourism. World Conference on Sustainable Tourism. Lanzarote, Canary Islands, Spain, 27 – 28 April, 1995.

[69] Pavlovich K.. The Evolution and Transformation of a Tourism Destination Network: The Waitomo Caves, New Zealand, Tourism Management, 2003 (24).

[70] Sasidharan Vinod. Redefining Ecotourism: the Need for a Supply – side View. Journal of Travel Research, 1999, 38 (2).

[71] Tyler D., Guerrier, Y., Robertson, M.. Managing Tourism: Policy, Process and Practice. Chichester: John Wiley and Sons, 1998.

[72] Ziffer K.. Ecotourism: The Uneasy Alliance. In: Conservational International. Washington, DC: Ernst & Young, Working Papers on Ecotourism, 1989.

第二章 城市旅游空间的理解

导言：城市、城市空间结构与旅游空间

（一）城市

要理解城市旅游，就必须理解城市。"城"在古代是永久性防御设施，它最初是为了预防敌方势力入侵或者野兽侵袭的产物。最早的城还不具备宗庙、宫室、商业等一般现代城市具备的物质要素。"市"是商品交换的地方。特定的地点和时间的交换成为集市。集市为了经营的方便，逐渐出现在人口集中的"城"中，并且有了固定的位置，真正意义的城市才产生。近现代，"市"引申为特定级别的行政建制单元。最早的"镇"与"市"的区别是"有商贾贸易者谓之市，设官防者谓之镇"。镇的最初存在军事色彩很浓厚，后来才有贸易镇市的出现。近现代，"镇"同样引申为特定级别的行政建制单元，成为联系城乡纽带的居民点。现在，城、市都作为乡村的对应概念而使用。

城乡界限的划分是个有趣的话题。从行政单位上看，城市和乡村可以分开，有不同的隶属关系和自己的辖区范围。但是如果我们从空中看，坐着飞机掠过一座城市，就不太容易区分城市和乡村的界限。视觉上城市聚落的实体完全不同于乡村景观，如我们会看到高楼大厦、公路纵横、密集的车辆和人口。如果我们看到的布满人工构筑物的建成区域就是城市辖区，景观上的差异分界就是城乡的分界，那么问题就简单了。但是实际情况并非如此，一种情况是，城市景观范围比行政辖区小，城市还另外包括了一定的乡村地域，有一部分乡村景观；另一种情况是，城市这种高楼林立的景观超出了行政管辖范围。要真正在城乡之间画出一条严格科学意义的界限绝非易事。特别是当需要一些反映城市之间竞争差异的数据的时候，我们更依赖于行政意义上的城市而不是景观意义上的城市。

另一个也经常引起人们思考的问题是中国城市与西方城市之间的差异。当我们比较中西方城市旅游发展及其演进规律的时候，在很多情况下，我们说的城市不是一回事。在中国，我们说一个城市大还是小的时候往往会比较城市人口，城市人口越来越多依然是一个趋势。由于人口增加导致对城市供给能力不断提出新要求，强大的需求推动着城市向各个方向扩张。卫星城和中心城、新城区和老城区之间的过渡带越来越模糊进而连

成一片。城市像摊大饼一样环状蔓延的趋势似乎停不下来。在西方，论及城市大小的时候会讨论空间范围。大城市、小城市是比较城市人工构筑物的建成区域的城市景观范围。这个差异多少和人口密度有关系，也和生活方式差异有关系。例如，在美国、澳大利亚和欧洲一些国家，"居住在城市"未必就是一个好过"生活在乡村"的选择。有了这样的"城市的理解"对于进一步研究城市旅游现象是有益的，但还不足够充分，旅游者在城市做了什么，去了哪里，怎样消磨时间，旅行足迹在城市里会划过什么样的轨迹以及怎样进行交往和消费？"城市空间"的概念将增加我们的认知和理解。

（二）城市的空间结构

理解城市，有空间视角、经济视角、社会视角、文化视角甚至是历史视角。从空间的角度解释，城市发展是自然因素和人文因素在特定地理空间上相互耦合、综合作用的结果，是一个相对复杂的演进过程。

人们在日常生活中积累一些与自己切身相关的城市空间知识，如工作和上学的交通工具选择、购物中心所在的位置、周末消遣娱乐设施的选择等。这些知识具有生活实用性，同时缺少从整体上认识城市空间的视角。整体的认知城市，需要回答的问题包括以下几个：城市中交通工具的总体配置是怎样的，商业网点及娱乐设施的空间形态如何，居民和外来旅游者如何选择交通工具、购物与游览方式最经济、最有效率等。

哲学家把空间和时间当作同等重要的两个维度，这两个维度是人类用来认知世界的最本质的东西。康德认为，从空间和时间中可以获得有关自然界的一般性描述。自然界按照时间被描述为历史，按照空间被描述为地理。也就是说，历史学是时间的知识领域，地理学是空间的知识领域，这两类认知可以满足人类知识的整个领域。

一般而言，空间的分析方法关注研究对象的五种属性：第一是空间的构成要素，空间由各种自然要素和人文要素构成，任何一种空间要素的空间分布即构成一种空间结构；第二是空间尺度，包括空间距离尺度和时间距离尺度；第三是空间组主体，强调空间中的人，以人为本，为人服务；第四是空间过程，即各种空间现象的形成与发展；第五是空间类型或空间结构。空间结构反映构成地表空间的各个部分在形态上或功能上的连接方式。空间结构有时被代之以"地域结构"，相对而言，空间结构常常用于研究抽象的、纯理论的概念与问题；地域结构经常使用在经验的、现实的概念或问题。另外，空间结构既包含由不同尺度的空间所构成的结构体系的含义，也包含某一空间内部各种要素的结合关系；地域结构则侧重于地表各种地域的构成状况。

城市内部的空间结构，是城市的人口、经济、社会、自然条件以及各类建筑的空间组合，是城市中各种人类活动和功能组织在地域空间上的投影，是城市发展程度、阶段与过程的空间反映。城市空间结构可以简要地分为物质空间、经济空间和社会空间三个系列。城市的物质空间包括建筑空间、道路空间、开敞空间；经济空间可以抽象为工业空间、交通空间、市场空间；社会空间包括行为空间、居住空间、感应空间。

从功能上看，特定的城市功能在空间上的存在往往是由于供给和需求的互动形成的。例如，从空间上看，住宅会出现在哪里，商业会集中在何处，都是由供求关系决定的。Gore（1984）曾经用一个简化了的海滩卖冰淇淋的例子解释在城市里商圈是如何形成的。商贩 A 和 B 的冰淇淋质量、价格一样，最初他们可能分别占据长条形的海滩左右各半边的中心。海滩中心线就是两个商圈的分界线。两个商贩各自占领一半的市场。商贩 A 为了吸引更多的消费者会向中心移动，去侵占 B 的市场；B 也会向 A 靠近以求对抗 A 的进攻并确保自己的市场利益最大化。最终的结果不再是 A 和 B 分居海滩两段各自的中点，而是走到一起，他们都认为找到了最佳的位置，谋到了最大的市场及利益。这个位置就是整个海滩的中心。商圈就是这样形成的。这个例子给了我们一些城市经济空间的感性认识。同样，城市中心商务区高层建筑物的立体利用与城市空间的水平分异有很大的类似性。垂直上看，一般而言高大建筑物的底层是商业、金融业与房地产业，向高层过渡为公司写字间、酒店住宿业。水平上看，最内侧的一圈是大型百货商店和高档商店为主的零售业集中区；第二圈是零售服务业，建筑物的底层被这些零售业和银行占据；第三圈是办公和旅馆业集中的地区；第四圈是一些经营密度较低的商业活动，如超市、家具店或者汽车修理。这些模型化的圈层揭示了城市空间利用的一般性规律。"资源型城市战略制定的理论依据与模式选择"部分，研究选择了具有典型性的城市空间结构作为研究背景，总结了影响资源型城市发展的一系列关键因素。

（三）旅游空间

旅游现象有多重意象表达，最通常的理解是（谢彦君，2004），旅游是一种人类的经历，一种社会行为，一种地理现象，一种财源、商业活动或行业。从人类的经历与社会行为的角度审视旅游现象，更容易直接、迅速地窥视到旅游者的内心世界。按照财源、商业活动或行业的思路看待旅游现象更方便研究大规模群体性旅游现象给目的地带来的效应，特别是经济效应。地理现象揭示了旅游者在空间上的特征，相对于客源地，旅游者在地理上的运动表现为一种离开又归来的空间轨迹。旅游者在目的地的行为也可以放在空间的背景下进行观察与研究。基于城市旅游研究的旅游空间是把旅游者的行为放在城市这个目的地的空间里加以观察的。旅游者需求的满足，旅游者个体的体验过程，旅游者与当地人的交往，旅游者的消费行为都发生在这个空间里。这个空间承载了旅游者的活动以及为满足旅游者提供各种产品与服务的旅游业活动，是旅游供求活动的载体。"城市旅游发展模式选择的三维依据框架"部分深入讨论了城市旅游空间、旅游者行为、旅游业行为三维要素之间的相互作用，通过模型揭示了城市旅游空间的结构。

通常可以从两个方面理解城市旅游的空间结构——城市旅游的形态和城市旅游要素的相互作用。其中，城市旅游形态是指城市旅游的各类要素，包括物质设施、参与群体、旅游经济活动和公共机构的空间分布模式；城市旅游要素的相互作用，则是指城市旅游要素之间的相互关系，它们将个体土地利用、群体活动的形式和行为，整合成为一个个功能各异的实体，也称为子系统；城市旅游空间结构则以一定的组织规则，将城市旅游形态和各个子系统相连接，并整合成为一个城市旅游系统。

随着城市旅游空间研究的深入，特别是近年来旅游规划实践急需摆脱城市规划或旅游策划的痕迹，以彰显旅游规划自身的个性特征。"旅游规划对象系统的一般性解释"

部分对"旅游地域系统"作为旅游空间的子系统,即旅游规划的对象系统做了深入阐述,回应了时下研究的热点问题。

一、资源型城市战略制定的理论依据与模式选择①

本部分内容在对"资源型城市"、"城市发展战略"、"城市可持续发展"与"城市竞争力"四个方面进行文献检索与分析的基础上,梳理和评价了指导城市发展战略制定的理论依据,讨论了资源型城市发展战略制定的目标问题、理论基础及其决定因素问题、模式选择问题。分析认为,波特的竞争优势理论可以作为资源型城市发展战略制定的理论依据;增强城市竞争力应该作为城市发展战略制定的一个总体性的目标;提出了一个基于战略制定不同成熟度的动态化城市战略制定模式。

(一) 研究背景

在新中国成立之后相当长的时期里,我国实行了依靠本国资源优先发展重工业的发展战略。能源、矿产和林业基地的建设得到极大重视。在各地形成了数量众多的因自然资源开发而兴起的城市。时至今日,大约有150座资源型城市开始面临资源枯竭、产业转型以及城市如何持续发展的困境。此类资源型城市尤以东北地区最为典型和集中。在东北地区36个地级城市中,有14个属资源型城市,其他22个属资源加工型城市。在资源型城市中有6个是人口超过50万的大中城市。黑龙江省采煤沉陷区面积530平方千米,受损住宅面积520万平方米,受影响的居民达6.8万户。大庆油田已经进入衰减期,每年递减120万~150万吨,2010年产量只能保持3000万吨左右。吉林省采煤沉陷区受损面积262万平方米,涉及居民5.7万户。辽宁省也有157平方千米的采煤沉陷区亟待治理。目前,这类资源型城市赖以生存的主导资源产业大多步入资源开采的中后期。由于资源型城市主要依赖资源型产业支持整个城市的经济社会发展,产业门类单一,缺少具有竞争力的产业群、合理的产业结构和良好的投资环境。因此,伴随着资源的逐渐枯竭,开采成本加大,竞争能力减弱,企业陷入困境,大量工人待业下岗,形成新的贫困群体,严重影响当地的经济发展和社会安定,已构成影响东北地区乃至整个国家经济社会发展的严重社会经济问题。

资源型城市迫切需要制定科学的城市发展战略。这些城市不仅面临着替代型产业的选择问题,更重要的是需要做出城市发展战略的重新定位与选择问题。相对于单纯的产业选择问题,城市战略的调整更为复杂。需要在理论上有所依据,在实践上有所借鉴。因此,对国内外现有资源型城市发展战略的成果进行比较分析,对有关资源型城市战略的实践问题进行对策研究,显得尤为迫切。

---

① 王吉生,郭舒,郑春颖. 资源型城市战略制定的理论依据与模式选择. 资源产业,2005 (5).

（二）研究目标

本部分内容试图解决的理论层面上的问题是，城市发展战略的目标是什么，如是可持续发展，还是增强城市竞争力？资源型城市发展战略制定的决定因素是什么。在实践层面，我们期待能够回答以下问题：城市发展战略的制定或选择的模式存在吗，资源型城市发展战略可资借鉴的经验或教训是什么？

（三）文献回顾

为研究的方便，本部分内容选择了"资源型城市"、"城市发展战略"、"城市可持续发展"与"城市竞争力"四个方面进行了文献检索。检索的对象局限于国内学者，并根据研究需要，析出了部分国外学者的观点。检索的时间跨度限定在 2000 年以后发表的论文和专著。论文检索的范围限定在 2000 年由北京大学所认定的国家核心期刊的范围之内。

1. 资源型城市

宋冬林（2004）对国外资源型城市产业转型与延续问题进行了详细的比较研究，总结了洛林模式、九州模式、休斯敦模式、威尔士模式、鲁尔模式五种资源型城市产业延续的成功模式。

法国洛林模式的成功做法是以高新技术改造传统产业。洛林过去是法国以煤炭、钢铁等传统产业为主的老工业基地，当其面临传统产业衰退的问题时，制定了以提高国际竞争力为内容的高起点转型目标，历经 30 年时间，转变成了以高新技术产业、复合技术产业为主，环境优美的新兴工业区。洛林模式的主要做法包括以下几项：一是发展新产业；二是应用高新技术改造传统产业；三是坚决放弃那些成本高、在市场上没有竞争力的产业和产品。例如，虽有煤炭资源，但因井深开采吨煤成本高于世界市场煤炭价格 345 法郎，而采取逐步放弃的政策，煤炭产量从转型前的 1470 万吨减少到 476 万吨，从业人员也从 2.4 万人减少到 9743 人，规划到 2005 年煤矿将全部关闭。钢铁工业也由于成本高、吨钢销价比进口高 457 法郎的原因，尽管铁矿资源丰富，采矿、炼铁、炼钢企业也已全部关闭。

日本九州模式是以财政支持资源型城市转型的模式。九州最初是以煤炭产业为主的地区。20 世纪 60 年代初，日本决定放弃对煤炭行业代价高昂的保护政策，在该地区兴办一批现代工业开发区，吸引大批区域外企业迁入九州开发区，并按新的产业政策兴办一批新企业。对开发区内企业安置煤炭工人及其子女就业给予补助，并视用人比例的高低给予优惠差别政策。此外，还承担失业煤炭工人的培训费用，帮助其再就业。这些政策的实施，使九州地区由传统的煤炭区转换成日本新的重要高新技术产业区。

美国休斯敦模式是以拓展产业链条来带动城市的持续发展的模式。20 世纪 60 年代以后，休斯敦石油开采业开始整体下滑，休斯敦反而按产业链的延伸和拓展，加速了石油科研的开发，并相应带动了为其服务的机械、水泥、电力、钢铁、造纸、粮食、交通运输等多种产业的发展。同时，国家在休斯敦布点了宇航中心，带动了为它服务的

1300多家高新技术企业，从而使休斯敦成为全美人口增长最快的城市，城市性质也发生了根本变化。

英国威尔士模式是以大项目引进带动城市产业调整的模式。英国威尔士是发展了近百年的以煤炭生产为主的资源型地区。伴随着采掘成本的逐渐上升，该地区的主导产业竞争力逐渐下降，大批工人失业，经济困难。英国和威尔士地方政府利用语言相通、风俗相近的有利条件，通过采取改善地方经营环境、给予优惠政策等措施，从美国招商引资，尤其是有目的地引进大项目，如波音公司发动机项目等，使当地经济得到迅速发展，并在大项目的带动下把高新技术产业和旅游产业也发展了起来。

德国鲁尔模式是以人力资源开发促进资源产业转型的。鲁尔老工业基地从钢铁康采恩克虏伯公司1811年建于埃森市以来，至今已有近200年的历史。20世纪60年代开始，鲁尔老工业基地传统的煤炭工业和钢铁工业走向衰落，煤矿和钢铁厂逐个关闭，就业人数大幅下降；70年代后，传统产业衰退的趋势已经十分明显。为了改造鲁尔老工业基地，政府采取了一系列措施解决失业问题，其中最为有效的方式是大力发展职业教育和在职培训，大力开发人力资源，为产业转型提供充沛的高素质的劳动力。

从宋冬林（2004）的研究中不难看出，国外资源城市在产业重构过程中，可资借鉴的基本经验包括以下几项：一是以引入高新技术为突破口推动产业升级和产业转换，提高企业竞争力。二是以分工细化为路径推动产业链条延伸，营造中小企业的生长平台。三是以政府财政为杠杆和市场化运作为基础推动衰退产业区域振兴，培育区域经济发展的增长点。

2. 城市发展战略

梁玉芬（2004）认为，现代城市发展战略可分为三种类型，即政府主导型城市发展战略、市场主导型城市发展战略及政府与市场混合型城市发展战略。中国城市发展战略模式的决定性因素包括经济全球化、信息化技术、现代分工体系、不同阶层利益的均衡以及环境、资源等因素。

倪鹏飞（2003）在《中国城市竞争力报告No.1》中依据对中国城市的定性与定量分析，广泛讨论了如城市战略规划观念提升、实现城市潜能意义上的城市营销、城市职能扩张战略、国际化环境的影响等城市战略问题。在随后一年出版的《中国城市竞争力报告No.2》中，倪鹏飞又进一步对指导城市定位的相关理论进行综述并提出了影响城市定位的若干因素。

3. 城市可持续发展

"可持续发展"在20世纪末成了研究人员笔下最时髦的名词之一。自20世纪80年代以来，经济、社会、环境的协调发展，越来越受到了世界各国的重视。1987年，国际环境和发展委员会在其出版的《我们共同的未来》报告中，系统地阐述了"可持续发展的战略"，并最终写入1992年联合国《里约环境和发展宣言》和《21世纪议程》。在中共十四届五中全会上，我国政府明确提出："必须把可持续发展作为一个重大战略，要把控制人口、节约资源、保护环境放在重要位置，使人口增长与社会生产力相适应，经济建设与资源环境相协调实现良性循环。"

可持续发展的城市是针对旧的"不可持续发展城市"的弊端和危害而提出来的，"高消耗、高投入、高污染"的城市发展模式导致了自然资源的过度消耗和生态平衡的破坏，从最终效果来看，是以对未来发展潜力的破坏而换来当前短暂的繁荣。尽管这一理论深入人心，但在发展中国家城市战略制定的实践中如何应用，仍然众说纷纭、莫衷一是。

4. 城市竞争力

需要明确的第一个问题是城市竞争力的含义。西方学者中大致有两类关于城市竞争力的解释。以波特等人为代表的学者认为，城市竞争力应该被解释为城市对"资源利用的能力"，在指标上与生产率相联系。萨缪尔森、克鲁格曼等人认为城市竞争力是一种"市场争夺的能力"，其评价指标应该与区际贸易相联系。在此基础上，有学者提出用居民生活质量来衡量城市竞争力，但生活质量毕竟是竞争力的表现形式，而不是竞争力形成的决定因素，其解释力不够充分。倪鹏飞（2001）提出城市竞争力与城市价值收益正相关的假设，为城市竞争力概念奠定了一个坚实的经济学基础，并将城市竞争力描述如下：一个城市在竞争和发展过程中与其他城市相比较具有的吸引、争夺、拥有、控制和转化资源，争夺、占领和控制市场，以创造价值，为其居民提供福利的能力。这一界定遵循了经济学中关于居民个人、企业和国家最大化自身利益的思维逻辑，使我们在个人、企业、城市和国家这一多层次的主体结构中，体会到城市主体的特殊地位以及它的效用目标——城市居民的福利最大化。

第二个问题是城市如何通过制定科学的发展战略形成其竞争优势。美国巴克内尔大学教授彼得认为，城市竞争力的形成取决于城市经济因素和城市战略因素的结合。经济因素包括生产要素、基础设施、区位、经济结构和城市环境；战略因素包括政府效率、城市战略、公私部门合作以及制度的灵活性。赵登峰（2004）认为，外部规模经济是形成城市竞争力的关键因素，产业集群是外部规模经济的表现形式，他以深圳为例说明了培植关键产业的城市集群是未来提升城市竞争力的最佳战略取向。

（四）基本理论综述

指导城市发展战略的基础理论，主要是区际贸易理论与竞争力理论。尽管两类理论的假设前提和分析工具不同，所关注的影响城市发展战略的关键性因素也不尽相同，但是，区际贸易理论与竞争力理论仍然构成了城市发展战略研究的有效的理论基础。

1. 区际贸易理论与城市战略

区际贸易理论主要解释区域或国家之间产生的贸易，即一地与另一地之间生产、交换特定产品的经济原因。从理论上讲，贸易是一种多赢的经济活动，市场机制将使贸易双方的收益达到最大化。某地之所以在生产某种产品并同他地产品贸易，是有深刻的合理性规律的。这个合理性原因，恰恰也是某城市具有相应经济社会活动功能的原因。因此，贸易理论对城市功能定位具有一定的解释意义。

亚当·斯密最早提出绝对优势的概念，创立了贸易理论。他认为，一国或一地区应该生产自己绝对生产成本低的产品去交换本国或本地区的必需产品，但对自己而言是绝对成本高的产品。亚当·斯密的问题是,当一地所有产品生产成本都最高,它应该生产什么。大卫·李嘉图完善了亚当·斯密的绝对优势概念,将其演化发展为比较优势概念。他认为,由于不同的环境或"气候"等特别有利于或不利于某些产业的差异,任何国家或地区,不管是它在整个贸易体系中,所有的产业具有生产成本绝对的劣势或绝对成本的优势,因为这些产业的绝对优势和绝对劣势是有差别的,它可选择相对优势最大或劣势最小的产业进行生产。

此后,赫克谢尔和俄林发展了贸易理论,创立了要素禀赋理论。该理论认为,不同区域各种生产要素禀赋不同,供给量丰富的要素,其相对价格较低,密集使用这一要素的产品相对成本必然也低;供给量较少的生产要素,相对价格较高,密集使用这一要素的产品的相对成本也必然高。资本丰裕的国家或地区具有生产资本密集型产品的比较优势;劳动资源丰富的国家或地区具有生产劳动密集型产业的比较优势。不同的国家专门生产密集使用其相对丰裕要素而较少使用自己稀缺要素的产品,以换回其要素比例正好相反的产品,这就是基于要素禀赋论基础上的地域分工理论。各国都应密集地使用它拥有的比别国丰富的生产要素生产的产品,在国际分工中获得比较利益。

经济学家里昂惕夫利用美国的1947年的资料对要素禀赋理论进行了验证,结果并不支持这一理论。为了更好地说明为什么生产特定产品和贸易产生的源泉,解释"里昂惕夫之谜",许多经济学者不断完善了比较优势理论,主要有人力资本论、技术差距论、产品周期理论。

人力资本论认为,作为生产要素的劳动力所具有的劳动技能存在极大的差别,这种差别是由于教育和培训等资本投入不同导致的。由于技能和追加的有形资本,即人力资本同样可以提高劳动生产率,拥有丰富的人力资本的国家和地区,生产和出口的产品则以尖端技术的、人力资本密集的产品为主。

随着技术的不断进步,技术已经成为生产力发展最活跃的因素,在许多产业中,生产加工的可能性和效率更多地取决于技术和技巧而不是取决于丰富的资源要素。原材料、能源和资源性投入品在生产中的使用大大减少并被替代。现代材料如工程塑料、陶制品、含碳纤维、硅片等在半导体生产中使用,使原材料成本大大降低并易于获得。拥有高技术的地区生产和出口的产品则以尖端技术的、技术密集型的产品为主。

雷蒙德弗农认为,一般产品都要经过与生命周期类似的产生、发展、衰退和消亡的周期。贸易结构的变化随着新产品开发阶段、产品成熟阶段和产品的标准化阶段这一生产循环的企业区位变化而变化。在新产品开发阶段,生产投入和产品的设计具有一定的伸缩性,接近市场和外部经济是不可缺少的条件。因此,接近市场的生产区位是最理想的区位选择。在产品成熟阶段,随着产品的标准化的发展和大量生产带来的规模经济,使得产品在其他先进国家的市场不断形成和扩大,在这个阶段企业的生产区位向其他的先进国家转移。当产品的生产进入了标准化阶段,接近市场和外部经济的必要性在增强,为了追求低廉的劳动费用,企业将会把生产区位向发展中国家转移。

20世纪70年代以来，随着国际贸易的迅速发展，贸易出现新的特点，新贸易理论逐步形成。规模经济影响贸易模型。克鲁格曼认为，发达国家产业内贸易主要取决于规模经济基础上的收入递增和产品差别化。当一地的某一产业能够有效地发挥出规模经济效益时，就可能以有竞争力的价格向外销售产品；当一个国家的收入达到相当高水平时，消费者就会表现出多样化的选择，从而为其他国家提供同类但具有一定特色的商品。

外部经济是决定产业贸易模型的重要因素。外部经济主要分为两类：一是技术的外部经济，即由企业间产生的知识溢出带来的外部经济，企业之间吸收知识和技术，将使该地发展成为知识产业。二是资本的外部经济，它产生于市场规模。若某地的某产业基础好，对劳动者和供给企业就成为一个大市场，而有大量的劳动力供给以及有效的供给企业支持，会进一步促进该产业的发展。

专业化从根本上决定产业贸易。一个产业在某一个国家的聚集，或者一个国家某一产业在特定地区的聚集具有历史的偶然性。如瑞士的钟表业、意大利的服装、伦敦的金融业等的出现具有一定的偶然性。有些产业在某地集中并非完全是取决于资源，而常常是因为一个企业的成功，带来其他企业的效仿，形成一个良性循环所致。

区际贸易理论的基本启示是，贸易政策影响地区贸易。新贸易理论认为，一定的贸易战略和政府援助能够带来比较优势，如鼓励输出的贸易政策，可以确保并促进某一产业的发展。

2. 竞争力理论与城市战略

（1）产业竞争力理论与城市产业定位问题。城市产业竞争力理论就是解释某地某产业与他地同一产业相比较表现优劣的原因。城市产业要实现利润最大化，应该定位发展最有竞争优势的产业。波特于1990年提出的产业竞争力理论，解释国家产业在国际市场上取得竞争优势的钻石模型，对于该国家的城市和区域的产业定位具有指导意义。这一模型由四个基本决定因素和两个辅助因素组成，如下：①高级要素，经过不断地、大量地投资、创新、长期投资升级而成的。一地产业的选择决定于其产业所需生产要素的现状和优势。②市场需求，一地能够在本地需求非常苛刻的那些领域获得竞争优势。本地市场需求作为产业环境上的优劣势决定当地的产业定位和选择。③产业集群，产业集群可以产生外部经济效应，有利于降低生产成本和提高企业的劳动生产率，它直接地影响城市是否选择某些特定的产业。④产业竞争，城市应该定位发展本地产业竞争相对激烈的产业。⑤政府作用，政府对支持经济发展的基础设施负有不可推卸的责任。政府执行产品、安全和环境标准以及各种监督和管理。提供各种相关的公共服务。政府作用的大小和特色作为城市的重要产业环境发挥作用。⑥机会挑战，机会因素对于许多产业的竞争优势转移，发挥着重要的作用。当地所遇到的机遇和挑战，也是城市产业定位和选择时重要考虑的方面。

（2）城市竞争力与城市功能定位问题。一个城市在区域经济社会活动中究竟担当什么角色，起什么作用，使城市自身及其相关利益主体收益最大化，决定于城市自身及其相关条件和环境的优劣，因此，城市功能定位与城市竞争力直接相关。

（五）研究发现与思考

1. 关于城市发展战略的目标问题

制定城市发展战略的目标应该定位于有助于城市谋求并保持其持续的竞争优势。换言之，增强城市竞争力应该作为城市发展战略制定的一个总体性的目标。和追求可持续发展的目标相比，城市提升竞争力的目标更加具有可操作性。"可持续发展"作为一种观念，具有相对模糊的属性，它可以也应该成为制定城市战略的指导思想，但是不宜作为城市战略的目标，否则不利于城市发展战略的制定及实施。

2. 关于资源型城市战略制定的理论基础及其决定因素

尽管区际贸易理论与竞争力理论都可以作为一般城市发展战略的理论基础，但是资源型城市发展战略的理论基础更适宜选择波特的竞争优势论。该理论被众多经济学家点评，虽然褒贬不一且屡有修正，但在资源型城市发展战略的应用研究领域具有更明显的解释力。因为资源型城市的主要战略问题是产业问题，城市战略的制定必然包括产业定位等内容，这与波特的产业竞争优势理论十分契合。

以波特的产业竞争理论为基础，结合国内关于资源型城市的案例研究成果，本部分内容梳理出影响资源型城市战略制定的决定性因素。这些因素决定着城市竞争优势的确立与保持，暗示着城市战略制定的基本方向。对这些决定性因素做理论上的抽象和提炼，有助于制定城市战略的各方面人士达成共识①。这些因素同样也是影响资源城市产业延续与产业选择的关键性因素（见表2－1）。

表2－1 影响资源型城市战略制定的一般因素

决定性因素	竞争优势	战略方向
人力资本	通过劳动密集型产业的发展积累资本和技术，可以形成新优势，进而提升未来城市的功能	城市低技术劳动力比较优势是不稳定的，高级的人力资本优势也是变化的，因而，客观上城市未来的产业和功能位置和优势是变化的
金融资本	资本富集形成资本比较优势，资本密集型产业的制造业发展决定城市作为制造业的专业功能，资本富集还使城市获得更多动态比较利益	资本富集城市若进一步采取资本密集型的产业取向，从而可以进一步提高劳动生产率，能够带来与自身过去相比更大的比较优势，从而进一步加强城市作为装备制造业的专业功能
科学技术	拥有某种科技和知识资源的城市，发展相关新技术产业或同一产业特定产品具有比较和竞争优势	科技创新和科技成果的转化能力直接决定城市的产业规模、功能大小、产业特点，城市定位既要考虑城市的科技资源状况，更要考虑城市的科技创新和科技转化能力

---

① 受研究能力所限，没有对这些因素进行重要性排序，其选择过程也没有经过严格的逻辑论证。

续表

决定性因素	竞争优势	战略方向
原赋资源	旅游业发展依赖于良好的自然景观和人文景观，一些生物工程则对洁净的空气和水源的质量提出了严格要求，而一些制造业则对空气的温度和湿度等有特别的要求	许多产业对自然环境及质量具有高度的依赖性和敏感性，因此，一些特殊的资源决定其城市具有特殊的地位和功能
产业基础	由于规模经济和生产成本方面的原因，城市产业的发展具有路径依赖和发展惯性	城市定位必须充分考虑它的现有产业现状，包括它的规模、质量、结构、特点、产业集群状况及其发展趋势

3. 关于资源型城市战略模式问题

在实践层面，资源型城市发展战略的制定或选择存在模式吗？本部分内容不主张将城市战略模式分类为政府主导型、市场主导型、政府与市场混合型。城市发展战略是城市发展的指导性文件，其制定主体是政府，政府主导具有必然性。根据战略的阶段性目标与任务对城市战略模式进行分类更加符合实际，具体分类有如下几种：一是资源定位模式，挖掘有特色的城市所具有的稀缺资源。二是产业定位模式，确定城市主导产业和产业体系。三是功能定位模式，确定城市主导功能和功能体系。四是个性定位模式，发现和突出城市的个性。五是品牌定位模式，塑造城市的品牌，树立城市的形象。这些模式反映了城市战略制定从不成熟向成熟的过渡。基于这些不同的阶段性任务，图2-1勾勒出一个城市发展战略的动态化模式，并用此来说明资源型城市战略不存在制定主体角度的模式差异，但是存在从资源、产业定位，到功能、个性定位，最后到城市品牌定位等不同阶段的战略模式差异。

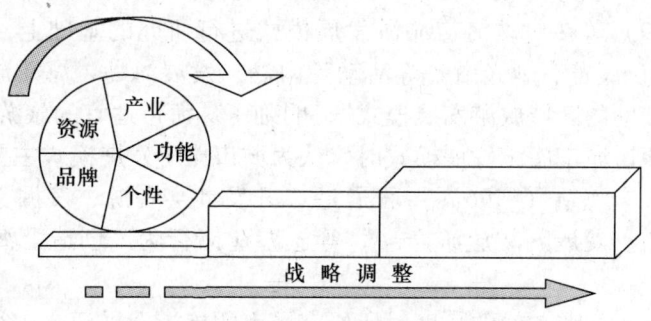

图2-1 一个城市发展战略的动态化模式

鉴于此，不同的资源型城市战略定位，不能搞统一模式，也不可能采取一种模式。但是必须对城市战略所处的阶段有清醒的认识。许多资源型城市的战略制定往往存在两种消极倾向：一是战略制定的"资源依托型"倾向。从众多城市的发展规划中不难发现，许多资源型城市，由于其赖以发展的原赋资源尚没有枯竭，城市战略方向依然以特定资源为主。即使在发展规划中强调了扩展产业的重要性，也多数是以原赋资源为依托的扩展产业。二是战略制定的"阶段性局限"明显。众多的城市发展战略定位、仍然处于城市资源定位、城市产业定位的阶段,尚没有进入到城市功能定位,城市个性定位和城市品牌定位的阶段。上述城市战略制定所表现出来的消极倾向,便是对城市战略所处的阶段没有深刻认识造成的。

二、城市旅游发展模式选择的三维框架[①]

本部分内容对国内现有城市旅游发展模式的研究进行了简要回顾,提出城市旅游发展模式的决定应该以城市旅游空间、旅游者行为、旅游业行为三维要素相互作用的结果为依据。其基本研究框架是:城市旅游空间的尺度、层次和形态决定了城市旅游发展的空间格局;旅游者的行为类型决定了城市旅游发展模式的市场方向;旅游业行为决定了城市旅游发展模式中产品开发的重点。笔者认为,城市旅游发展没有固定模式。

(一) 现有城市旅游发展模式的研究

国内有关城市旅游发展模式的研究,最早是围绕北京、上海、广州、武汉等大城市开始的。对于目标模式的概括,多数是以城市主导性的旅游者行为类型为主要线索的。例如,宋家增(1996)认为,都市旅游的模式需要依据市场需求和都市自身的条件来确定,并列举了商务、会议、国内外交流等城市旅游常见的模式。金辉(1998)认为,上海都市旅游的发展应以商务旅游为主,尤其应以开拓国际会议、奖励旅游为重点;彭华(1999)将汕头市旅游发展模式定位为"以商务型的都市旅游带动区域旅游发展的模式"。确立以商务旅游为核心,以观光、度假、宗教和潮汕文化旅游为补充的战略取向;保继刚(1999)等在对珠海市旅游发展模式进行研究的基础上,提出珠海模式是"以休闲度假、会议展览、观光商务等活动为内涵,发展海岛、海滩旅游为重点,南亚热带观光农业为辅助的区域旅游发展模式",明确了珠海市适宜的旅游活动的类型。

少数学者在探讨城市旅游发展模式时,认为城市旅游发展模式主要应由旅游业的行为来决定。例如,李海瑞(1996)主张通过"开发社会资源、发掘文化资源、筹建人造景观和游乐设施、发展购物旅游产品"等旅游业诸行为,创造上海都市旅游的独特模式。

部分学者选择了旅游空间的角度对所研究城市的旅游发展模式进行描述。例如,马勇和董观志(1996)认为,武汉旅游必须选择大旅游圈模式才能得以持续发展。舒伯阳和刘国一(1998)将武汉市旅游发展模式概括为"重点构筑都市中心区、边缘区、腹地区三圈组合的都市旅游空间开发态势",并在具体表述中分别明确了中心区、边缘区、腹地区的空间范围、地域特征和开发方向。

---

① 郭舒. 城市旅游发展模式选择的三维依据框架. 商业研究, 2003 (5).

上述研究成果分别是从城市旅游者行为类型角度、城市旅游产品开发重点角度（旅游业行为）、城市旅游空间要素角度对城市旅游发展模式进行定位性描述的。本部分内容在此基础上提出一种可用于结构分析的框架，并以之作为决定城市旅游发展模式的依据。

（二）城市旅游发展模式的选择依据：三维框架

城市旅游发展模式的选择必须在对旅游吸引物、设施和服务进行结构研究的基础上进行，同时，也必须以城市旅游者行为类型的前瞻性预测为基础。这两类研究不应该孤立地进行，而是需要在特定的城市旅游空间上做结构性对位分析。这种结构性对位分析反映的是旅游者行为、旅游业行为与城市旅游空间之间的耦合关系。城市旅游发展模式的选择应该以上述三维要素相互作用的结果为依据（见图2-2）。

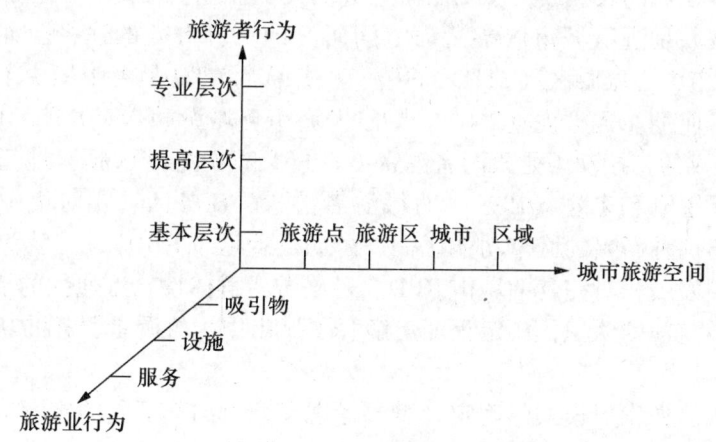

图2-2 城市旅游发展模式的研究框架

1. 旅游空间的尺度、层次、形态决定了城市旅游发展模式的空间格局

"旅游空间"维度关注城市旅游发展的地域问题。空间概念的引入能够为城市旅游发展模式的选择提供一个较为广阔的视野。城市旅游空间具有尺度、层次和形态等不同类型。在尺度上，旅游空间包括从旅游点、旅游区到整个城市乃至区域等不同类型。在层次上，旅游空间表现为城市内单一旅游点或旅游区、相关的旅游点或旅游区的组合甚至是与区域密切协作的整个城市。在形态上，杨重光（1996）用轴点（Junction Point）、路径（Path）、领域圈（Domain）来描述不同的城市旅游空间形态；杨新军、刘军民（2001）更提出具体的城市旅游空间包括城市郊野公园、城市大街、城市广场、城市的"院"（历史胜迹）、城市街道、城市公园6种类型。城市旅游空间的存在，一方面是城市旅游业对旅游吸引物、基础设施和旅游服务进行空间组织的产物，另一方面是旅游者旅游行为空间选择的结果。城市旅游发展模式应围绕具有特定尺度和层次以及个性化形态的旅游空间来规划，从而避免缺乏旅游发展的具体模式，只有城市旅游形象定位和所

城市旅游发展与管理

谓"模糊模式"的尴尬。

2. 旅游者的行为类型决定了城市旅游发展模式的市场方向

"旅游者行为"维度关注城市旅游发展中的市场需求问题。陈传康（1996）将旅游者行为概括为三个层次。其中，观光游览属于最基本的层次，提高层次是指娱乐和购物，专业层次则包括有疗养、会议、宗教、考察、商业等多种活动类型。对于特定城市来说，旅游活动类型可能是综合性的，但更有可能表现为在城市的不同尺度、层次或形态的旅游空间上，某一种或几种旅游活动类型居于主导地位，而其他类型的旅游活动居于次要地位。这些居于主导地位的旅游者行为类型在不同旅游空间上的结构演变决定了城市旅游发展模式的市场方向。

旅游者行为与城市旅游空间之间的相互作用既表现为特定旅游活动类型对不同特质的城市空间的选择，又表现为特定的城市旅游空间对不同类型旅游活动的适应或排斥，还表现为旅游者在不同层次或形态的旅游空间之间的流动。因此，区分旅游者行为在城市的主要发生地，是进行城市旅游活动空间研究的一种有效的途径。如 Burtenshaw 等（1991）提出城市中心旅游区（CTD）的概念，并认为 CTD 是由于集中了城市大部分旅游者的活动而形成的。吴必虎（2001）提出大城市环城游憩带（ReRAM）的概念，并认为 ReRAM 形成的直接动因是旅游者高密度、近距离游憩需求频繁地指向特定的城市空间导致的。保继刚和朱竑（1999）对旅游者游憩、商务活动相对集中的城市空间进行研究，总结出一种新兴的城市功能区——游憩商业区（RBD），并认为珠海的九洲城地段是目前我国发展相对完善的城市 RBD。对旅游者群体性、近似性的活动类型所指向的特定城市旅游空间的认识，一定程度上解释了城市中为旅游者服务的功能应该如何进行布局或分布。

可见，城市旅游发展模式的确定，需要考虑在城市内部不同的旅游空间上旅游者活动类型的差异性，并且在旅游供给上应该尽量满足与特定旅游空间相对应的、特定类型旅游者群体的个性化需要。

3. 旅游业行为决定了城市旅游发展模式的产品开发重点

"旅游业行为"维度关注城市旅游发展中的旅游产品开发问题。广义的旅游产品由旅游吸引物、设施和服务三类要素构成。自然遗产景观、文化遗产景观、主题公园和活动组织构成了城市旅游吸引物的核心部分。旅游吸引物、基础设施和旅游服务（从业人员）在不同尺度、层次、形态的城市旅游空间上的分布形态决定了城市旅游产业的基础与规模，也影响着未来城市旅游产品开发重点的选择。

旅游业行为与城市旅游空间的关系，一方面，表现为旅游业对城市空间的利用（客观上完善了城市空间功能）。旅游业诸行为要寻求城市范域内不同旅游空间上各自的地理优势并加以利用，同时尽量规避特定旅游空间上的不利因素。例如，在城市人工游乐景观的设计上，陈传康曾提出既要顺应文脉（地理背景）、与之协调，也要突破文脉、形成出奇制胜的特点。又如，在城市吸引物布局上，由于"阴影区"的存在，吸引物的综合吸引优势不取决于其绝对价值，而受到与邻近吸引物空间位置关系的影响。另一方面，旅游业行为与城市旅游空间的关系表现为城市空间对旅游业行为的约束。城市旅游吸引物的开发、旅游设施和基础设施的建设以及旅游服务的规划与完善都要围绕不同空间上的城市用地问题进行。这些以旅游业为主体的开发行为与城市规划所关注的土地利用、城市交通与城市住宅等问题相联系，共同解决各种城市功能的空间布局问题。根据城市发展的实际与规划的需要，旅游业的行为不能脱离城市土地利用的客观实际。这也在客观上要求城市旅游发展中的旅游吸引物、旅游设施与旅游服务的开发必须围绕特定的城市空间进行，并表现出差异化的开发能力与效率，从而影响着城市旅游发展模式的选择。

显而易见，城市旅游发展模式的确定，必然包含如何完善具有城市个性的旅游产品的问题。旅游吸引物、旅游设施、旅游服务在不同尺度与形态特征的城市旅游空间上的集聚程度并非是均质的。这就需要根据不同旅游空间上旅游产品（吸引物、设施、服务）所具有的相对比较优势，分别选择旅游业管理与开发行为的侧重点。

4. 旅游者行为、旅游业行为与城市旅游空间的耦合

在城市旅游发展过程中，旅游产品的开发大体有两种导向。一是资源导向，强调旅游业对资源的利用能力，在能力许可（如可进入性）条件下，有什么资源、开发什么产品；二是与之对应的市场导向，强调旅游者需求的关键性作用，体现市场需要什么就开发什么产品的思想。许多学者主张在旅游开发中必须重视二者之间的适应性分析。这种对位分析，不应该也不可能离开城市特定旅游空间的约束。如何在地理空间上组织这一过程，正是城市旅游发展模式需要解决的问题。在对位分析过程中，不同尺度、层次、形态的城市旅游空间作为"资源—市场"研究的背景而存在，并与旅游者的需求、旅游业的供给在城市的大背景下耦合。城市旅游的发展模式便是基于对旅游需求和旅游供给在空间上的结构差异及其未来趋势的深入研究而决定的（见图2–3）。

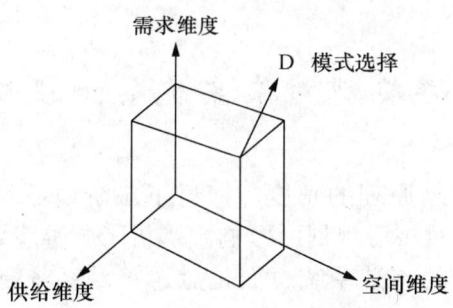

图2–3 城市旅游发展模式的决定

三维框架构成了3个基本分析面和1个决策点（见图2–3）：由需求维度和空间维度构成了不同城市旅游空间上旅游者活动类型的差异性分析层面；由供给维度和空间维度构成了不同城市旅游空间上旅游产品的比较优势分析层面；由需求维度和供给维度构成了城市主体旅游者活动类型与核心旅游产品的适应性分析层面。三维共同作用下的D点则构成了城市旅游发展模式的决策点。

（三）结论

本部分内容提出了一个用于进行城市旅游发展模式选择研究的框架。尝试运用结构分析的方法，指导城市旅游发展实践。这一框架不完善之处是明显的，它留下很多在概念和应用上的研究空间。例如，应避免割裂地研究城市局部空间上旅游供求双方适应性问题的错误倾向；城市旅游个性的确立还需要把城市放在更广阔的区域上进行考察而不应局限在城市空间的内部；旅游者行为类型应该随着旅游市场的变化而进行科学的调整；当城市的地域空间规模和城市功能随时间而发生改变时，城市旅游产品的结构如何不断完善和创新等。同时，笔者期待这一框架所引发的思考是：在城市旅游发展模式的研究中，是否能够对空间尺度规律、不同空间尺度上的过程研究方法以及过程尺度转换规律加以借鉴和应用？是否能以某种直观的形式对影响城市旅游发展的各种因素做综合性、系统性的研究？例如，在特定的城市旅游空间上，有倾向地引导人造旅游景观以及相关设施和服务的集聚，是否有助于吸引预期行为类型的旅游者？不同类型旅游者的行为所引致的各种效应是怎样在不同特质的城市旅游空间上产生并发挥作用的，其后果又将如何？综上所述，笔者得出如下结论：

第一，城市旅游发展模式的确定应该具有空间上的可操作性。对不同形态与层次的旅游空间加以考察，便于对城市的旅游者行为和旅游业行为进行地理空间上的结构分析，从而帮助决定城市旅游发展的模式。

第二，由于不同城市所接待的旅游者的活动类型各自不同以及在吸引物、设施和服务等旅游供给要素上存在差异性的表现，导致了不同城市的旅游供求双方在城市旅游空间上的对位反映，具有更加鲜明的异质性。因此，不同城市旅游的发展未必具有相同的模式，甚至可以说，城市旅游发展模式往往表现出差异化的倾向。

三、旅游规划对象系统的一般性解释[①]

本部分内容从旅游规划原理的角度，探讨了旅游地域系统的概念内涵、影响因素、系统构成、特征及其对旅游规划的影响。辨析了旅游规划的对象系统既非单纯的地理空间，也非一般意义的旅游系统，而是旅游地域系统是旅游规划的对象系统的命题。

（一）旅游地域系统是旅游规划的对象系统

在旅游规划理论研究与规划活动的实践中，时间、空间二维要素是描述运动关联和转化的基本要素。由于规划活动本身是对未来活动的预先设计与安排，因此规划的"时间"要素往往容易被当作隐含假设而被"忽略不计"。"空间"要素的客观实在性，又

---

① 郭舒，丁培毅，曹宁．旅游规划对象系统的一般性解释．旅游科学，2008（8）．

往往过分地吸引了规划师的目光，仿佛特定的地域空间就是旅游规划活动唯一的作用力对象。既然任何规划都离不开空间要素，旅游规划也自然不能例外；但是，如果简单地把特定地域空间作为旅游规划的对象，就无法将旅游规划和其他类型的规划区别开来。旅游规划影响，即规划活动所产生的作用力，既作用于旅游流引致的现象，又作用于旅游吸引物所在的空间。换言之，旅游规划的作用力作用于旅游地域系统之上。旅游规划作为人类的主观活动，其客体或者对象物，不能是区域产业体系中的一座孤岛（马勇，2007）。旅游规划的对象物既不是单纯的地域空间，也不是单纯的旅游系统，应该是包括空间要素在内的并且同空间这一要素相耦合了的旅游系统，本部分内容称之为旅游地域系统。

旅游规划的目的是通过对特定的旅游地域系统进行的预先性安排，而使其不断得到合理演进与发展。旅游规划的过程是对旅游地域系统可持续发展水平提出建议，并解释如何确定这个水平以及怎样做才能达到这个水平。冈恩在2002年对这一目标做了具体的阐释，认为旅游规划活动最终要实现提高游客的满意程度、提高企业经济效益和经营状况、确保资源的可持续利用、促进社区和地区的整合4类目标。

（二）旅游地域系统的内涵及其影响因素

旅游地域系统是在特定空间上由旅游流、旅游吸引物、旅游设施、旅游服务及其他相关资源共同构成的一种动态综合结构。旅游地域系统具备以下属性：首先，旅游地域系统是一个空间的概念，具有物理形态的客观实体，拥有一定的区域或范围。这一属性决定了旅游地域系统具有先天的区域层次属性和地理环境特点。不同的旅游地域系统所从属的区域层次归属不同，所拥有的地理环境也不同，进而决定了与旅游吸引物的特质的差异。其次，旅游地域系统的形成动力来自旅游需求。如果按照旅游需求差异对旅游地域系统进行类型描述，将发现不同旅游地域系统之间的差异源自旅游需求的差异。再次，旅游活动是旅游地域系统的主体活动，旅游活动决定着旅游地域系统的结构。在旅游地域系统演进过程中，人的行为与地理环境相互作用的基本过程，主要受到旅游活动的影响与控制。最后，旅游地域系统又具备一般意义上系统的属性。它是一个开放系统、一个自组织系统，具备自我强化的机能。在一定条件下，微小的事件会被扩大和发展，而不是趋于消失，最小的不确定性可以发展为"混沌"，整个系统反映为复杂的网络状特征。

旅游地域系统的发展直接反映为地域内的旅游活动与地域内其他要素或活动之间关系的变化，外部环境通过对这种关系的影响发挥作用。影响旅游地域系统的发展与演变的因素包括旅游需求结构因素、旅游活动结构因素、地理环境因素和区际关系因素四类。旅游需求结构因素是影响地域人地关系结构性变化的牵引动力，但处于不同发展阶段的旅游地域系统往往具有不同的旅游需求内容和旅游需求形式。旅游活动结构因素是旅游地域系统的主体，旅游需求地不断满足就是由它实现的。旅游活动一般由旅游者的活动、旅游业的活动、围绕旅游资源和旅游产品的活动等内容所组成。这些活动控制着旅游现象与地理环境相互作用的基本过程。地理环境因素是从供给方面制约旅游地域系统活动发展的因素。从广义上讲，它包括自然环境因素和人文环境因素。自然环境制约着人类经济活动的方式、强度和规模，进而影响到人类再生产活动。人文环境影响到人类活动的水平。区际关系因素是来自外部的影响人地关系地域系统发展的因素。它对系统的影响，一是通过区际经济和社会文化关系影响系统的运行，二是通过区际生态关系间接影响系统的运行。

（三）旅游地域系统的构成

旅游地域系统的构成可以从结构构成和要素构成两个方面进行探讨。结构构成侧重于旅游地域系统的空间形态研究，要素构成强调系统的旅游功能。有些学者将旅游地域系统的构成描绘成点、线、面或点、轴、圈结构；另外一些景观生态学论者引入基质、斑块、廊道和边缘的概念来研究旅游地域系统的结构。刘俊（2003）的成果具有一定的代表性，他认为旅游地域系统从结构上包括三个子系统：一是中心地系统，是旅游地域系统的核心，起着对旅游流的积聚和扩散作用，常常表现为区域旅游中心城市或高等级景区。二是旅游域系统，旅游域表征了旅游中心地对区域旅游流的辐射和扩散作用的范围。在成熟阶段的、呈现网络状的旅游地域系统中，上游中心地可能有相互之间存在联系的多个下游旅游域。三是旅游通道系统，是区域内与区域外以及区域内部旅游流的空间载体，同时旅游通道还承载着资金流、信息流、物流、能源流等物质流动，是区域旅游中心地集聚和扩散效应发挥的空间媒介。

冈恩在2002年从要素构成角度描绘了一个旅游地域系统。他认为，供给和需求是这个系统的两大驱动力。这两类力量中包含了彼此之间既密切联系又相互独立的许多要素。

（四）旅游地域系统的特征及其与旅游规划的关系

通过对旅游地域系统的内涵与构成的分析可知，旅游地域系统具有可开发性、协调性、自组织性、人性以及开放性等特征。

1. 可开发性

旅游地域系统的"可开发性"是旅游规划思想的逻辑起点，其特征事实构成了旅游规划实践的基础和前提条件。旅游地域系统的发展是靠旅游开发活动推动的，没有旅游开发，也就没有旅游地域系统的发展。这一特征，使旅游规划活动的出现成为可能。随着开发内容的转变，即从传统的单纯追求经济效益为主的开发，转向追求经济、社会文化、生态效益在内的全面开发，为何规划、规划什么的答案不断得到修正，规划思想获得了逻辑上的起点。

旅游地域系统的可开发性表现在其经济可开发、社会文化可开发以及生态可开发等方面。经济开发是实现经济增长和经济发展的重要手段。尽管对经济开发有着各种国家或区域性政策要求，如效益统一结构均衡等。但不同地域经济开发的模式并不要求相同，为多样化的旅游开发提供了可能。社会文化开发主要指人力资源的开发和文化创新，增强社会调控结构的转换能力。生态开发是一种广义的生态活动，是人类社会活动的有机组成部分，包括合理地解决旅游生态问题、旅游活动生态化在内的所有种类和形式。

2. 协调性

旅游地域系统发展的"协调性"要求，成为旅游规划必要性的基本解释之一。旅游地域系统的发展是一种以保护旅游资源为基础，以激励旅游经济增长为条件，以改变当地居民生活质量和满足旅游者旅游体验需求为目的的发展。所谓协调发展，就是使旅游地域系统中的"人地关系"协调发展。这一要求解释了旅游规划的必要性。通过旅游规划的过程，能够有效达成各利益主体之间价值观念、制度安排、组织管理方式和科技创新能力等方面的平衡。

3. 自组织性

旅游地域系统的"自组织性"依赖于旅游流在各要素之间的维系功能，成为旅游规划的主要任务之一。一般而言，任何地域系统组成要素之间或与其周围环境之间，都在不断进行物质、能量和信息的交换，并以"流"的形式维系系统与环境及系统各组成要素之间的关系，如物质流、能量流、信息流、经济流、人口流、社会流等。如果系统仅靠内部要素的联系而维持生存与发展，那么这个系统就可称为封闭系统；否则为开放系统。旅游地域系统是一个开放系统，旅游流便是维系系统与环境及系统各组成要素之间关系的重要的一种"流"的形式。作为一种动态结构的旅游地域系统，要得以存在和发展，必须对旅游流的运用规律、作用途径、影响范围等方面做出基于时空测度的预期安排，这正是旅游规划的主要任务之一。

4. 人性

旅游地域系统的"人性"特征，为判断旅游规划的合理性提供了价值标准。在旅游地域系统中，旅游者需求的满足始终是最令人关注的问题。人性，即以人为本。旅游地域系统的发展是"人"的发展，是不断满足旅游需求的发展。旅游者通过旅游体验来满足自身需求的事实，要求这种需求的满足必须既包括物质需求、文化需求的满足，也包括在满足的同时，要善待自然环境，实现可持续发展。这一特征成为判断旅游规划方案是否合理的价值取向。

5. 开放性

旅游地域系统的"开放性"为旅游规划的后效评价提出了更高要求。旅游地域系统的开放性是从考察区际关系的角度总结出的特征。开放性不仅是客观世界发展的必然，也成为旅游地域系统自身发展的需求。但是，由于地域性利益的存在，又使开放程度存在着差异。也就是说，每个地域虽然是宏观地域的一个层次，但它也具有自身的发展特征，因此，也就相应地存在着独立于整体的区域利益。评价旅游规划的后效既要承认区域特征和区域利益，也要考虑区域积极走向开放，增加与外部的循环与交换，实现共同发展。因此，在判定旅游活动影响的时间界限和空间界限、确认有价值但脆弱的环境要素、估计各种变动的潜在影响、推荐缓解措施等具体问题时，旅游地域系统的"开放性"为诸多问题的求解提出了更高要求。

参考文献

[1] 保继刚，楚义芳．旅游地理学（修订版）．高等教育出版社，1999．

[2] 保继刚，朱竑．珠海城市旅游发展．人文地理，1999（3）．

[3] 柴彦威．城市空间．科学出版社，2000．

[4] 陈传康．城市旅游开发规划研究提纲．旅游学刊，1996（5）．

[5] 冈恩等．旅游规划：理论与案例（第四版）．吴必虎等译．东北财经大学出版社，2005．

[6] 古诗韵，保继刚．城市旅游研究进展，旅游学刊，1999（2）．

[7] 金辉．抓手在哪里——上海都市商务旅游．国际市场，1998（3）．

[8] 李海瑞，都市旅游与上海模式．旅游学刊，1996（1）．

[9] 梁玉芬．城市发展战略模式及影响因素．中国特色社会主义研究，2004（3）．

[10] 刘俊．区域旅游目的地空间系统初探．桂林旅游高等专科学校学报，2003（1）．

[11] 马勇，董观志．武汉大旅游圈的构建与发展模式研究．经济地理，1996（2）．

[12] 马勇等．区域旅游规划的创新思考．旅游科学，2007（3）．

[13] 倪鹏飞．中国城市竞争力理论研究与实证分析．中国经济出版社，2001．

[14] 倪鹏飞．中国城市竞争力报告 No.1．中国时代经济出版社，2003．

[15] 倪鹏飞．中国城市竞争力报告 No.2．社会科学文献出版社，2004．

[16] 彭华．试论经济中心型城市旅游的商务主导模式——以汕头市为例．地理科学，1999（2）．

[17] 秦学．我国城市旅游研究的回顾与展望．人文地理，2001（2）．

[18] 舒伯阳，刘国一．都市旅游开发的个性化与规模化研究——以武汉市为例．旅游学刊，1998（3）．

[19] 宋冬林．东北老工业基地资源型城市发展接续产业的理论认识．求是学刊，2004（4）．

[20] 宋家增．发展都市旅游之我见．旅游学刊，1996（3）．

[21] 王衍用．区域旅游开发战略研究的理论与实践．经济地理，1999（1）．

[22] 王艳平，郭舒．旅游规划学．中国旅游出版社，2007．

[23] 吴必虎．大城市环城游憩带（ReRAM）研究——以上海市为例．地理科学，2001（4）．

[24] 吴必虎．旅游系统：对旅游活动与旅游科学的一种解释．旅游学刊，1998（1）．

[25] 吴必虎．区域旅游规划原理．中国旅游出版社，2001．

[26] 吴必虎．区域旅游开发的昂谱（RMP）分析：以河南省洛阳市为例．地理研究，2001（1）．

[27] 谢彦君．基础旅游学．中国旅游出版社，2004．

[28] 徐明，谢彦君．旅游学概论．国际文化出版公司，1995．

[29] 许学强,周一星,宁越敏. 城市地理学. 高等教育出版社,1997.

[30] 杨新军,刘军民. 城市旅游开发中的产品类型与空间格局. 西北大学学报(自然科学版),2001 (2).

[31] 张耀军,成生魁,闵庆文. 全球化背景下资源型城市可持续发展探讨. 地理科学进展,2002 (3).

[32] 赵登峰. 比较优势、规模经济与城市竞争力的理论分析. 求是学刊,2004 (1).

[33] Burtenshaw D., Bateman M., Ashworth G. J.. The European City. London: David Fulton Publishers, 1991.

[34] Gore, C. G.. Region in Question: Space, Development Theory, and Regional Policy. Methuen, 1984.

[35] Minister of Supply and Service. Government of Canada Prosperity through Competitiveness. Ottawa, Canada, 1991.

[36] Michael Poter. The Competitive Advantage of Nations. Free Press NY, 1990.

第三章　城市旅游的经济影响

导言：效应、评价及影响因素

（一）旅游影响研究的困难

同所有人类的其他活动一样，旅游活动也会产生直接或间接、现实或潜在的影响。旅游影响本身是复杂的，认知这种复杂性的过程也并非一帆风顺。这种困难既有理论上的也有实践上的。认识旅游影响的困难主要包括以下几个方面：

首先，旅游产业不是唯一在为旅游者提供产品的产业。大量旅游者的消费与目的地整体的经济、环境、社会系统相联系。旅游活动中的交换和消费行为是特殊的，旅游者被吸引到旅游产品所在地，而不是旅游产品被输送到旅游者那里去。旅游产品常常在十分特别的地方被开发出来，而不是随意移动，随处可得。旅游消费具有特殊的"空间固化"特征。事实上，构成旅游者体验对象的大量综合性要素，并非仅仅由旅游产业生产出来，而是由特定目的地的地理、历史、文化"生产"出来的。越是核心的旅游消费越是与旅游产业无关。正因为如此，对旅游影响进行识别才十分困难。因此，旅游影响不仅仅是旅游产业活动造成的影响。旅游影响至少应该包括两个主要方面：一方面是为旅游者提供消费产品和接待服务的目的地供给活动所造成的影响，这其中包括旅游产业活动的影响；另一方面是旅游者在目的地的活动造成的影响，这其中包括旅游者消费活动的影响。前者常常具有潜在性和迟滞性，后者则在范围上更加广泛。

其次，旅游的影响与当地居民生产生活造成的影响彼此交织。例如，交通部门在理论上会推断旅游影响中包括了使环境恶化的负面效应，但是实际统计中很难区分到底是旅游的影响还是当地人的日常生活改变了城市的大气质量。这种情况导致在实践中，对旅游影响的评估经常会遭遇无法准确调查与定量观测的尴尬。这取决于影响的性质。在诸多旅游影响中，有些类型的影响容易观测，有些则相当困难。例如，旅游者消费活动的影响可以在经济领域加以衡量，而旅游者与目的地居民之间交往活动的影响，就很难在文化层面上进行量化。

再次，城市旅游经济影响的一个重要特征是，旅游收入对于城市来说是否是"稳定的"至关重要。现实中城市旅游影响特别是经济影响经常是不稳定的。导致不稳定的原因包括以下几个方面：第一，旅游是个脆弱的产业，具有较强的季节性，这会严重地影响到旅游投资的积极性和它所能提供的就业岗位的类型。第二，旅游者对旅游城市的选择非常容易受到外部因素的影响，这些外部因素不是作为目的地的城市通过自身努力就能够施加影响的。第三，旅游动机是复杂而且多变的，在竞争的市场环境下，旅游者选择城市作为出行目的地的动机，会持续不断地发生改变。第四，从经济学上讲，旅游产品是价格高弹性产品，旅游消费是收入高弹性。价格上一些微小的改变都会影响到旅游者的购买选择。第五，某个城市旅游发展的成功经验太容易被其他城市所模仿。

最后，研究旅游影响的方法和手段尚存在局限。例如，区分城市旅游累积的影响与引致的影响是比较困难的。理论上，旅游开发规划的综合影响不同于规划方案中单一项目影响的简单累积。现实中，人们往往习惯地把一切改变笼统地称为"旅游影响"而无视是哪一种旅游影响。例如，对某个特定城市的旅游影响所进行的评估缺乏长期跟踪。因为难以掌握一个特定旅游目的地当初的"初始条件"，所以也就无法对旅游所带来的"巨大变化"进行科学的量化。

（二）旅游影响研究重要性

通过理解城市旅游的影响，我们有可能理解旅游业是如何与城市的其他经济活动相互依存和共生的以及旅游对城市的生活、经济和环境的贡献。城市旅游的运营、发展和扩大对城市和生活在城市里的人们带来了巨大影响。考虑到旅游业规模的扩张与世界人口的增长速度最快的地方主要是在城市，世界各国日益关注城市旅游的影响和旅游的可持续发展。这意味着在21世纪，城市不仅仅作为工作和生活的地方，同时它也被视作旅行的地方。

城市旅游影响是制定城市旅游发展政策的依据。城市旅游所带来的影响，有积极的部分也有消极的部分。城市旅游发展政策需要对旅游影响中积极的部分加以引导，对消极的部分进行控制。城市持续发展是一个需要长期面对的难题，一些城市把旅游发展作为一个可以替代其衰退产业的新的经济增长点看待。例如，我们常常看到，某些城市已经或即将把旅游业作为其未来经济发展的一个重要的组成部分。对于这些城市而言，政策的重点是确保旅游的发展能够切实服务于当地居民生活的改善和城市经济的发展。这需要将城市旅游纳入该城市更广泛的经济发展进程，并通过对城市旅游的管理实现该地的社会发展和经济增长的目标。在这个过程里，对旅游的影响有一个基本的认识是至关重要的。

旅游影响研究要同时为旅游者和生活在城市里的居民服务。城市旅游活动的出现是人类社会发展到特定阶段的产物。从服务社会的角度看，旅游活动的组织与安排要尽量人性化：要符合旅游者对高品质旅游体验的追求，同时要符合城市居民对改善与提高生活质量的要求。城市旅游的规划与管理也不能脱离这个诉求。例如，在诸多的城市旅游影响中，"旅游创造就业机会"常常被人为地放大。加上政策制定者的行政职务任期往往是有期限的。这样一来,一旦旅游运营进入困难的阶段,对某种旅游影响的盲目乐观导致的政策误差,可能进一步导致预期中的就业机会无法兑现。这类案例反映了对城市旅游影响的认识过于片面或缺乏持续性是有害的。因此,城市旅游活动的健康持续发展,无论是要依靠"释放市场力",还是重视"设计生成",都不能忽视对旅游影响范围和具体影响特性的把握。

旅游影响部分地决定着城市旅游形象的塑造。针对某个具体的城市,其旅游产业自身的发展依赖于持续的旅游需求。彼此竞争的城市在争夺潜在旅游者的时候,都努力地宣传与推介各自的城市形象和旅游个性。作为旅游目的地的城市,通过旅游接待可以加快其地方形象全球化的进程,甚至可以为城市创造一个新的身份。但是,这样一个为吸引旅游者而获得的新身份,有时仅仅基于宣传而并非基于真实,甚至往往是城市居民所难以接受的负面标签。Rawding(2000)发现,城市以争夺旅游者为目的去积极地推销自己的独特特色的同时,如果忽视这种独特特色本身可能具有的消极影响,是十分愚蠢的。例如,阿姆斯特丹一度被误解为一个性泛滥的毒品交易场。

城市旅游的扩大对城市发展和规划的进程有重要的意义。在城市的背景下开展旅游活动,意味着一些资源被加以"旅游化"的利用以及由此将产生一系列影响。尽管认识这些旅游影响是困难的,学者们已经努力确认了旅游的主要经济、社会文化和环境影响。

(三)城市旅游经济影响的内容与类型

城市旅游经济的主要影响可以归纳为四个方面,对收入的影响、对就业的影响、对区域贸易平衡的影响、对投资和开发的影响。城市旅游的收入和就业是密切联系的,城市吸引的旅游就业人员越多,收入就越高。旅游者在旅途支付的货币构成旅游经营者的总收入。旅游城市的另一个收入是旅游企业获得的利息、租金、利润还有税金。这些影响有积极的和消极的、直接的和间接的以及显性的和隐性的。

发展城市旅游不断地被看作一个城市拉动经济的重要手段,特别是当一个城市准备告别工业时代、进入第三产业引领城市经济的阶段。同时,发展城市旅游也是一个城市保护历史古建筑最为直接的理由。出于大力发展旅游的目的,许多城市由政府投入大量资金保护了历史古迹和抢修挽救了很多有价值的都市历史景观。这些为过去历史遗迹的保护所投入的资金,实际上会为城市旅游在未来岁月里的发展打下基础。这些情况是在明确无误地昭示着,城市旅游的发展与城市经济的发展密切相关。旅游发展可以吸纳就业、带来收入,旅游的可持续发展和城市经济的可持续发展密切相关。旅游经济效应涉及的内容非常广泛,城市旅游的经济影响需要综合分析,才有可能做出比较准确的判断:旅游对城市经济影响到底是利大于弊还是弊大于利。一般而言,旅游在经济领域的影响包括积极的和消极的两个方面。

积极的旅游经济影响包括以下内容:为地方经济创造收入;为城市提供新的就业岗位;改善经济结构,平衡城市经济活动类型;鼓励旅游相关企业的创业。相对应地,城市旅游经济的消极影响包括以下内容:形成城市经济过度依赖旅游产业的潜在趋势;外来消费进入以及旅游开发与地产竞争导致地价上涨，带来通货膨胀；取决于地方经济的属性和规模，如果大量依靠进口发展旅游业，会导致外汇漏损；对旅游基础设施和服务的理性消费可能导致旅游投资的回报偏低；地方经济上的旅游税收漏损和储蓄漏损；城市行政管理成本过高。"关于旅游业推动城市经济发展模式的探讨"部分从城市旅游积极效应的角度，刻画了旅游产业驱动城市经济增长的三个模型：企业集聚驱动机制、劳动吸纳驱动机制和一体化驱动机制。

旅游业会在多个层面对一个城市的经济产生复杂的影响，其中既有直接的影响也有间接的影响。旅游业对经济产生的直接影响包括以下内容：对社会产值和国民收入的影响；对发展构成旅游经济各经济行业的影响；对国际收支的影响；对居民就业程度和生活质量水平的影响；对投资活动和投资结构的影响以及对加快发展不够发达国家和地区的影响。这些影响来自旅游景区、景点的门票收入，旅行社或餐饮住宿业等的营业收入以及这些部门由于旅游业的发展而直接增加的就业岗位。旅游业对国民经济的间接影响包括以下两方面：一方面是旅游收入投入整个国民经济系统中，通过初次分配，给旅游目的地国家或地区带来的产出水平的增加、就业岗位的增加及个人收入的增加等；另一方面是外来旅游者的消费会提高旅游目的地国家或地区的相关旅游企业职工的工资水平，这也就意味着当地的消费总额会随之增加，这种消费的增加通常会成为该国或地区经济发展的一大推动力。这些影响来自那些不参与向游客提供直接服务，而只是向旅游经济提供供应的经济行业。"营销城市的杰作——2006年沈阳市世界园艺博览会"部分以世界园艺博览会举办城市的经济影响为研究对象，分析了事件旅游对举办城市的直接影响和间接影响。

从是否可以直接被观察与识别的角度看，城市旅游经济影响可以划分为显性影响和隐性影响。城市旅游经济的显性影响可以直接被观察到，具有数量结构或物质形态。旅游统计年鉴中经常作为指标给予反映的那些由于旅游的发展而带来的增加就业机会、大量增加或完善的旅游设施都属于显性影响。显性影响中的消极部分，如旅游旺季由于旅游流强度的增加而带来的目的地交通拥堵、当地物价上涨，由于是显性的，容易引起重视并得到及时的对策性处理。城市旅游经济的隐性影响是无法直接观察到的，表现为无形的或者经济影响相对缓慢的部分。隐性影响往往在旅游活动结束一段时间后才能显现出来。这类影响潜移默化地影响着城市经济，由于不容易觉察，容易被旅游管理人员忽视。"沈阳市两大旅游产业集群并存发展研究"部分聚焦城市旅游经济影响的隐性影响，并以沈阳市的旅游产业集群为例对此进行了分析。

（四）城市旅游经济影响的评价

"旅游接待人次"和"旅游收入"是目前估算城市旅游经济影响时最常用的指标。对城市旅游经济影响的测量与评估远远不是仅仅统计一下旅游人次和旅游收入那样简单。城市旅游经济影响可以从影响持续作用的时间长短划分为短期经济影响、中期经济影响、长期经济影响。短期经济影响是指一年之内，伴随着旅游需求的周期性、季节性表现，城市接待能力上的相应变化。这种变化是对旅游需求的理性的、直观的反映。中期经济影响表现为在连续几年的时间里，由于旅游市场的改变所导致的城市目的地的适应性的调整。例如，为开发某个特定海外旅游市场而增加的旅游接待设施与服务的成本。长期经济影响是指从长远来看，城市旅游经济影响与旅游目的地核心旅游产品的生命周期密切相关。长期经济影响的变化是伴随着核心旅游产品的生命周期曲线的变化而变化的。例如，如果旅游产品正处于成熟期，那么它的销量和收入都会增加，旅游经济影响是乐观的。如果旅游产品开始进入衰退期，即使不断地增加旅游投入，产品的需求也依然会下降，就需要开发新的旅游产品来替代传统的旅游产品。长期的经济影响与城市旅游产品乃至整个城市旅游目的地的生命周期息息相关。因此，从长期来看，城市的旅游经济影响是有周期性的。

典型的目的地的生命周期模型是 20 世纪 80 年代由巴特勒提出来的。第一阶段是开发阶段，只有少数旅游者光顾。第二阶段是介入阶段，介入是指当地的社区提供了有限的接待设施。第三阶段是开发阶段，旅游快速增长期，大量的旅游投资进入。第四阶段是巩固阶段，旅游者人数持续增加，旅游市场份额扩大，旅游旺季延长淡季缩短。第五阶段是停滞阶段，旅游者人次达到顶峰，旅游经济收入达到最高峰，旅游者带来的社会文化、环境影响的负效应给当地居民造成压力。第六阶段是未来的选择阶段，存在再次开发新产品和新市场，或者采取延长策略，或者采取快速撤退策略等选择。目的地生命周期模型可以为城市旅游发展的市场营销战略与旅游规划战略提供一个预测工具与决策支撑。例如，在生命周期的初期，决策的重点是市场份额的开发，而到了生命周期的末期，决策的重点就变成了如何保持市场份额。生命周期模型宏观地暗示了城市旅游的经济影响长期地看是存在周期性的波动的。但是，这个模型不能够精确地估算城市旅游的经济运动。

通过旅游者支出调研和相关统计数据的分析可以更加微观地判断城市旅游的经济影响。旅游者支出作为衡量城市旅游经济的微观观测指标，包括三个方面：直接支出、间接支出、引致支出。直接支出：旅游者直接花费在产品和服务上的部分，例如，用于旅游餐饮、旅游酒店和旅游交通部分的花销。间接支出：由于旅游者的支出刺激了一部分旅游企业所进行的支出行为，这些企业用从旅游者那里赚到的收入去购买产品、服务、交税、雇用员工。通过投入产出法可以计算出由于旅游经济的刺激整个城市经济得到的增长。间接支出能够解释城市里由于旅游产业及其相关产业之间的互动对地方经济做出的贡献。引致支出是用来反映旅游产业的雇员们的支出给地方经济带来的影响。

基于直接支出、间接支出、引致支出的估算，可以估算旅游者支出对城市经济的全部影响。这些影响可以通过一个城市旅游经济系统收入流动图展示，如图 3-1 所示。图 3-1 中城市旅游经济被看作是一个开放系统，估算城市旅游经济影响可以理解为这个系统，不断受到来自外部的刺激而发生了各种改变。乘数和漏损两个概念经常被用来解释城市旅游经济的这种系统性变化。经济系统中漏损越严重，乘数就越小，整个经济系统的收入增加量就越小。

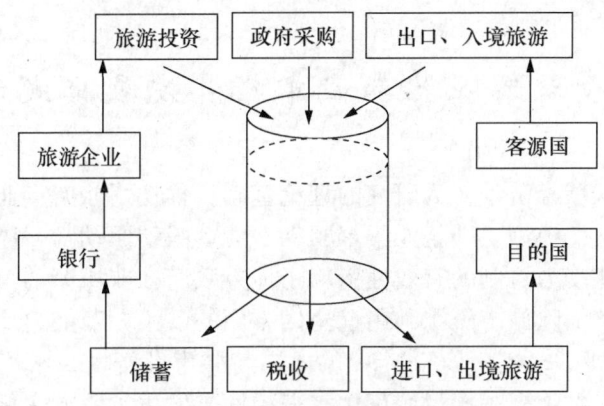

图 3-1 城市旅游经济系统

漏损是作为旅游目的地的城市从旅游者那里赚到的,但是最后却从目的地"跑掉"的那部分收入。主要包括为进口采购而支付给国外的部分以及储蓄和税收。比如,为了购买旅游者所需要的进口食品、进口设备或进口燃料而花费的支出;也包括偿付给作为国外投资者的国际旅游酒店集团公司的支出。储蓄是一种漏损形式,储蓄使得旅游经济系统中的收入减少了。政府的各项税收同样起到了减少城市旅游经济系统中既有收入的作用,是漏损的另一种形式。

乘数能够反映包括直接支出、间接支出甚至是引致支出在内的旅游支出的增加对当地经济系统的收入产生的经济影响。乘数的计算方法如下:

乘数 1 =(直接支出 + 间接支出)/直接支出

乘数 2 =(直接支出 + 间接支出 + 引致支出)/直接支出

(五)影响城市旅游经济效应的因素

对城市旅游经济影响做出全面的评价是困难的,认识到城市旅游经济效应受到诸多因素的影响,就能理解这一点。由于城市的个性特征以及它能够提供的旅游产品不同,尤其是城市的设施、建筑特征差异,就可以导致旅游经济影响的结果有巨大不同;旅游者在特定城市旅游过程中的消费总量和规模;特定城市的旅游经济发展现状;地方经济的规模和性质;旅游经济所消费的产品是本地依赖型的还是进口依赖型的;城市是一个全年的旅游目的的或者是一个季节性的目的地?这些客观因素成为全面衡量一个城市的旅游经济影响的重要变量,是在城市旅游经济分析中,特别是城市之间进行旅游经济影响的比较研究时需要客观认识的前提条件。在众多此类前提条件中,对旅游产业范围的认识,是影响城市旅游经济影响判断的重要因素。"基于区位熵方法的旅游集群产业集聚度评价"部分通过实证研究,发现产业集聚程度特别是空间的集中程度是影响城市旅游经济效应发挥的重要内生变量。

一、关于旅游业推动城市经济发展模式的探讨[①]

本部分内容以区域经济学作为研究的理论基础,描述了旅游产业驱动城市经济增长的三个具有代表意义的模型,即企业集聚驱动、劳动吸纳驱动与一体化驱动,并分析各自的动力机制。这些动力机制的有效性依赖于地方政府在非城劳动力安置、吸引民间资金、敏捷地方信息和消除旅游资源利用壁垒四方面的政策调节能力。

20世纪90年代以来,中国第三产业的发展与城市经济增长水平和城市化进程之间密切的关系越来越受到重视,衡量城市化水平的标志发生了明显变化,工业化水平的高低已经不能够完全等同于一个城市的现代化程度。有学者提出了"旅游城市化"现象,探讨旅游产业发展与城市化进程之间的关系(黄震方,2001)。多数研究成果认为随着城市化进程的加速,城市基础设施和旅游接待设施趋于完善,旅游承载能力不断提高,将对旅游业发展产生促进作用。有关旅游产业发展对城市经济增长的作用也被津津乐道,许多城市纷纷提出"旅游兴市"的口号,大有一哄而上的趋势。盲目夸大旅游产业对城市经济增长的作用与忽视旅游发展对地方经济的贡献同样是不足取的。对旅游产业驱动城市经济增长的内在机制缺乏正确认识,会导致政策的模糊性与不确定性,这在城市经济发展实践中是非常危险的。因此,有必要对旅游产业驱动城市经济增长的动力机制加以分析,辨析制约这一机制发挥作用的各种因素,以明确地方旅游产业发展真正的重心所在。

旅游业对地方经济所具有的驱动作用外在表现十分丰富,涉及积极效应和消极效应两个方面。考虑与地方经济发展相关的政策具有滞后性,更有学者提出应从隐性效应与显性效应的角度分析这些表现,以有利于旅游产业积极效应在政策的科学引导下持续地发挥作用。

(一)旅游业驱动城市经济增长的动力分析

从区域经济学的角度分析旅游产业对城市经济增长的动力机制,其内在原因可以概括为以下三个模型。

1. 旅游开发与企业集聚驱动城市经济增长模型

一个区域或城市经济发展达到一定水平之后,旅游接待业的繁荣首先导致投入—产出联动效应在产业内部,旅游者消费所直接涉及的食、住、行、游、购、娱等旅游企业之间发挥作用;进而是在金融、通信、安全、卫生、医疗、海关等相关服务部门的企业之间发挥联动效应。一般认为,伴随旅游产业而联动的经济部门达70余个(罗明义,2001)。为清晰刻画城市旅游开发与企业集聚的驱动模型,本部分内容将旅游及其相关企业划分为开发型企业、组合型企业、卫星型企业三类。开发型企业是指对旅游吸引

[①] 郭舒,赵恒德.关于旅游业推动城市经济发展模式的探讨.渤海大学学报(哲学社会科学版),2005(1).

物、设施与服务进行开发的旅游企业,主要包括食、住、行、游、购、娱等行业中能够直接对旅游者产生吸引作用的企业、对于旅游基础设施进行经营的企业以及输出旅游产业所需各类专业人才的教育、培训单位。卫星型企业包括金融、保险、通信、安全、卫生、医疗、海关、商业零售等,这些企业所提供的产品不仅满足旅游者的消费需要,同时也满足当地居民的消费需要。组合型企业一般是指旅行社这样的下游企业,其自身不具有吸引旅游者的功能,是凭借组合多项可以满足旅游者需求的开发型企业的产品而获得盈利的。

在市场引导和政府鼓励下,围绕旅游产品开发而进行投资的旅游企业集团不断增加,开发型旅游企业集团在城市迅速集聚。其结果,一方面增加了资源与城市基础设施的利用效率,扩大了旅游卫星企业的数量,如民航、铁路、公共生活消费的市场需求将由于开发型旅游企业产品市场需求的增加而增加;另一方面减少了生产下游产品的企业获取这一投入的运费,便利了旅行社对综合旅游产品的组合,有利于组合型企业"生产"的低成本扩张。这两种力量将导致城市旅游产业生产效率提高、地方盈利能力和积累能力增强,从而带来新的企业形成,而这又会导致新一轮的联动(见图3-2)。

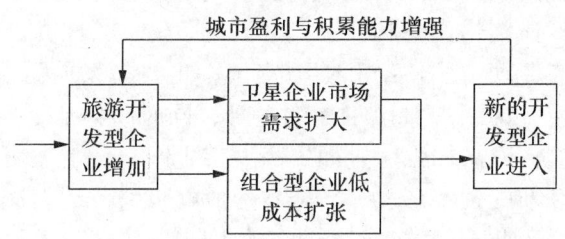

图3-2 企业集聚驱动城市经济增长模型

上述三类企业彼此间的资产与经营均是专用性的,在旅游经济活动中,彼此只能互补,而不能替代,只要旅游开发型企业具备一定数量与质量规模,必然对另外两类企业构成强劲的拉动作用,进而由集聚效应促进新开发型企业的进入,促进地方经济的良性循环。因此,城市旅游产业发展的主要投资方向在于旅游吸引物开发、旅游设施与基础设施的完善、旅游服务的创新三个方面。从政策角度看,需要对三类不同类型的旅游相关企业加以区分,大力引导并扶持旅游开发型企业的成长,而不是四处出击、全面开花,以避免盲目发展造成的重复建设与资源浪费。

2. 劳动力吸纳与规模经济驱动城市经济增长模型

对于上述模型,劳动力供给弹性是其动力驱动得以持续进行的重要条件。如果劳动力供给是没有弹性的,新的旅游开发型企业迁入将导致城市旅游从业人员的市场价格上升,增加企业生产成本,削弱城市盈利能力,从而使集聚和增长难以维系。在城市充分就业的条件下,要素供给弹性只能通过劳动力从乡村向城市流动以及区际劳动力流动来保障。因此,旅游产业吸纳劳动力的低水平壁垒是旅游开发与企业集聚驱动城市经济增长的重要前提和基础。

按照空间角度划分，城市旅游产业对劳动力的吸纳包括区内和区际两种类型，即城市内部其他产业流出人员和农村剩余劳动力两部分。虽然任何产业的发展都可以提供一定的就业机会，但旅游业主要产品的劳务化特征使其可以容纳更多的劳动力。世界旅游理事会提供的数字显示，旅游业是世界上最大的直接及间接的职业创造产业。而且随着社会的发展、经济水平的提高，旅游市场需求会越来越大，旅游业会越来越发达，需要的从业人员会越来越多。

按照所提供的岗位划分，城市旅游产业所吸纳的劳动力包括直接从事于旅游企业的劳动人员和间接为旅游者或者旅游企业服务的劳动人员。前者是由于旅游者的直接消费而产生的，即各种旅游企业吸纳的就业，包括各种接待设施、旅游航空公司、旅馆、餐馆、零售商店、娱乐场所、旅游服务中心等在内的就业。后者可以分为两部分，一部分是与旅游密切相关的工作，包括食品供应、洗衣服务、出入境服务、邮电通信服务、金融保险、医疗服务等；另一部分是提供支撑性服务的工作，包括政府机构、建筑业、渔业、制造业、轻工业等。这样就形成了一个边际模糊但产业规模庞大的城市大旅游服务业。

城市大旅游服务业大量吸纳劳动力，其直接结果表现为较好地缓解了都市化进程中沉重的就业压力，为产业结构调整和社会稳定创造条件。其内在动力机制是，旅游产业的迅速发展增加了城市劳动力的供给和地方支出，主要指大旅游服务业工资支出增加，因而整个产业工资稳定，抑制了城市工资的上升；同时整体旅游产品的规模报酬上升，旅游产业与关联产业规模经济增强，进而提高城市生产率，增强城市盈利能力。这将导致城市积累能力提高和新的资本形成，新资本形成将吸引劳动力迁入，而劳动力迁入又将增加城市地方支出。因此，从城市经济增长角度来看，劳动力从乡村涌入城市大旅游服务业，将通过需求联系驱动经济累积性发展（见图3-3）。

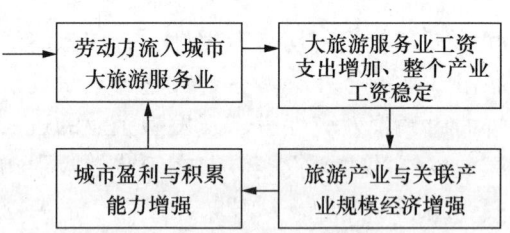

图3-3 劳动力吸纳与规模经济驱动模型

由于历史原因，户籍制度和基于户籍制度的住宅、就业、教育、医疗、养老保险制度等，构筑了中国城乡分割的鸿沟。改革开放以来，随着经济发展，粮食和副食品凭票供应制度取消以及就业制度的松动，农民可以进城打工了。但是，由于户籍制度未受触动，进城打工的农民不能在城市落户，也得不到或不能平等地得到城市提供的公共产品和服务。在这种情形下，绝大多数进城农民都没有长期在城市定居和生活的打算。在城市期间，他们通常不放弃其在农村的土地，并表现出"多积累、少消费"、对城市只用不养的"掠夺性"行为特点,从而严重制约了农村土地规模经营及城市经济和社会更大程度的发展。因此,近些年来,各个城市在不同程度地松动户籍制度及相关制度的同时,普遍认识到,为了利用城市化驱动经济发展,必须彻底改革户籍制度,实现按居住地划分城乡人口、按职业确定身份的户籍登记制度,并逐步用身份证制度代替户籍制度,从而从根本上消除农民进城的限制。

3. 城市与外部区域旅游经济一体化的驱动模型

旅游产业发展牵动城市与外部区域的服务贸易一体化,将有力地驱动城市经济的增长。城市旅游所服务的客源市场不仅是本地游客,更重要的是为其他城市和区域的旅游者服务。作为旅游目的地城市,其旅游产业的发展必将有助于城市与其外部城市或地区的区域服务贸易一体化进程的加深。旅游者流动能够提高城市之间的交易数量,提高城市之间包括旅游资源在内的大量资源的利用效率,使城市与外部之间关联产业交易的成本下降。根据区域经济学的原理,在区域贸易成本很高时,企业集中的效率会受到较大限制。相反,当区域贸易一体化不断加深时,区域贸易成本会持续下降。城市对外部旅游者的吸引力越频繁强烈,城市与外部区域之间的交易效率就越高,城市输出产品利润率就越高,从而引起新的旅游开发型企业及其相关企业形成。新企业与扩大了的劳动力人口经由投入—产出的成本和需求联系还原为上述两类模型(见图 3-2、图 3-3)。因此,区域旅游经济一体化有利于城市化并通过城市化驱动经济发展。

改革开放以来,尽管中国地区之间相互封闭的状况得到了很大改善,但是立法、司法和公共管理领域的地区壁垒仍然严重阻碍着地区之间的贸易自由化。在中国社会主义市场经济发展中推行各种区域贸易一体化的措施,虽然不是明确针对城市化目标提出来的,但实际上也构成促进城市化并利用城市化驱动经济发展的重大因素。地方政府对此应该有深刻认识。

(二) 旅游业驱动城市经济增长的政策建议

上述模式发挥作用的前提是,开发型旅游企业的投资行为、农村劳动力向城市大旅游服务业的转移以及旅游者对目的地城市的选择,均必须在自主性的前提下指向城市地域。区域经济学理论认为,要素自由流动和商品自由贸易是城市化和经济发展的重要驱动力和前提。在旅游城市化进程中,作为旅游经济发展要素之一的旅游资源具有先天的不可转移的特征。这就在客观上要求劳动力、资本能够自由流动,旅游者能够自由地选择旅游目的地并有效地牵动目的地与客源地之间的自由贸易。只有如此,旅游城市化驱动经济增长的机制才会自我加强地持续进行下去。因此,政府作用的关键在于为农村劳动力、旅游企业甚至旅游者的决策创造公开、公正的条件和环境。其核心问题是全面实行要素自由流动和商品自由贸易,从而充分发挥市场机制的基础性作用。

在这一过程中,地方政府应该在四个方面有所作为,即关注城市旅游产业的非城劳动力安置、吸引民间资金发展旅游业、敏捷地方信息和消除旅游资源利用的壁垒。

非城劳动力安置问题在政策把握上,需要考虑旅游业明显的季节性特点与就业安置的关系，引导旅游淡季就业安置配套产业的形成，避免由人口增加带来的不经济现象。

在吸引民间资金问题上，目前城市旅游开发投资来源于两个渠道，一个是政府的政策性银行贷款和财政投资，另一个是吸引外资和民间投资。由于政府投资数量有限，要发挥旅游产业驱动城市经济发展的作用，必须采取积极政策，鼓励更多地依靠外资和民间投资来弥补旅游投资的缺口。值得注意的是，如果一个城市的众多旅游企业或旅游设施中相当数量为外国人所有，收益和外汇的漏损就不可避免，城市从发展旅游产业中的收益就会打折。因此，吸引民间投资是发展城市旅游重要的资金来源渠道，需要格外引起政策部门的注意。

在敏捷地方信息的问题上，政府应该树立"营销地方"的观念，把城市作为"企业"来营销，在地方政府、城市公众、旅游产业、旅游教育培训机构和媒体所构成的城市营销互动网络中，地方政府应该发挥主导作用，激发各自的竞争优势并共同担负起营销城市的目标，吸引城市之外的各类旅游投资商、跨国航空公司、跨国企业总部、专业人才、流动人口和旅游者。

消除旅游资源利用的壁垒，在旅游产业发展中似乎更加具有紧迫性。从行政角度看，旅游资源存在着历史上的责任归属与管辖权限不统一的问题，而且由于旅游资源存在的特殊性资源表现形式的多样性，这种不统一又是不可避免的。众所周知，旅游局、林业局、文化局、城建局、环保局等行政单位对于其承担管理责任的、各类形式的资源的旅游利用趋向与非旅游利用趋向应该做出明确的发展规划，并在资源所有权问题上尽快找到解决办法。

二、营销城市的杰作——2006年沈阳市世界园艺博览会[①]

城市营销是运用市场营销的方法论，对城市的政治、经济、文化、环境、工业、农业等诸要素进行合理的策划与整合，以求找到符合市场经济规律、提高城市综合竞争力、增加城市财富及知名度、提高城市人民物质文化生活水平的最佳发展道路的一门科学。2006年沈阳市隆重举办"2006中国沈阳世界园艺博览会"，这是沈阳市开展城市营销的重大战略举措，也是中国城市营销的经典案例。

(一) 背景

1. 沈阳素描

沈阳市位于辽宁省中部，是辽宁省省会，位于北纬41度11分51秒至43度2分13秒、东经122度25分9秒至123度48分24秒。全市面积12980平方公里，东西宽115公里，南北长205公里，海拔最高点为447.2米，最低点为5.3米。沈阳市矿产资源丰

---

① 肖升，郭舒，张振深．营销城市的杰作——2006沈阳世界艺博览．市场营销导刊，2006 (3)．

富，主要有煤、石油及天然气、铁铝土矿、硅石、粘土、石灰等，沈阳市有植物资源1000多种，动物资源200多种。沈阳市的水资源总量为32.6亿立方米/年，境内流经河流19条，分属辽河、浑河两大水系，辽河为中国七大江河之一。沈阳市处于北温带亚洲季风气候区的北缘，属受季风影响的湿润和半湿润暖温带大陆性气候，特点是四季分明、雨热同季、降水集中、日照丰富、温差较大、冬寒漫长。沈阳市位于浑河北岸，因古代以水北为阳，故称沈阳。沈阳市历史悠久，是多民族居住的城市，除汉族以外，还有41个少数民族居住在沈阳市，全市总人口720万以上。沈阳是国家历史文化名城，全国模范环保城市和首批中国优秀旅游城市，2004年还被中央电视台评为全国十大最具经济活力的城市。

2. "共和国长子"

沈阳市在发展过程中经历了两个重大机遇期：一个是20世纪50年代，即新中国成立初期；另一个是21世纪初，即第十个五年发展计划的末期。第一个发展机遇期，沈阳市作为"共和国的长子"，发展建设成为中国的重工业基础，为巩固新生的社会主义国家政权、为奠定社会主义国家的工业基地做出了积极贡献。

中国中央政府十分重视进一步发挥东北老工业基地的作用和技术优势，在全力推进西部大开发之后，又高屋建瓴制定了振兴东北老工业基地的战略决策。曾经作为"共和国长子"的东北老工业基地正面临着第二次发展的战略机遇。

3. 重大转折点

20世纪90年代以来，中央政府相继提出"全面建设小康社会"、西部大开发、振兴东北老工业基地、建设和谐社会、坚持以人为本的"科学发展观"等一系列重大战略决策和指导思想。沈阳市政府在改善城市形象、改善居民生存环境和生活质量方面做出了巨大贡献，特别是旅游产业实现了跨越式发展。

21世纪以来，各级政府高度重视旅游工作，认真执行《沈阳市旅游业发展第十个五年计划》，加大了旅游资源的开发力度，加快了旅游景区（点）和旅游硬件设施的建设步伐，使"一宫两陵"、张氏帅府、沈阳怪坡等诸多传统旅游项目重放异彩，冰雪旅游、工业旅游、农业旅游、绿色生态旅游等新型旅游产品日益丰富。与此同时，按照国家和省、市相关政策法规的规定，加强了对旅游市场的管理，极大地改善了投资和旅游环境，从而使沈阳市旅游业取得了长足进步，呈现出良好的发展势头。自2001年以来，旅游总收入以年平均26%的速度增长，旅游业在沈阳市的支柱产业地位已经得到确立。

到2005年末，沈阳市旅游基础条件有了长足发展和明显的改善。据统计，2005年末沈阳市共建有星级饭店111家，其中，五星级5家，四星级15家，三星级54家；旅行社172家，其中国际旅行社21家；国家AAAA级景区景点9个。2004年，沈阳市"一宫两陵"申报世界遗产成功。

沈阳市的旅游发展外部环境也得到了根本的改善。2000年以来，是沈阳市从一个严重污染的"灰色"城市，向绿色环保城市转变最快的5年。"5年中拆除烟囱4000余根，锅炉房1800余座，建成大型集中供热热源20多座，集中供热率达80%以上，并对扬尘覆盖、机动车尾气进行有效治理，使全市大气优良天数由5年前的73天提高到上一年的 317 天。"

相关统计资料表明，截至 2000 年末，老工业基地沈阳市的绿化覆盖率仅有 23.91%，人均占有公共绿地面积为 3.7 平方米。5 年后城区新增绿地 69 平方公里，是 2000 年前绿化面积总和的 2.5 倍，农村森林增加面积相当于从新中国成立到 2000 年的总和；建成区绿化覆盖率提高到 40.65%，绿地率提高到 35.97%，人均公共绿地面积达到 12 平方米。过去缺树少绿的沈阳市如今已是满眼绿色，城外绿树环抱，城内绿树成荫，老百姓开窗见绿。

2006 年沈阳市全面启动了浑河水系改造工程，沿浑河"搭起"52.4 公里绿色生态长廊。北部水域面积 6.2 平方公里的丁香湖，营造了曲岸、湖光、水影相映，水绿相融的生态湖。如今沈阳市形成东有棋盘山、南有浑河、北有七二四公园、西有丁香湖的大生态景观格局。

当然，毋庸讳言，目前沈阳市旅游业的发展，与作为国家历史文化名城和东北地区中心城市的地位还不相称，与国内旅游业发展比较先进的省、市相比还有一定差距，与国际水平相比差距更大，主要是旅游名牌精品仍然不多、旅游产业的增长方式仍然比较粗放、旅游经济运行质量仍然不高。要在短时期内将沈阳市真正建成旅游强市，还有很多工作要做。2000 年以来沈阳市主要旅游指示变化情况如表 3-1 所示。

表 3-1 2000 年以来沈阳市主要旅游指标变化情况

项目＼年份	2000	2001	2002	2003	2004	2005	五年增幅（%）
接待总人次（万）	1556.30	1707.70	2138.60	2272.70	2845.30	3532.70	127.00
国内人次（万）	1539.00	1690.00	2114.80	2254.30	2818.00	3500.05	127.00
入境游人次（万）	17.30	17.70	23.80	18.40	27.30	32.65	88.73
旅游总收入（亿元 RMB）	80.20	93.80	144.30	144.70	181.30	226.36	182.00
国内旅游收入（亿元 RMB）	79.10	85.00	132.90	135.50	169.40	212.20	168.00
外汇收入（亿元 USD）	1.00	1.06	1.37	1.11	1.43	1.73	73.00

（二）准备

1. 营销城市

中央振兴东北老工业基地的重大战略决策，极大地吸引了全国乃至全世界的目光，沈阳市这座曾经为新中国做过重大贡献的城市再次成为全世界关注的焦点。振兴东北老工业基地的战略决策给沈阳提供了一个千载难逢的发展机会。面对这个发展机会，沈阳市如何突破传统思维、抓住机遇、改善城市形象、发掘和塑造城市竞争优势、提高城市竞争力，使沈阳市大踏步地走向世界，已刻不容缓地摆在决策者的面前。

沈阳市的高级决策者们认为，沈阳市充分利用振兴东北老工业基地的历史机遇，应该寻找新的突破点，在振兴东北老工业基地振兴中拔得头筹。沈阳市在提出"东北振兴，沈阳先行"的口号之后，必须进一步营销城市，充分发掘沈阳市城市资源、文化、城市魅力和优势，塑造沈阳市的城市品牌，"把沈阳更大规模地推向世界，让世界人都知道沈阳"，"提升沈阳的城市功能，使沈阳从一个重工业的污染城市转向现代化城市"。具体地说，沈阳市确定了从重化工业城市向生态城市转变的发展定位。

按照国内外先进经验，营销城市，特别是营销需要改变人们心中形成的固定印象的大型城市，是一项需要艰苦努力、长期积淀的系统工程。沈阳市先后被国家有关部门评为国家历史文化名城、首批中国优秀旅游城市和全国模范环保城市，2004年被中央电视台评为全国十大最具经济活力的城市之一。这些都是沈阳市市民非常值得骄傲的成就。然而，这些成就及荣誉，尚不足以重塑沈阳城市形象。实践证明，沈阳市需要启动给人们造成巨大影响力、冲击力、吸引力和具有鲜明感受的大型旅游项目，以此为转折点，一举构建新的城市形象。这是一项重大的战略抉择。

2. 战略抉择

面对如此重大的战略抉择，沈阳人是清醒的、冷静的。为了保证决策的科学性，沈阳市委、市政府、人大、政协以及政府主管部门组织了多层面的调查研究和研讨会，最大限度地听取来自各方面专家、学者、公务员、居民代表的意见和建议。这些意见和建议包括以下几个方面内容：

（1）要有国际化眼光创新思路。具体来说，主要体现在三个方面：第一，国际化是一种境界和气度。沈阳市一定要在更高层次上进一步解放思想，真正树立起发展大旅游、形成大市场、培育大产业、实现大发展的雄心壮志。第二，国际化是一种标准。在经济全球化、发展多元化的今天，一定要严格按照国际化标准规划和设计沈阳市旅游业的发展，高起点、高水准、高品位地开发旅游资源，建设世界一流的旅游景区和景点，形成众多具有国际竞争力的特色品种，快速推向全国和世界各地。第三，国际化是一种责任。大量的自然景观和人文景观是不可再生的宝贵资源，一定要以对全国人民和全世界人民高度负责的态度加以保护和利用，精心设计、精心建设，努力把沈阳市开发建设成为功能完备、产业兴旺、环境优美、高度文明的国际化旅游大都市。

（2）要以特色化视觉准确定位。沈阳的地方特色大体包括独特的历史风貌、多样化的民族风情、四季分明的自然风光、"东方鲁尔"城市风采、纯朴的乡村风味五个方面。这些方面，都有文化融入其中，成为其作为旅游产品的灵魂，使沈阳市的特色更加鲜明。

（3）要用生态化理念合理布局。生态平衡是构建和谐社会的重要标志，是和平与发展时代精神的象征。因此，必须以生态化理念来规划沈阳市旅游业的发展，并且贯穿于旅游资源开发和景区景点建设的始终。第一，规划与建设应着眼于生态建设。第二，规划与建设应着眼于环境保护。第三，规划与建设应着眼于人与自然的和谐。坚持以人为本，旅游资源的开发利用，旅游景区景点的建设管理，应最大限度地满足市民和游客的需求，创造一个秩序井然、充满魅力、洋溢温馨、安全和谐的人居及旅游环境。

此外，在制定沈阳市旅游发展总体实施规划时，还要追求规模效应，要注意旅游资源的整合，就是按照科学性、整体性、统一性的原则，对全市旅游资源的开发利用实行统一规划和布局。

至关紧要的是全面提升城市和旅游产品的文化品位。文化是一个城市的气质、风骨和灵魂，也是旅游得以发展兴旺、长盛不衰的灵魂。沈阳市旅游业的发展要提升沈阳名城和旅游品位，加快全面建设小康社会的步伐。在实施沈阳市旅游发展规划过程中，把加强文化建设、全面提升城市和旅游产品的文化品位作为旅游资源开发和旅游景区景点建设的一条带有根本性措施来抓，并且作为沈阳市建设国际化旅游强市的一条主线持之以恒地抓下去。根据上述要求，沈阳市政府确定，申办世界园艺博览会。

3. 破冰之旅

在选择申办世界园艺博览会的会议类型上，沈阳市政府在准确地分析了沈阳市举办世界园艺博览会的情况下，决定申办 A2＋B1 型。其主要思考是：沈阳市作为北方城市，要抓住中央振兴东北老工业基地的机会，彻底改变城市的面貌，要通过世界园艺博览会推动城市的建设和发展。要在短期内举办世界园艺博览会，按照国际园艺生产者协会（AIPH）批准举办的国际性园艺展会，A1 类展会要提前 6~12 年申办，而 A2 类则不受此限制，但 A2 类时间较短，为 20 天。由于沈阳市适于举办园艺博览会的时间为每年的 5 月 1 日~10 月 31 日，有半年之久，B1 类国际展会属长期展会，将 A2 的短期申办和 B1 的长期举办结合起来，可满足沈阳市这种急迫的举办世界园艺博览会的愿望。

2004 年以来，为了申办世界园艺博览会，沈阳市政府做了大量的准备工作，进行了大规模的拆违建绿、修建道路、治理浑河、治理大气等城市建设工程，城市面貌发生了巨大的变化，沈阳市改变了过去传统中留给人们的"傻大黑粗"的印象，变得天蓝、树绿、路宽、水清，才能走出国门，向世界展示自己的美丽，并赢得世界的赞叹。"这次申办'园博会'的过程，让许多国家知道了沈阳，认识了沈阳。通过举办'园博会'，还会让更多的国家不仅知道沈阳，更要了解沈阳，喜爱沈阳。"

由于 AIPH 理事会代表中有许多从未到过沈阳市，所以当播音员介绍沈阳市的光盘画面上出现沈阳市美丽的市容市貌，尤其是在欧洲难得一见的宽敞整洁的街道、景致如画的园林绿化、美丽的浑河、山清水秀的棋盘山、风光旖旎的植物园，许多代表都不由得惊叹："沈阳太美了！真不可思议。"沈阳市也因此顺理成章地通过了各成员国的表决，正式获得 2006 年世界园艺博览会的举办资格。

4. 凝练主题

在社会各界踊跃提议的诸多稿件中，沈阳世界园艺博览会的主题经过精心评选，最终确定为"我们与自然和谐共生"；会标为沈阳市的市花——玫瑰，其色彩由红转绿，寓指沈阳老工业基地正在走向环保、生态与和谐发展的振兴之路；世界园艺博览会主题口号为"自然大世界、世界大观园"。

按照当时的沈阳市的说法，"从表面上看我们承办了世界园艺博览会，但更深层次的意义，沈阳找到了一条既发展工业，又保护环境的新型工业化之路。事实证明，这条新型工业城市被青山绿水环绕之路，我们走对了"。通过举办世界园艺博览会向世界阐明沈阳市确定的从重化工业城市向生态城市转变的发展定位，诠释的"人与自然和谐共生"、生态、经济、社会可持续发展的"绿色转型"之路。搭建一个平台，把沈阳市推向世界，吸引更多的人关注沈阳市，吸引更多的资金投向沈阳市；不仅如此，还要通过举办世界园艺博览会加速推动城市建设水平，将沈阳市城市水平提前发展10年。在建设环保模范城市、国家森林城市的基础之上，建设中国旅游大市和旅游强市。切实以城市旅游产业的发展促进和推动现代化城市的建设。

（三）整合营销

1. 营销理念

2006年中国沈阳市世界园艺博览会的营销是城市营销的经典范例。其营销理念即贯彻以人为本的"科学发展观"的绿色营销观念。世园会营造"人与自然和谐共生"的和谐沈阳城市形象，它标志着沈阳市正在实现一个以重化工业为主的老工业基地，向"与自然和谐共生"的生态城市转变。2006年中国沈阳世界园艺博览会将是一个非常漂亮而且永不闭幕的世界园艺博览会。

2. 目标市场

世界园艺博览会的营销基础是对目标市场的精确选择。城市营销的基本理念之一，是首先以本城市的居民为主要目标市场，向本城市居民营销城市及城市的建设项目。因此，世界园艺博览会的国内市场以沈阳市中心区为第一客源市场，重点是沈阳市及其周边的居民；要使世博园真正长期成为沈阳市民和国内外旅客最向往、最愿意去的地方。正如沈阳市外宣办的相关负责人所述，"世博园要成为市民生活中最愿意去的地方。不论什么年龄、什么层面、什么爱好的市民都能在这里找到自己的空间，也成为市民结婚等人生大事的外景地"。同时，充分利用沈阳市在沈阳经济区六城市的中心地位和天然经济、政治、文化联系，发挥沈阳市对周边城市的辐射带动作用，也为六城市居民提供优良的旅游休闲产品，设定沈阳经济区六城市为第二客源市场。为将沈阳市多年积淀、精心塑造的新的生态型城市形象迅速推向全国，快速形成竞争优势，设定以东北、华北及国内经济发达城市第三客源市场。为将沈阳市大范围推向世界，充分利用沈阳市多年来发展国际旅游积累的关系资源和成果，国际市场的定位主要选择在离中国较近、旅游交往较多的韩国、日本、马来西亚、俄罗斯及中国香港、中国台湾等国家和地区。

3. 营销定位

定位是城市营销、建立城市品牌的灵魂，城市核心竞争力存在的基础是它在市场上的定位和不可替代的个性。沈阳市世界园艺博览会与国内已举办过的世界园艺博览会的最明显的区别有以下几项内容：

（1）绿色转型。一项民意调查显示，沈阳市得分（98分）最高的要属城市变化。沈阳市世界园艺博览会更是以其"人与自然和谐共生"的理念诠释了生态、经济、社会可持续发展的"绿色转型"之路，为振兴东北老工业基地的雄伟画卷画下了浓重的基调之笔。与会的西安、郑州、合肥、鞍山人士认为，建设生态型城市、实现经济增长方式的根本性转变，不仅是沈阳城市的目标，也是中国城市向人与自然、社会、经济和谐发展的现实选择，要综合考虑，追求三者的综合效益。

（2）反弹琵琶。沈阳市世界园艺博览会与国内第一次举办的昆明世界园艺博览会不同，举办地在寒冷的东北地区。同时，沈阳市世界园艺博览会也是国内首次在工业城市举办，这是一种"反弹琵琶"的运作思路。这一园艺盛会不仅展示了国内外的园艺成果，也将蓝天碧水的新沈阳推向了世界。它证明中国北方工业城市完全可以举办世界园艺博览会。这无论在观念上和感受上都以强烈的反差给人们带来深刻的体验，具有强大的冲击力和震撼力。

（3）大胆创新。世界园艺博览会在沈阳市创造了诸多世界之最：是历届世园会中规模最大、花卉品种最多、展园数量最多、主题建筑最漂亮的一届。世界园艺博览会运作模式是市场化运作，别的国家办世界园艺博览会是政府掏钱，沈阳市是政府搭台，政府出很少的钱，大部分靠市场化运作，不会赔钱还要赚钱。沈阳市创造了两个奇迹：一是沈阳市证明作为中国北方城市，完全可以举办世界园艺博览会；二是沈阳市仅利用三个月的时间全部完成招商任务，且基建顺利。从2005年9月1日世界园艺博览会申办成功到2006年4月30日世界园艺博览会隆重开幕，沈阳市用了短短的450天时间，完成了从规划设计、建设施工的全过程。沈阳市创造了世界园艺博览会举办史上筹备期最短的一个历史奇迹。

（4）鲜明特色。沈阳"世博园"呈现给世界的是中国园林文化的独特魅力：三泉喷涌的济南园、曲径通幽的南京园、水榭楼台的北京园……从大气恢宏的北方皇家园林到小巧玲珑的南方私家花园，沈阳市世界园艺博览会带给国际友人的是一幅幅浓缩的中国画卷。沈阳市世界园艺博览会的主会场世博园，位于长白山余脉的棋盘山麓，占地面积246公顷，囊括几乎所有北方植物。以世界园艺博览会的四大建筑、三大特色景观和荟萃国内外园林建筑设计精品的百家展园为主，结合沈阳市及沈阳经济区城市的品牌旅游产品，组合成了具有民族特色、历史特色、自然特色、宗教特色、体验和探索特色等的35条特色精品旅游线路。形成了以推介世界园艺博览会和世界文化遗产为主，以沈阳市为中心，辐射沈阳经济区共同体的旅游产品体系。

4. 精美产品

2004年11月，在沈阳市举行了"世园会评审会"，"世界给沈阳一个机会，沈阳一定会给世界一个奇迹"。在这种思想指导下，沈阳市世界园艺博览会选址在风景秀丽的棋盘山国际风景旅游区，在原植物园的基础上进行开发建设。基本建设理念是：城市独立举办世界园艺博览会；规划园区占地面积世界最大；规划在森林中举办世界园艺博览会盛会；要在最短的时间内完成园区的设计和建设等。

"世界园艺博览会"园区的设计构想考虑了三部分内容。第一部分是棋盘山旅游度假区，体现了沈阳市东部大开发的设想。"世界园艺博览会"的筹备就意味着东部大开发的启动，举办"世界园艺博览会"的基本目的，一要提高城市的档次，二要把东部开发启动起来，把沈阳市这个城市带动起来。第二部分是"世界园艺博览会"的配套区，这一地区包括浑河沿岸及河中的岛屿。这部分规划要充分体现当地山水相连、林木相依的地理特点，山、水、岛、树综合考虑，体现"世界园艺博览会"核心园区的气派，使之更壮观、更具魅力，同时成为沈阳最美的、高品位、高档次的观赏旅游区。第三部分是依托植物园建设的"世界园艺博览会"核心园区。这一部分突破了传统，进行高水平设计，高档次规划。现有的老区和即将建设的新区要统筹规划、通盘考虑，体现耳目一新，不同于以往展会的特点，集世界造园之大成，让游人充满惊喜的感觉。

基于以上三点考虑，世博园设计建设了四大主题建筑，分别是高 125 米，为国内目前最大的雕塑体建筑"百合塔"；全国首座钢结构斜塔式建筑、世界园艺博览会主入口广场雕塑"凤之翼"；拥有来自全球各地 3000 余个品种、15 万株玫瑰花组成的玫瑰园和建筑面积 12000 平方米、世界园艺博览会精品展示地的综合馆。设计建设了突出展现自然景观、人工景观和滨水湿地景观的三大特色景观；设计建设了风格迥异的国际展园、突出地域特色的国内展园和设计精美、具有极高欣赏价值的专业展园，共 100 个展园，其中包括 53 个国内展园、23 个国外展园和 24 个专业展园。

经历了 5 届世界园艺博览会的世界园艺生产者协会主席法贝尔先生认为，沈阳世博园是历届世界园艺博览会中唯一在森林中举办的规模最大，也是最漂亮的世博园。

5. 营销机构

世界园艺博览会的营销机构是一个庞大而高效运转的工作机构。基于世界园艺博览会的深远影响和促进沈阳市在振兴东北老工业基地中的重要作用，沈阳市政府确定了以旅游局专业营销为主、世界园艺博览会工作指挥部营销部重点营销，并由专业营销部门指导并配合全市各相关部门对口营销的世界园艺博览会促销组织体系。市政府还在沈阳市的主要客源城市派驻了营销小分队，在园区建设的同时，同步宣传推介世界园艺博览会。

世界园艺博览会的营销目标是根据对沈阳市主要客源市场的调查、经验数据，以及世博园的承载力制定的。具体目标为 2006 年沈阳市世界园艺博览会期间要接待 1000 万名游客来沈阳市世博园观光。根据明确的营销目标，世界园艺博览会组织结构按照国内外客源市场的分布分析情况进行分解，并有针对性地进行重点促销。

世界园艺博览会的营销策略主要有以下几个方面：政府部门对口营销、专业营销、重点营销和媒体广告促销。

（1）政府部门对口营销。主要是发挥政府部门与国内对口城市的广泛联系性来组织的营销体系。市政府各相关委办局承担了一部分世界园艺博览会游客的招徕与营销任务，并各自确定一个城市营销目标，具体营销方式方法则由市旅游局给予专业指导，因此，效果也十分显著。

（2）专业营销。由沈阳市旅游局组织全市旅游经营单位专项促销。同时，世界园艺博览会工作指挥部营销部也组织力量赴境内外专项促销。在专业促销过程中，利用精美的宣传画册、设计制作的多媒体演示系统，给人以很强的视觉冲击力，促销效果显著。

（3）重点营销。这种促销方式，主要是依据沈阳市重点客源市场分布情况，在世博园建设初期，就向国内十余个城市派驻人员、设立临时机构，形成市内紧锣密鼓地建设，市外大张旗鼓地宣传，构成了远近有序、遍地开花的世界园艺博览会促销网络体系。

（4）媒体广告促销。世园会开幕前两个月，沈阳市在中央电视台国际频道连续播放世界园艺博览会形象宣传与推介广告片，扩大宣传的覆盖面。该广告片表现了世界园艺博览会的动感与美感，突出了"世界园艺博览会"人与大自然和谐共生的主题。同时，还在《中国旅游报》连续对"世界园艺博览会"进行深度的广告宣传，提升其知名度，扩大其影响面。

（四）世界园艺博览会为沈阳市的经济格局带来的巨大变化

1. 火爆开局

（1）世界园艺博览会。世界园艺博览会开幕式以后，经济效益非常明显。通过对4月30日～5月7日世界园艺博览会开放第一周情况来看，世界园艺博览会的举办对沈阳市经济发展和沈阳经济区城市的经济发展具有巨大的牵动作用。据世界园艺博览会有关部门统计，截至5月7日17时，世界园艺博览会共接待国内外游客176万名，平均每日接待游客25.1万名，而世界园艺博览会举办的前三天接待量都在30万名以上，最高的一天达到了34万人次。在176万名游客中，有65%以上的游客是外地游客，其中有5600多名是乘坐旅游包机来沈阳市参加世界园艺博览会的日本、韩国等海外游客。在世界园艺博览会开幕后的7天时间里，世界园艺博览会门票销售收入已累计突破1.1亿元。

世博园四大主体建筑、100个特色展园及四大演艺活动和32项互动性演出，都令游人流连忘返。玫瑰园每天的参观人数平均超过4万人，四大演艺活动共演出30场，场场爆满，观众达6万人次。仅仅7天，世博园内的餐饮服务收入达2646万元，纪念品收入达1764万元，演艺收入达260万元。不仅这些服务性经营项目收入颇丰，就连市内出租车单车每日运营收入也比上一年同期提高了25%，公交车运营收入提高20%。

（2）城市大旅游业。世界园艺博览会对旅游、零售、餐饮、宾馆等相关产业的巨大拉动效应。据统计，整个"五一"期间，沈阳市各星级宾馆的入住率平均达到83%；中兴、商业城等十大商场的销售额同比增长33%。为了让更多的外地游客有充足的时间逛商场，"中兴"将营业时间推迟到21时30分，比往年"五一"黄金周延长了半小时。

"即便这样，许多外地游客到闭店时还舍不得离开，希望把该买的都买全了。"沈阳商业城也吸引了众多国内外旅游者，特别是鞍山、抚顺、铁岭等沈阳市周边的游客。7天时间，商业城平均每天都有千万元入账，大大高于往年的六七百万元。据统计，在世界园艺博览会的拉动下，仅中兴—沈阳商业大厦、商业城、兴隆大家庭等五大商场7天的销售额就达2.37亿元。

游在"世博园"，吃在沈阳城。餐饮业无疑是受益于世界园艺博览会的又一个大赢家。一项最新统计数字显示，各地食客特别是来沈阳市参加世界园艺博览会的外地游客，7天在沈阳吃掉3.48亿元。提起黄金周期间酒店门庭若市的场面，沈阳市餐饮"老字号"鹿鸣春负责人连说了三个"没想到":没想到旅游团队来得那么多,没想到"老外"来得那么多,没想到一天能多赚三四万元!

(3) 周边城市经济。世界园艺博览会对沈阳经济区城市的拉动作用也非常大。2006年5月1~7日,辽宁省接待旅游者924.64万人次,比2005年"五一"同期增长40.2%;实现旅游收入35.1亿元,比2005年同期增长30.7%,创历年同期新高。其中,过夜旅游者为328.6万人次,比2005年同期增长24.9%;一日游游客为596.1万人次,比2005年同期增长50.4%。抚顺、沈阳、朝阳、本溪四个市接待人数增幅较大,均超过50%,超过全省增长速度,其中抚顺增幅高达154.4%。朝阳、抚顺、本溪、沈阳、盘锦、铁岭六个市旅游收入增幅超过全省增长速度,其中朝阳增幅达239.6%,抚顺增幅达185.1%。

2. 希望都市

(1) 城市旅游业进入快车道。"黄金周"期间,世博园内游人如织,在入园参观的176万名游客中,65%是外地游客,包括5600多名乘坐28架旅游包机前来参观世博园的日本、韩国游客。5月6日,组委会对入园的1000名游客进行了抽样调查(其中55%为外地游客),结果显示,对世博园的综合评价,有53%认为"很好",有45%认为"好",有2%认为"一般",没有出现负面评价;有73%的游客表示还想再次参观"世博园",有92%的受访者表示将向他人推荐沈阳世博园。旅游市场反应积极,未来前景看好!

从当前来看,要以全力筹备和办好世界园艺博览会为龙头,带动沈阳市旅游业进入一个更高的档次、迈向一个更新的台阶。世界园艺博览会的成功举办,必将为沈阳市提供一个更加对外开放、真正融入世界的机遇,尤其是对沈阳市旅游业的发展,更是一个千载难逢的良机,它必将会像火车头一样,带动沈阳市整个旅游列车快速冲向新的更高更广的领域。

(2) 城市经济格局明晰化。老工业基地到底应走什么样的发展道路,沈阳市世界园艺博览会诠释的"人与自然和谐共生"、生态、经济、社会可持续发展的"绿色转型"之路,它的启示效应到底在哪里?

沈阳市确定从重化工业城市向生态城市转变的发展定位,在城市空间布局上进行了重新规划和调整,对传统工业布局实行大规模的重组再造。

在空间布局上形成主城区外东、南、西、北四个方向的空间发展战略,即东部突出生态环境,规划建设为生态旅游度假区,世界园艺博览会的举办地即在此区域;西部打造百里工业长廊,建设先进装备制造业和重化工业区;南部跨浑河发展,建设高新技术产业区和新物流区;向北部扩展为以农产品深加工为主导,以高效都市型农业为依托的现代农业区域。

(3) 区域经济全面振兴。以沈阳市为中心的辽宁中部城市群在"黄金周"期间感受到来自沈阳市的巨大旅游流冲击,旅游流引致的餐饮、住宿、娱乐、观光、购物等消费凝聚了各城市之间旅游企业的互动,提升了各城市旅游经济的实力。旅游经济对区域经济的促进作用明显。

3. 细数家珍

(1) 评价世博园。中外媒体对世界园艺博览会全面、深入的报道,有效地扩大了沈阳市的影响。世界园艺者协会主席法博先生,认为沈阳世博园是他所参加过的世博园中规模最大、最好的世博园。

国务院东北振兴办主任张国宝参观后表示,沈阳市在短短的时间内成功打造出一处如此美丽的"和谐花园",体现出大手笔、大气魄和沈阳市的活力所在;国内外园艺专家和业内人士评价沈阳世博园融合了国内外园林、园艺和建筑文化,凸显了环保生态理念,向世人展现了"人与自然和谐共生"的优美画卷。广大中外游客深为世博园的魅力所倾倒,交口称赞,一致给予好评。

(2) 沈阳振兴之路。举办世界园艺博览会将会拉动沈阳市的经济发展,带动GDP增长2~3个百分点。举办世界园艺博览会这笔巨大的无形资产其价值无法估量,它既为沈阳市在世界奠定了应有的声誉、地位,更为沈阳市大步走向世界舞台和长远发展带来了巨大的推动力。

世界园艺博览会是沈阳市的一个转折点,沈阳市从以前那个严重污染的重工业城市转变为一个现代化的城市。通过举办世界园艺博览会,把城市大踏步地推向世界,将会加深沈阳市的国际化程度,加大沈阳市的开放力度。

"从表面上看我们承办了世园会,但更深层次的意义,沈阳找到了一条既发展工业,又保护环境的新型工业化之路。事实证明,这条新型工业城市被青山绿水环绕之路,我们走对了。"

(3) 评价人居环境。5年来,沈阳市新建和改造道路1462条,整修小街小巷693条、666万平方米,改造棚户区9.3万户,建成"生态环保模范小区"71个、"安静小区"40个,使30多万户低收入家庭迁入了环境宜人的绿、美、静、安新居。

美国美世人力资源公司公布了2005年《全球生活质量调查》,沈阳市在全球城市的排名居第157位,进入中国城市的前5位。

(4) 评价营销城市。今日的沈阳市,知名度正处在临界的爆发点。在城市面貌日新月异改换容颜的同时,沈阳市的经济水平也连续多年以两位数的速度增长,成为全国"十大最具经济活力城市"之一,并成为国家"森林城市"。在这样一个强势跃升的关键节点上,世界园艺博览会无疑又是一个最佳的平台,把活力四射的盛装沈阳推向世界。

国内外媒体对世界园艺博览会开幕式和开幕以来的各方面情况进行了全面评价。中央电视台对开幕式进行了长达2个小时的现场直播,并在"五一黄金周"期间每天安排15分钟的世界园艺博览会专题节目,新华网等网站直播世界园艺博览会开幕式当天,点击人数超过100万人次。"五一黄金周"期间,世界园艺博览会专设网页点击人数超过215万人次,国内外共有200多家媒体、1000多名记者采访世界园艺博览会,其中90多名记者常驻世博园。各媒体共发布世界园艺博览会和沈阳市消息8700多条(次)。日本、韩国和凤凰卫视等境外主流媒体都做了世界园艺博览会和沈阳市专题节目。日本北海道电视台,5月4日全天分三个时段,进行了长达45分钟的现场直播。沈阳市能够成功地吸引如此众多媒体的关注和大规模报道,成功塑造了城市形象,在沈阳市特大型活动中是第一次。

（五）后世园会（Post – World – Expo Era）效应

特殊事件在吸引游客和营销城市担当的角色极为重要，国际上许多城市都取得了成功经验。1889 年法国巴黎世博会建造的埃菲尔铁塔至今已成为法国和巴黎的象征；1970 年日本大阪世界园艺博览会后形成了关西经济带；2000 年德国汉诺威世界园艺博览会最终确立了汉诺威全球会展业龙头城市的地位。2006 年沈阳市的世界园艺博览会为我们的城市留下了什么，现在探究后世界园艺博览会效应这个问题似乎尚早，但是世界园艺博览会所带来的巨大的潜在效应和隐性资源确实令人振奋：

1. 催生了政府新职能：城市事件管理委员会有望成立

世界园艺博览会的筹备与组织积累了大量的经验，集中了各类人才，为成立城市事件管理委员会打下了物质基础。这个委员会未来可以发挥积极有效的职能：组织事件主办权的申请，吸引事件发起人的关注，研究事件对沈阳市的影响，发展和支持事件所能带来的大量经济活动，提升沈阳市作为事件主办城市在国际上的形象，充当事件宣传的新闻代言人，不断输出正面积极权威的信息等。

我们意识到，未来必然会有越来越多的城市加入到各类国际大型事件的竞标队伍当中。为了获得举办特殊事件的权利，申请费用、承办费用将越来越高。拥有这样一个行使独立职能的机构，在未来负责特殊事件的申请与承办非常必要，而且积极主动。

2. 完善了城市旅游软环境：对市民教育以及职业培训体系的管理会得到完善

沈阳市世界园艺博览会向我们提出了三个方面的人才需求。一是人才的专业性，包括了出租车司机、礼仪人员、翻译人员、零售人员、导游人员等；二是人才的层次性，既包括管理运筹型人才，也包括动手能力强的一线操作型人才；三是人才岗位职能的定向性，一般会具有涉外性，即使是非涉外的岗位，也大多与事件主题高度相关。

针对人才问题，我们通过培训、考核、认证、推荐、聘用、跟踪等一系列配套工程，不但解决了世界园艺博览会活动的主办、承办而产生的人才需求缺口，并且以此为契机更好地完善了对旅游会展领域职业培训的管理体系。

这项工作还在继续，它主要包括以下内容：对有关从业者资质、资格的审查；对培训机构进行划分，高校做什么、职业技术学校做什么界定清楚；制定并实施了高效、实用的人才培训和培养规划。这项工作必将对城市旅游软环境的建设起到持续促进作用。

3. 驱动了辽宁城市群经济：刺激了中部城市群旅游企业间合作

在沈阳市世界园艺博览会预期的 1000 万名参观者中，有 30% ~ 35% 继续在东北地区逗留游览。沈阳市周边 100 公里以沈阳市为中心的辽宁中部城市群的抚顺、鞍山、本溪、辽阳、铁岭，甚至丹东、大连、盘锦、营口和锦州，也成为沈阳市世界园艺博览会客人的重要目的地，受到沈阳市世界园艺博览会直接的辐射和带动。世界园艺博览会的这种"溢出效应"对于辽宁中部城市旅游经济圈的"催生"，成为世界园艺博览会的一份特殊"礼物"。

继长三角、珠三角、环渤海等三个经济圈之后，辽宁省适时推出中部城市经济区的概念，试图将其打造为中国第四个经济增长极，这的确是英明之举。城市群经济区的发展是

"自然生成"还是"设计生成",正是区分传统经济与现代经济的分水岭。自然生成无法适应经济飞速发展的需要,设计生成又必须遵循经济发展的内在规律。世界园艺博览会这一"设计"因素,留给我们的正是它在事实上构成了辽宁城市群经济增长的新动力。

三、沈阳市两大旅游产业集群并存发展研究[①]

沈阳市是中国东北部地区最大的城市,面积为130万平方公里,人口为786万。距离北京685公里,乘飞机1.5小时,火车4小时。旅游产业发端于20世纪80年代,旅游产业发展的阶段具有鲜明的中国特色——最初接待国际旅游者,然后接待国内旅游者,最后作为客源地输出旅游者。经过了30多年的发展,旅游研究人员惊奇地发现:如今在沈阳市存在着两个与旅游接待服务相关的"产业群"。一个产业群主要为外来旅游者包括外国人和来自国内其他地方的旅游者提供接待服务。另一个产业群主要满足当地居民的休闲需求。从旅游体验的本质来讲,外来旅游者更喜欢通过某种程度地进入当地人的世界,了解当地人的生活状态和生存方式,并希望尽可能地通过消费和当地人一样的旅游与休闲产品,来增加旅游体验的真实性和乐趣。本部分内容研究是什么原因导致了两个产业群彼此不相融合的同时存在以及通过怎样的努力才可以加速两者之间的融合。

(一)研究背景

1. 旅游产业发展状况

作为东北亚地区的国际大都市,沈阳市是这一地区最大的交通枢纽中心,是国际联运通往朝鲜、俄罗斯的必经之路,沈阳市桃仙国际机场的航线连接着50多个国内城市和韩国、日本、俄罗斯、德国、泰国、美国、法国、澳大利亚等国家的30多个城市。

沈阳市拥有世界文化遗产3处,其中清初皇宫所在地——沈阳故宫,是继北京故宫后中国现今仅存最完整的皇宫建筑群之一。2006年世界园艺博览会、2008年奥运会沈阳分赛区等国际性事件的举办,成为这个城市旅游业快速发展的重要驱动力。图3-4反映了2001~2009年沈阳市入境旅游、国内旅游的人次数和收入情况,旅游产业在2006年以后发展迅速。

2. 沈阳市旅游产业之怪现象:两类旅游产业集群同时存在

从20世纪80年代开始发展旅游产业以来,沈阳市的旅游产业经历过先发展国际旅游吸引外国旅游者,通过外国旅游者的接待不断拉动基础设施和旅游设施的完善。在此基础上,开始了发展国内旅游的漫长过程。在这个阶段中,沈阳市的旅游产业形成了自己的独特之处,形成了两个与旅游接待服务相关的"产业群",一个为外来旅游者特别

---

① 郭舒,曹宁,汤欣. 沈阳市两大旅游产业集群并存发展研究(英文). Journal of Landscape Research, 2011 (4).

是国际旅游者服务，另一个主要满足当地人的游览与休闲需求。

2008 年斥资逾亿元建成的沈阳希尔斯池典，是有着 2 万余平方米营业面积的超五星级一站式的大型综合性商务休闲会所，集餐饮、客房、养生保健、茶艺棋牌、休闲娱乐等多功能于一体。虽然仅营业短短几年，但是却已成为沈阳市居民休闲娱乐的最受欢迎的大众场所之一，在这里当地居民可以享受到沐浴、露天温泉、客房、美食、养生、汗蒸、SPA、茶艺、健身等高品位休闲活动项目。

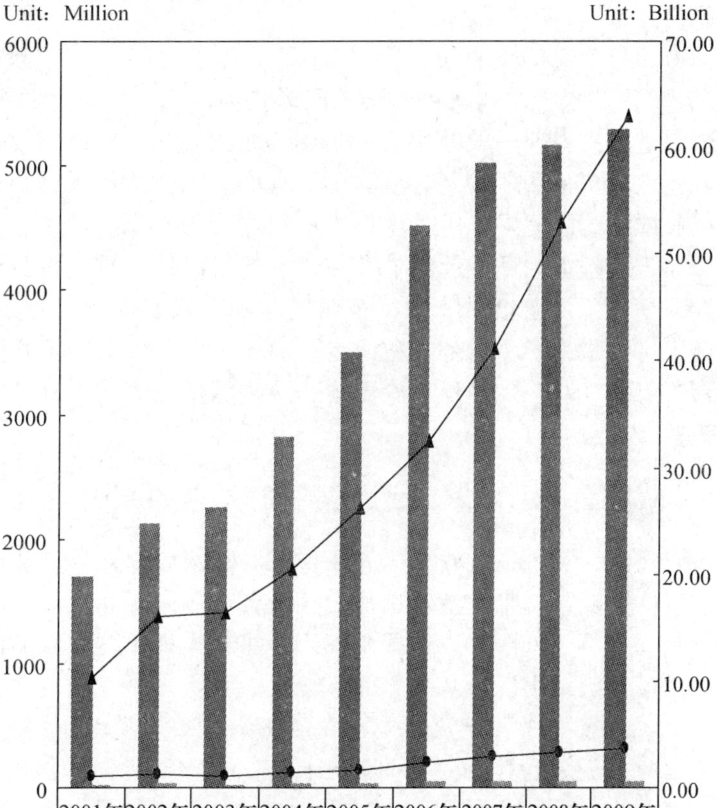

	2001年	2002年	2003年	2004年	2005年	2006年	2007年	2008年	2009年
Domestic Tourists	1690.00	2114.70	2254.00	2818.00	3500.05	4513.30	5011.00	5161.40	5290.00
Inbound Tourists	17.70	23.80	18.40	27.30	32.65	40.00	45.60	47.60	49.60
Domestic Tourism Income	10.27	16.05	16.36	20.46	26.26	32.56	41.27	53.07	62.94
Foreign Exchange Tourism Income	1.06	1.37	1.11	1.43	1.73	2.31	2.90	3.30	3.70

图 3-4 沈阳市入境旅游者和国内旅游者的人次数和旅游收入

资料来源：沈阳市旅游局，2010。

在这里却很少会遇到慕名而来的外来旅游者们，那么这些入境旅游者和国内旅游者都是在哪里享受同样或类似的休闲服务呢？答案是他们被介绍到沈阳市内的各家星级国际酒店，在那些国际知名的酒店里消费近似的服务。其中，接待外来旅游者最多的为喜达屋集团旗下的沈阳丽都喜来登酒店，该五星级酒店位于沈阳市区的青年大街，毗邻浑河，与奥林匹克中心和江南高尔夫俱乐部隔江相望，区位优越，客人可以享用到健身室、按摩室、桑拿浴室、棋牌室、室内游泳池所提供的休闲设施。虽然外来旅游者在这里能够享受到国际统一化的标准服务，但也由于在国际化背景下企业追求标准化，外来旅游者无法感受到沈阳市休闲娱乐的本土化特色。对于沈阳市当地人来说，如果不是出于陪同外宾的原因，也很少选择这些具有"涉外"色彩的酒店的娱乐、餐饮及其他活动项目。

另外一个典型的例子，是沈阳市闻名全国的"二人转"民俗表演。原本的乡村"二人转"植根于民间文化，其表现形式为一男一女，服饰鲜艳，手拿扇子、手绢，边走边唱边舞，表现一段故事，唱腔高亢粗犷，表演台词具有浓厚的乡村特色。"二人转"是在城市周边的地区、乡村的菜地旁，人们为了缓解劳动压力，放松身心的一种地域色彩浓厚的民间娱乐形式。作为一种休闲与娱乐方式，这种原生态的"二人转"，依然存在于沈阳市的环城郊野，存在于当地居民的"现实世界"里。

但是在"旅游世界"中，企业把这种形式变成了一种表演式的"民俗"并搬进了剧场，目的是为了吸引外来旅游者。由于失去了田间地头原生态的乡土本真性，当地人不喜欢买票观看。倒是外来旅游者，或被旅游广告手册所吸引，或被旅行社所"设计"而购票观看。

（二）造成两个旅游业集群同时并存的原因

在多数情况下，这两个旅游集群彼此相对独立，当地居民所选择的休闲、娱乐、购物、餐饮企业与外来旅游者选择的企业各自不同。当地人不愿意去专门为外国旅游者提供服务的场所，外国客人也很难享用为当地人提供类似服务的企业消费。造成这种局面的原因可以归结为以下几个方面：

1. 政策变化是导致沈阳市存在两个旅游业集群的历史原因

西方旅游发达国家一般都以国民旅游（包括国内旅游和出境旅游）作为发展旅游业的起点；我国则采取了先入境、后国内、再出境的发展次序，这是与我国的具体国情分不开的（Christine Lim、Grace W. Pan，2005）。从1949年新中国成立到1978年，旅游业作为中国外交事业的延伸和补充，承担的是民间外事接待的功能，不具备现代产业的特征。1978年邓小平提出了"改革开放"的方针政策，将旅游业作为增加外汇收入的手段进行发展。1992年，邓小平南方谈话中坚定了走中国特色社会主义的市场经济的方针政策，旅游也被作为增加国民收入的重要产业被重视和发展起来，同时也带来了旅游服务产业从入境旅游扩大到了国内旅游的市场（Zhang Wen，1997）。

改革开放之初，入境旅游仍保留着计划经济时代的体制，接待入境旅游者的旅游服务企业也是被政府机关等部门指定安排的。当时，沈阳市具有接待入境旅游资格的只有中旅和国旅两家旅行社；在酒店方面，入境旅游者通常是被安排在固定的几家酒店，并且在入住酒店前需要先到当地公安局登记备案。这样，专门服务于外宾的企业诞生了。当地居民入住这些酒店却要受到限制，20世纪80年代初建成的沈阳凤凰饭店，是当时少有的几家被允许接待外宾的酒店，当地居民即使有钱，但由于不持有外地身份证或者外国护照，也不能去登记入住。类似情形，如同今天和我们接壤的朝鲜一样，旅游的线路是固定的，景点和入住的宾馆也是固定的，旅游者和组织旅游活动的旅行社都没有任意选择的权利。但是那些被选择可以供外国旅客参观的地方，当地居民却处处受到限制。由于这样的政策原因，沈阳市出现了两类"旅游产业"：专门满足外来旅游者的"旅游业"以及满足当地居民近似性需求的"旅游业"。

2. 旅行社对旅游活动的组织与设计方式是现实原因

旅行社在整个旅游接待产业链中扮演着重要角色，它决定了旅游活动的组织方式；一批配套于旅行社行程活动的旅游企业，如国际酒店、旅游巴士租赁公司、旅游购物店等逐步发展完善起来。这些企业与旅行社通过合同确定彼此的收益分成。

外来旅游者对沈阳市缺乏足够信息的时候，旅行社成了不可或缺的中介。旅游者在旅行社的安排下乘坐统一的旅游巴士、入住标准的酒店、参观相同的景点、进入指定的纪念品店，品尝专门化的团餐。标准化带来了雷同化，造成这种现象的原因是旅行社只有通过签订长期合作协议的办法将酒店、景点、汽车租赁公司、纪念品店等伙伴固定下来，才能够获得更低的价格和持续的佣金。如此，来自不同地区、需求也具有差异性的外来旅游者，在沈阳市的行程安排是趋同的。他们所感受到的沈阳市也是趋同的。这样同质化、标准化的旅游活动安排，保证了旅行社接待工作的效率以及佣金。

旅行社利润的主要来源是饭店、旅游购物店、景点单位等为了提高销售额度，支付给旅行社或导游等中介方的各种佣金。有人理解为是对旅行社努力为其进行宣传促销的奖励（Miao Xueling，2001）。通常旅行社和导游会按照旅游者在购物店的消费额按比例领取佣金。有时，甚至只需将旅游者带入购物店，即使客人没有消费，导游员也会得到人头费。为了获得这部分收入，导游会诱导甚至强迫旅游者在指定的旅游购物店购买纪念品。随着跨国大型零售企业沃尔玛、家乐福、乐购等相继进入沈阳市零售市场，给消费者带来了更丰富的购物选择和商品种类，大量沈阳市本土化的纪念品、土特产品在这些超市也同样可以买到，并且价格公开透明。但是，由于介绍旅游者到这些大型超市、购物中心的做法，不能为旅行社带来任何佣金，这些零售企业不会被设计到线路中。旅行社也不会鼓励外来旅游者接触这些超市以便自由选择。

于是，建立在旅行社利益链上的一些相关企业成为旅游线路的必经站点。旅行社专注于会带来丰厚佣金收益的合作伙伴企业，通过线路"设计"的努力，旅行社向外来旅游者"量身定做"了一个沈阳市当地的"旅游业集群"。这个集群里面的一些旅游购物店热衷于吸引外地旅游者而不是当地人。因为当地人更了解纪念品的真实价格和背后的回扣信息，他们的光顾往往不受欢迎。通过旅行社的组织与设计，服务于旅游者的企业与服务于当地人的企业在这一刻截然分开、各奔前程。

3. 当地居民休闲需求的崛起是本地旅游业集群出现的主要原因

20世纪90年代随着经济的发展和居民生活水平的提高，沈阳市当地居民由于收入和闲暇时间的增多，旅游消费观念凸显。强劲的需求刺激了沈阳市的乡村旅游、温泉旅游、会议旅游与高尔夫旅游。针对当地居民的旅游企业及相关休闲娱乐服务应运而生并不断完善。与此同时，每年多个旅游节庆活动的举办，丰富了当地居民的休闲生活，皇寺广场的庙会、夏季美食节，农品采摘节、滑雪冰雕节等主题节庆活动带动了一批与休闲旅游相关的零售业。这个700多万人口的城市，自身的旅游与休闲需求需要一个强大的产业供给给予满足，成为本地旅游业集群出现的主要原因。

（三）两个集群同时存在的危害

1. 不利于旅游产业的可持续发展

两个旅游业集群彼此相对独立，造成旅游资源的巨大浪费。这两个旅游集群中都有着住宿、餐饮、娱乐和商品零售的企业，而不论是外来旅游者还是当地居民，对于餐饮、娱乐和购物等需求有着相当高的重合度，片面服务于单一的某个消费市场无法做到资源的最有效利用。

仅就酒店行业来说，外来旅游者的住宿、餐饮是其经营收入的主要来源，然而在旅游淡季面对较低入住率时该如何保证其持续经营和利润收入，就不能只依靠价格战吸引外来旅游者，还要通过为当地居民提供宴会、康乐等服务来保证。

在沈阳市，已经同旅行社签订了协议的玉器店、清代民俗纪念品店、工艺美术品店等不下百余处。旅游购物店把本地人挡在门外，仅仅定位于旅游者市场的目标市场策略带来了巨大季节性风险。随着外来旅游者购物消费日渐理性，加之沈阳市旅游淡旺季差异显著，大量购物店开始走上主营业务滞销停顿、兼营业务勉强维系的局面。

一些旅行社的短视行为损害了沈阳市的旅游形象。为了从购物店获取丰厚回报，导游甚至误导、欺骗、恐吓旅游者，擅自改变旅游计划行程增加购物点，这都给外来旅游者留下糟糕的印象，类似的状况在世界的其他旅游目的地也多有发生（Brian King 等，2006；Athena H. N. Mak 等，2010）。

2. 不利于旅游者对旅游本真性的体验

旅游者来到沈阳市，在地接社所安排的行程中，他们接触到的更多的是和他们一样的外来旅游者。即使在景区内接触到的当地居民，更多的是旅游服务人员。由于商业交换角色的影响，旅游者很难和当地人亲密接触、平等交流。这种情形在事实上就造成了，即使旅游者来到了沈阳市，但是自己却仍感觉置身千里之外，没有进入到当地人的现实世界，没有机会亲身参与并体验到当地人的日常生活。疏离感降低了旅游者体验的质量。

随着出行经验的积累和旅游动机的成熟，旅游者不再满足于"被动观众"或"旁观者"的角色，而是寻求更加深入地去了解当地人的生活，渴望在或大或小的范围内参与到当地人的家庭和社会生活中去。外来旅游者如能像当地居民一样，随意而方便地进行各种消费选择，是他们获得本真性体验的关键。旅游者的本真性体验源于和东道主的接触、互动和交流。为了寻求互动本真性，旅游者不是被动的，而是主动的、积极参与的，并投入了自己的情感（Wang Ning，2007）。

如果继续将旅游者活动的范围同当地居民生活、消费的空间分隔在两个不同的世界里，允许两个产业集群各自孤立地存在，就不会让旅游者真正感受到沈阳市本地的风土人情，造成旅游者旅游体验本真性的缺失。

（四）融合两个产业集群的对策

1. 旅行社活动组织方式的转变

历史上，曾经导致两类旅游产业并存的"政策原因"已经因为政策演进不复存在了，旅行社成为引领旅游产业良性发展的关键。目前，旅行社根据旅游者需求、沈阳市旅游产业供给情况，以团队包价为主要方式安排旅游接待活动的模式成为主流。需要改变的正是这种被视为"主流"的传统包价旅游方式。

（1）注重旅游中的"本真性"。旅行社在安排旅游线路时，应当将能够提高旅游体验质量的景点和活动作为选择标准，而不应当为了购物店的回扣这种短期利益，将旅游活动重点放在旅游购物方面。并且旅行社需要通过让旅游者参与到当地居民生活的游憩互动，而不仅仅是停留在以往的观赏的水平上，即增加外来旅游者接触和亲近当地居民的机会，在交流互动的过程中旅游者的角色从一个外来者转变为当地居民的朋友，进而提高旅游体验中的本真性。例如，安排国际旅游者与沈阳市本地的家庭共同度过一段"旅途时光"，一同购物，一同烹调，一同休闲，一同娱乐。旅行社的行程安排要让外来旅游者能与当地居民有更多交流的机会。

（2）提供个性化定制服务。旅行社应着眼于增加有针对性的、个性化的服务项目，通过满足旅游者的个性化需求，提高其体验质量。旅行社传统上一票到底的做法，需要转向更加灵活的、专门的、分散的单向服务：货币兑换、住宿安排、机票预订、旅行保险、导游及用车。旅行社要从大包大揽地设计线路向非包价（Non-package）旅行方式转化，目的是要向成熟、高端的旅游者提供更加宽阔的可选范围、更加丰富的项目内容、更加充分的自由活动时间。通过旅行社旅游活动组织方式的转变，把旅游者"解放"在本地人开放的现实世界里，而不是禁闭在由"包价套餐"造成的封闭的、所谓的旅游世界中。

2. 政府部门加快"无障碍旅游"的规划与实施

完全脱离旅行社，不受它的固定套餐型线路的束缚的旅游方式；甚至是离开旅行社，直接通过互联网上旅游电子商务的帮助，可以更好地让旅游者亲近当地居民。这样不但能提高旅游者体验质量，也能促进两个旅游集群的融合。但是，外来旅游者在消费目的地各项产品和服务时，会遭遇一些限制性的阻碍。从政府部门的角度看，在未来沈阳市的旅游规划中应当将"无障碍旅游"系统的构建作为重点。

（1）交通无障碍。沈阳市交通道路基础设施建设完善，可达性较好，但是针对自助旅游者的汽车租赁服务却远没有发展起来。政府部门可以鼓励汽车租赁公司在机场、火车站、景区等地设立多处租赁点，并且针对不同需求可以在车内提供电子地图导航系统，给旅游者提供最大限度的便捷性。

(2) 语言无障碍。由于自助游中没有导游讲解，旅游者只能依靠景区景点的旅游解说系统来完成游览活动。所以说，政府应当逐步完善接待服务中的解说系统，包括各类风景名胜区、城市风貌区、历史古迹区、自然保护区、森林公园、旅游度假区、康体休闲区、文化娱乐区等旅游地的解说系统，通过文字的、视听的方式，以不同语言传达给来自世界各地的旅游者。这种解说系统的完善可以同时服务于外来旅游者和当地居民。

(3) 金融与交易服务无障碍。强调旅游者可以享受到和当地居民同样的服务。例如，旅游者在消费结算时的支付方式上，当客人是现金结算时，政府和银行等部门应在主要旅游消费点设立中国银行，方便外汇的兑换；当是信用卡支付时，酒店、商店等应当配备可以用 Visa、AMEX 等卡交易的 POS 刷卡机。又如，当外来旅游者和当地居民消费同一产品时，不应存在价格歧视，当旅游者的利益受到侵害时，有高效率的旅游投诉部门予以解决。

(4) 安全无障碍。对旅游者来说，在沈阳市的旅行安全是最首要的，要保障旅游者的人身安全和财产安全就需要景区景点提前做好安全宣传和提示工作，并且政府和公安机关与旅游服务企业紧密协调和联系，及时发现危害或威胁到外来旅游者的风险并解决。另外要建议旅游者在旅行期间购买相关的旅游保险，并提供能够方便快捷购买到保险的代售点。

吸引外来旅游者、拉动旅游产业，最终目的是为了提升当地人的生活水平和品质。如果沈阳市能妥善而巧妙地处理好这两个旅游产业集群的关系，让市民和旅游者能共享许多快乐而丰富的游憩和旅游环境，也许是一个旅游城市未来发展的必经之路。

四、基于区位熵方法的旅游集群产业集聚度评价[①]

区位熵方法在区域经济学领域被广泛应用，用于测算并反映某个特定产业在空间上的集中程度。本部分内容根据旅游产业自身特点，选择旅游景点、星级酒店、旅行社、旅游人次和收入作为观测对象，通过统计年鉴抽取了沈阳市 2000 年、2005 年、2010 年旅游产业相关数据，依据区位熵方法对沈阳市旅游产业集中化程度进行了测算。研究结果反映了沈阳市不同类型的旅游企业集群在空间上的集中程度所呈现的差异：相对于旅游景区景点和星级酒店的"高集聚"，旅行社企业和入境旅游者的空间集聚程度表现为"低集聚"。该结论为区域旅游产业集群在城市空间维度上的均衡发展与管理提供了必要的理论依据。

---

① 曹宁. 基于区位熵方法的旅游集群产业集聚度评价：以沈阳市为例. 辽宁大学学报（哲学社会科学版），2013（5）.

(一) 旅游集群产业集聚度研究回顾

1. 旅游集群集聚度是判定产业发展水平的重要指标

旅游集群是旅游景区景点、旅行社、旅游酒店、旅游交通、旅游购物等企业,在特定空间上形成集聚,通过共同协作向旅游者提供服务的企业网络组织。旅游集群作为旅游产业在特定空间上发展演进的一种产业组织方式,其所具有的优势已经成为学术研究领域和产业发展实践上的热点。如果旅游集群所包含的网络化结构在空间上反映为一定的集聚行为,那么这个空间集聚就必然存在某种集聚程度。这种产业集聚度既能够反映旅游产业的竞争力,也能够解释不同地区旅游产业发展存在着差异化表现的根本原因。

国内外学者以不同的学科为支撑,对旅游集群的集聚度进行研究。依据产业经济学的研究侧重讨论旅游集群的集聚度与集群制度创新或技术创新之间的关系;区域经济学领域的成果往往从空间结构与形态上反映旅游集群的集聚度。这些围绕旅游集群集聚化程度所做的研究,最基本的研究目的与价值在于,通过特定区域旅游集聚度的指标测算,判定一个地区旅游集群的集聚化程度。并将判定结果作为检验该地区旅游业发展所处阶段的重要依据,同时也作为科学规划当地旅游业发展的支撑,以便充分利用旅游集群化产业组织方式的各种优势。

孙金龙等(2010)以上海市为例分析了旅游集群形成的原因、条件、特征及其优势。张河清等(2012)以广东省为例研究了旅游产业集群的集聚绩效。冯卫红(2009)综合地理学和经济学的观点,结合平遥旅游集群实际,提出旅游产业集聚的动因包括产业特性要求、外部经济效应和政府规划促动三个方面。杨国玺(2010)对长江三角洲旅游集群进行实证研究,总结了区域旅游产业集聚的内涵、机制与模式。王凯、易静(2013)应用基于2010年的截面数据,运用利用Gini系数、E-G指数、行业地区集中度等产业集聚指标研究并反映中国旅游产业集聚化发展及其与产业绩效之间的关系。董红霞(2010)对我国旅行社产业集中度与市场绩效之间的相关性做了系统描述和研究。张佑印等(2012)以2000~2009年旅游产业统计数据基础,分析了我国不同区域旅游业集聚的变化及差异。这些研究都围绕旅游集聚度的不足或区域之间集聚度的差异化表现,提出了大量用于指导实践的对策。上述成果为该领域的深入研究奠定了基础。

2. 衡量旅游集群产业集聚度的方法及其应用

常用的用于衡量旅游集群产业集聚度的计量方法包括:行业集中度与集中系数法、空间基尼系数法、空间集聚指数法、赫希曼—赫佛因德指数法以及区位熵指数法。

(1) 行业集中度与集中系数法。"行业集中度"指标能够反映产业中排名前几名的企业规模之和占整个产业总规模的比重,能够通过这个指标反映大企业的集中程度。该指标经过"行业集中系数"的修订,就能够准确地反映出核心企业在整个产业中的集中水平以及产业中企业数量的影响。

(2) 空间基尼系数法。空间基尼系数法经常用来测量某个产业在特定空间上的分布是否均匀。该方法采用洛伦兹曲线和基尼系数之间的关系进行判断。空间上某个产业的洛伦兹曲线通常表现为一条"U"形曲线,曲线的平滑度越好,表明该产业的空间分布越趋于均衡。空间基尼系数法在计算过程中考虑了目标区域的空间大小,并且对区域上的产业进行对比分析,通过相对集聚度的对比反映不同产业的集聚度之间的差异。

(3) 空间集聚指数法。如果一个地域上的某个产业中存在巨型企业,该企业的规模越大基尼指数也会相应偏高,这种极端情形一旦存在,偏高的基尼指数并不能代表空间上存在很高的产业集聚度。空间集聚指数法可以修正由于产业中企业规模而带来的产业集聚度测算上的误差,一定程度上可以弥补空间基尼系数的缺陷。该方法的集聚度测算结果可以在不同时间、不同区域、不同产业之间进行比较。

(4) 赫希曼—赫佛因德指数法。赫希曼—赫佛因德指数法是衡量产业集聚度常用的方法之一,该方法侧重于观测某个产业中企业规模大小的离散程度,同时也关注该产业中企业数量值的大小。企业数量值小,企业规模离散度高,特定产业的集聚度就可能高。

(5) 区位熵指数法。该方法衍生于物理学,是用于衡量系统复杂程度或有序程度的熵而出现的。这一方法被广泛应用于测量并反映特定产业的集聚程度、特定空间的要素分布均匀性程度、特定区域在高级别区域中的作用与功能等方面。区位熵指数既可以用来判断产业发展的强度,又可以用于分析产业集聚度的比较。

在旅游研究领域,由于旅游产业赖以生存与发展的旅游资源具有空间上不可移动的特征,区位熵指数法的运用更能准确地反映旅游产业的这一特征。在上述衡量产业集聚度的方法中,区位熵指数法在旅游集群的产业集聚度判定中应用广泛,并不断地得到修正和完善。张佑印等(2009)运用区位熵方法对中国入境旅游企业的数量区位熵和收入区位熵进行了测算,结果反映了经济发展越好的省、市其入境旅游企业区位熵值相对越高的特征。葛金田等(2012)根据产业集聚特征选取区位熵方法对济南物流产业集聚进行数据分析。乌铁红等(2009)基于区位熵的含义构建了入境旅游经济区位熵,以其为测算工具,选取1995年、2000年和2005年时间断面的入境旅游相关数据,探讨了中国入境旅游经济发展水平的空间格局演变的特征。这些研究丰富了区位熵方法在旅游集聚度领域的应用。

(二) 沈阳市旅游产业集聚度的研究设计

1. 区位熵指数法的公示及其含义

运用区位熵指数法,可以通过测度旅游产业集聚程度来判定特定区域上是否存在旅游集群现象以及旅游集群的阶段。区位熵指数能够反映某个特定区域中某种类型的旅游企业或某种类型的旅游者的集聚程度,从而判定产业内部不同类型旅游企业空间分布是否均匀以及不同需求类型的旅游者的空间分布是否合理。旅游区位熵指数计算公式如下:

$$LQ_i = \frac{e_{ij}}{e_i} \bigg/ \frac{E_{kj}}{E_k}$$

该公式中,LQ_i 表示 i 区域的旅游区位熵指数;e_{ij} 表示 i 区域 j 类旅游企业的某项观测指标值;e_i 表示 i 区域内部 j 类旅游企业的某项观测指标的总体水平;E_{kj} 表示参照空间 k 区域 j 类旅游企业某项观测指标值;E_k 参照空间 k 区域 j 类旅游企业某项观测指标值的总体水平。LQ_i 值越大,表明特定类型的旅游企业在该区域的集聚程度就越高。经验数据表

明当 LQ_i 大于 1,该区域的旅游业集聚程度高于上一级别区域的平均水平。LQ_i 等于 1,表明该区域的旅游业集聚程度相当于上一级别区域的平均水平。LQ_i 小于 1,表示该区域的旅游业集聚程度不高,没有形成集聚。

2. 研究范围确定

在旅游集群内部,以旅游者需求为拉动力而形成的价值链条中,典型的价值活动包括旅行签证与接待计划、旅游交通、酒店住宿、餐饮娱乐、旅游购物直到旅游活动和核心吸引物的全方位体验。其中,景区景点是旅游体验的核心部分,是旅行得以成行的最根本原因;旅行社企业运用协同能力,在集群内部发挥着网络节点的功能;酒店住宿业的一系列经营指标反映了旅游者活动类型属于过夜游还是过境游,其差别极大地影响着旅游集群对区域的乘数效应贡献大小;入境旅游人次与收入是传统的旅游目的地观测指标。因此,研究选取沈阳市的旅游景区景点、旅行社企业、旅游酒店企业、城市入境旅游人次和收入作为区位熵分析的对象进行观测。

3. 指标选取

旅游区位熵指数经常反映的经济含义包括以下几方面:旅游资源的空间集聚程度,代表性的观测指标包括景区景点的区位熵;旅游产业投入要素的空间集聚程度,代表性的观测指标包括旅行社企业区位熵、旅游酒店企业区位熵、餐饮企业区位熵等;旅游产业效应的空间集聚程度,代表性的观测指标包括入境旅游人次区位熵、入境旅游收入区位熵等。本部分内容主要选取以下旅游区位熵指标研究沈阳市旅游产业的集聚程度(见表 3-2):

表 3-2 旅游区位熵指标选取

	区位熵经济含义	观测指标	研究价值
1	资源的空间集聚程度	①景区景点	旅游集聚的资源基础
2	产业投入要素的空间集聚程度	②旅行社企业 ③旅游酒店企业	旅游集聚的产业投入
3	产业效应的空间集聚程度	④入境旅游人数与收入	旅游聚集的效果

4. 资料来源

为保证区位熵算法资料来源的一致性,按照 2000 年、2005 年和 2010 年三个时间断面,选取了《中国旅游统计年鉴》中公布的,沈阳市的旅游景区景点、旅行社企业、旅游酒店企业数据,以确保资料来源的权威性。同时,以辽宁省旅游信息中心披露的沈阳市三个时间断面的入境旅游人次和收入为参考。

(三)沈阳市旅游产业集聚分析

1. 沈阳市旅游景区景点区位熵

沈阳市旅游景点从 2000 年的 26 个上升到 2010 年的 95 个,绝对数量翻了近两番。

但是，从景区景点区位熵来看，每隔5年都有跨越式发展，集聚程度不断提高。以全省旅游景区景点的分布为参照，沈阳市的景区景点集聚现象远远高于平均水平，且集聚程度在不断增强。旅游景区景点是沈阳市发展旅游产业集群所依托的核心产业要素，其集聚程度构成沈阳市旅游产业发展的坚实基础（见表3-3）。

表3-3 沈阳市旅游景区景点区位熵

年份	2000		2005		2010	
地区	辽宁	沈阳	辽宁	沈阳	辽宁	沈阳
景区景点个数（个）	152	26	264	53	346	95
旅游企业数量（家）	872	124	1752	319	2059	373
所占比例（%）	17.43	12.26	15.07	16.61	16.80	25.47
区位熵	0.703574974		1.102593331		1.515636	

2. 沈阳市旅行社企业区位熵

从数据上来看，沈阳市的旅行社数量近十年来绝对增幅很大。全省旅行社企业的增加也同样迅猛。这类企业投资小，同时高度依赖现代通信技术手段，因此空间集聚程度相对较弱。区位熵显示同全省旅行社企业分布相比，沈阳市旅行社企业集聚程度不高。尽管沈阳市旅行社企业区位熵指数不低，但尚未表现为明显的集聚，因此专业化程度还有很大的发展空间（见表3-4）。

表3-4 沈阳市旅行社企业区位熵

年份	2000		2005		2010	
地区	辽宁	沈阳	辽宁	沈阳	辽宁	沈阳
旅行社数量（家）	504	98	1003	154	1170	169
地区	辽宁	沈阳	辽宁	沈阳	辽宁	沈阳
旅游企业数量（家）	872	212	1752	319	2059	373
所占比例（%）	57.80	46.23	57.25	48.28	56.82	45.31
区位熵	0.799790356		0.835249042		0.783906	

3. 沈阳市旅游酒店企业区位熵

辽宁省旅游酒店企业最初的集聚就出现在沈阳市这样的区域中心城市。旅游酒店企业区位熵反映出，沈阳市一直是全省旅游酒店分布最为集中的城市。同时，其区位熵指数的递减，也说明全省其他城市与地区的旅游酒店企业在不断增加。尽管如此，沈阳市旅游酒店企业10年间三个断面上的区位熵始终保持在1以上，空间集聚程度始终高于全省的平均水平，专业化集聚程度仍然很高（见表3-5）。

第三章 城市旅游的经济影响

表 3-5 沈阳市旅游酒店企业区位熵

年份	2000		2005		2010	
地区	辽宁	沈阳	辽宁	沈阳	辽宁	沈阳
星级饭店数（家）	216	88	485	112	543	109
旅游企业数量（家）	872	212	1752	319	2059	373
所占比例（%）	24.77	41.51	27.68	35.11	26.37	29.22
区位熵	1.675751223		1.417392314		1.179724	

4. 沈阳市入境旅游人次与收入区位熵

区域旅游产业效应最直接的两个指标是入境旅游人次和旅游外汇收入。沈阳市入境旅游人次在辽宁省旅游总人次中所占比例较低，入境旅游人次区位熵指数不高，说明沈阳市的"旅游口岸"功能尚未得到充分发挥，将沈阳市作为目的地或是中转站的国际旅游者没有形成集聚效应。旅游外汇收入在旅游总收入中所占比例也很低，旅游外汇收入区位熵也小于1（见表3-6）。入境旅游收入暂时还不是沈阳市旅游产业中占绝对优势的收入来源。以上指标说明沈阳市旅游经济效应偏低，与"国际旅游城市"的地位不符。

表 3-6 沈阳市入境旅游人次与收入区位熵

年份	2000		2005		2010	
地区	辽宁	沈阳	辽宁	沈阳	辽宁	沈阳
入境旅游人数（万人次）	61.2222	17.2766	130.1955	32.6513	361.7999	55.0313
旅游总人数（万人次）	4324.2222	2672.2766	9990.1955	3532.6513	28639.3000	5760.3310
入境旅游人数区位熵	0.456642091		0.709214684		0.7562	
旅游外汇收入（万美元）	38265	6.5	73777	9.12	225932.9	38.6
旅游总收入（亿元）	248.57225	80.2	713.6558962	221.36	2751.297	528.3
旅游外汇收入区位熵	0.809984219		0.411749671		0.730204	

（四）结论及启示

区位熵方法在判定旅游产业集聚程度方面应用前景广泛，通过判定旅游产业集聚程度可以进一步识别旅游集群的阶段，为旅游产业集群化发展设计合理的策略提供依据。旅游产业的构成复杂，涉及的企业类型丰富，为区位熵方法的应用提供了充分的条件。本部分内容在三个时间断面上对景区景点、旅行社企业、旅游酒店、旅游入境人次和收入进行了熵分析，研究得出以下结论：

沈阳市旅游产业经过十多年黄金发展期，旅游资源型企业如景区景点，已经形成了空间集聚并且专业化程度较高；旅游接待型企业如旅游酒店，也具备了实力相当的接待能力。从产业效应上看，入境旅游人次和外汇收入偏低。旅行社企业专业化程度不高，尚未获得集聚效应，是主要原因之一。沈阳市旅游产业集群化发展进程中，旅行社企业的创新和面向国际市场的产品设计是未来产业发展的重点。

参考文献

[1] 董红霞．旅行社产业集中度与市场绩效相关性分析．山东农业大学硕士学位论文，2010．

[2] 冯卫红．旅游产业集聚的动因分析．经济问题，2009（7）．

[3] 葛金田，沈鹏飞，陈宁宁．基于区位熵法的济南市物流产业集聚度分析．物流工程与管理，2012（1）．

[4] 黄震方．发达地区旅游城市化现象与旅游资源环境保护问题探析．人文地理，2001（5）．

[5] 罗明义．旅游经济分析——理论、方法、案例．云南大学出版社，2001．

[6] 孙金龙，李亚青，孙厚琴．上海旅游产业集群的判定验证及其集聚度测算研究．旅游论坛，2010（1）．

[7] 王凯，易静．区域旅游产业集聚与绩效的关系研究．地理科学进展，2013（3）．

[8] 乌铁红等．中国入境旅游经济发展水平的空间格局演变及成因．干旱区资源与环境，2009（5）．

[9] 杨国玺．区域旅游产业集聚机制与模式．上海师范大学硕士学位论文，2010．

[10] 张河清，王蕾蕾，田晓辉．区域旅游产业集聚绩效及竞争态势比较研究．经济地理，2012（12）．

[11] 张佑印，顾静，黄河清．中国区域旅游产业结构变化的空间差异分析．经济地理，2012（4）．

[12] 张佑印等．中国典型区入境旅游企业区位熵差异分析．资源科学，2009（3）．

[13] Athena H. N. Mak, Kevin K. F. Wong, Richard C. Y. Chang. Factors Affecting the Service Quality of the Tour Guiding Profession in Macau. International Journal of Tourism Research, 2010 (12).

[14] Brian King, Larry Dwyer, Bruce Prideaux. An Evaluation of Unethical Business Practices in Australia's China Inbound Tourism Market. International Journal of Tourism Research, 2006 (8).

[15] Byron Keating. Managing Ethics in the Tourism Supply Chain: The Case of Chinese Travel to Australia. International Journal of Tourism Research, 2009 (11).

[16] Christine Lim, Grace W. Pan. Inbound Tourism Developments and Patterns in China. Mathematics and Computers in Simulation, 2005 (68).

[17] Chen Liping. The Current Situation and Trend of China's Independent Travel, http://www.china.com.cn/chinese/zhuanti/234944.htm.

[18] Miao Xueling. A Study on the Kickback of China s Tourism. Tourism Tribune, 2001 (2).

[19] Rawding C. Tourism in Amsterdam: Marketing and Realty. Geography, 2000, 85 (2).

[20] Wang Ning. Interactive Authenticity in Tourism——A Case Study on Hospitality Tourism, Journal of Guangxi University for Nationalities, 2007 (6).

[21] Zhang Wen, China's Domestic Tourism: Impetus, Development and Trends. Tourism Management, 1997 (18).

第四章 城市旅游的社会文化影响

导言：旅游社会文化影响、社会变迁与文化遗产

（一）城市旅游社会文化影响的界定及研究主要内容

近些年来，越来越多的学术研究及社会工作者认识到发展城市旅游不仅会带来经济影响，而且会带来看不见的、更为无形的社会文化影响。经济影响可以用收入与就业效应等指标加以衡量，社会文化影响无论是针对旅游者还是针对目的地社区居民，只有在开发城市旅游遭遇到地方居民反对的时候才被加以关注。为避免城市旅游在社会文化上的负面影响，减少城市地区旅游者与当地人之间的冲突，一个重要的任务是搞清楚城市旅游带来的社会文化影响的类型。无视城市旅游的社会文化影响，放任主客冲突下去，旅游者在城市的旅行经历将蒙上不受欢迎、充满冲突的阴影，最终将破坏城市作为旅游目的地的形象并损害竞争优势。当地居民的态度是旅游社会文化影响中最为重要的关键性观测因素。旅游社会文化影响的识别、测量与分析经常围绕居民对旅游者的态度展开，居民的态度影响着旅游规划、旅游管理的决策以及旅游开发是否能获得广泛支持。居民的态度关系到目的地吸引力的大小。居民负面的感知能够解释为什么一个目的地缺少吸引力和竞争力。旅游的社会文化影响从哪些方面识别呢？

城市旅游的社会文化影响是指旅游者以及旅行现象对城市居民的价值观念、个人行为、家庭关系、共有的生活方式、安全水平、道德表现、创造激情、传统仪式和社会组织方式引起的改变。根据这个表述，城市旅游的社会文化影响包括三个方面的内容：第一，城市目的地的旅游者，他们对旅游服务的需求，旅游者的态度，旅游者的期望，尤其是旅游者对旅游活动模式的期望。第二，当地居民，尤其是他们对服务企业的态度与作用，他们对旅游者带来影响的关心程度，他们对传统生活方式因旅游而改变的关心程度。第三，旅游者与当地居民的关系，双方交互影响的模式类型，影响对彼此造成的后果。

最著名的关于旅游社会文化影响的研究是史密斯在1989年出版的《东道主与游客：旅游人类学》。书中最为有趣也是最具启发的研究结论是根据旅游者是否适应当地人的规范而对旅游者进行的分类。语言、文化、教育的差异影响着旅游者与当地居民之间的相互作用与整合程度，在当地居民与旅游者之间形成的障碍，对不同类型的旅游者有不

同的影响结果（见表 4-1）。此后，大量的旅游社会文化影响研究都不同角度地在探索旅游者与当地居民之间表现出的差异化的关系上，来划分旅游者的类型。旅游社会文化影响的特征表现为移过性、时空局限性、空间隔绝性、自发性、不平衡性。

表 4-1 主客关系视角下的旅游者类型

类型	特征	主客关系
探险者	非常有限	全面接受当地规范
精英旅游者	很少见	全面适应当地规范
个性化旅游者	不常见但是有	很好地适应当地规范
不寻常的旅游者	偶尔	有些适应当地规范
初期的大众旅游者	稳定有规律的旅游流	寻找自己的规范
大众旅游者	持续的旅游流	期待自己的规范被了解
包价团队旅游者	大量到来	需要在当地使用自己的规范

（二）城市旅游与城市社会文化的变迁

城市旅游社会文化的变迁，是旅游城市社会文化领域的均衡、和谐、一致、共识、秩序与稳定，在受到旅游现象的影响之后呈现出来的分层、矛盾、冲突、对抗与变化。社会学认为，一致与冲突是社会存在的基本动力；稳定与变迁是社会存在的两种基本形态。理想的旅游城市应该呈现怎样的社会文化形态，未来的旅游城市会是什么样，应该什么样？

旅游者的异常行为、信息交换、社会结构改变，是三个连续性的阶段。旅游带来的社会文化影响在微观上是角色与角色之间的互动，与角色扮演者的"紧张"有关。由于人们无法达到角色期待的要求，或者角色本身模糊不清，或者一个人同时扮演两个互相冲突的角色。这些紧张可能导致异常行为，遭受现有社会规范的控制与约束，约束的结果会导致信息交换。信息交换影响着角色扮演与角色规范，最后导致文化价值取向的改变。文化价值取向的冲突是引起社会结构改变的原因。

最常用的研究城市旅游社会文化影响的方法是用开放和封闭的问卷针对居民对旅游的感受和态度进行的社会调查。Dexey 在 1975 年提出了一个旅游目的地居民对旅游的态度演变的模型。模型反映了旅游者与居民之间的关系伴随着旅游发展的阶段演进而发生转变（见表 4-2）。

表 4-2 目的地居民态度演进模型

欣快	旅游者受到欢迎，没有接待计划
冷漠	旅游者司空见惯，接触变得正式
烦恼	达到饱和状态，居民怀有疑虑，规划朝着增加接待容量而不是控制旅游流量方向努力
对抗	公开表露愤怒情绪，规划开始谋求可持续，但营销有增无减，目的在于消除当地不好的名声

引起居民对抗的社会现象包括以下几个方面：生活节奏加快；一些人改变生活节奏而另一些人感到不适应；当地居民感兴趣的设施少了而旅游者可能感兴趣的设施多了；城市中心地区的人、车在高峰期出现了拥堵等。"边界旅游中的跨界组织间合作行为研究"部分选择两镇三村交界地区联合开发一个共同的旅游目的地的案例，研究边界地区旅游开发的困难、主客关系冲突以及组织合作关系的过程与动力机制。"东北亚边境旅游联合开发研究"部分聚焦于国与国之间的边境旅游开发，回答了如何解决基础设施、融资渠道、协调机制、开发模式和地缘政治问题，促进旅游目的地社会和谐与区域稳定。

（三）城市旅游发展中的社会文化遗产问题

从世界范围看，文化保护与传承的最高等级便是世界文化遗产了。为了保护世界遗产，联合国教科文组织于 1972 年通过了《保护世界文化和自然遗产公约》（以下简称《公约》）。1976 年，世界遗产委员会成立，并建立了《世界遗产名录》（以下简称《名录》）。中国于 1985 年加入《公约》，1999 年成为世界遗产委员会成员。截至 2013 年，中国已有 45 处世界遗产，其中世界文化与自然双重遗产 4 处，世界自然遗产 10 处，世界文化遗产 28 处，世界文化景观遗产 3 处。这些纳入《名录》的世界遗产多数分布在城市，除了严格地按照遗产保护的规定进行保护之外，都成为当地的旅游热点，吸引着来自世界各地的旅游者。

什么样的历史遗存才可以成为世界文化遗产，是否"申遗"成功就意味着价值得到体现？目前经过世界遗产委员会评审，纳入《名录》的世界遗产有接近一半分布在欧洲。中国的世界遗产中超过 80% 分布在中国的中东部地区，而西部则寥寥无几。世界遗产全球分布欧洲居多，说明最初的世界遗产评审标准采用了大量欧洲评审专家的理解，参评的对象也主要集中在欧洲。世界遗产在中国的分布反映的是另外一个事实，主流视线还是倾向于关注东部地区以及包括中部地区的城市，而忽视了西部地区。

英国的铁桥峡谷于 1986 年收录为世界文化遗产。从技术上看它桥长 30 米，不足为奇。但是从文化上看，它是世界上第一座铁桥，是 18 世纪英国工业革命的象征，对于世界科技和建筑领域的发展具有很大的影响。作为对比，红旗渠是 20 世纪 60 年代初河南林县人在极其艰难的条件下，从太行山腰修建的引漳入林工程。如把这些土石垒筑成高 2 米、宽 3 米的墙，可纵贯中国南北，可以把广州与哈尔滨连接起来。在峰峦叠嶂的太行山上，当时的人们用一锤一钎苦干十年才建成了长达 1500 公里的引水灌溉工程。但是，目前红旗渠还不是世界遗产，仅属于"国家级重点文物保护单位"。

世界遗产的全球分布和中国分布的情况以及铁桥峡谷与红旗渠的对比至少说明了，是否通过形式上的评审成为世界遗产从而纳入《名录》不能成为判断历史遗存价值的唯一标准。《名录》不能代表文化遗产的价值，没进入《名录》的不一定就没有价值。价值确定的标准不是技术问题而是文化问题。"'一宫三陵'申遗：机遇、挑战及政策建议"部分分析了申遗成功对城市旅游的影响，并从发展城市旅游角度探讨如何保护与利用好世界遗产的现实问题。"辽宁省工业遗产旅游的开发模式"部分则站在工业城市转型与发展的高度，关注怎样识别工业遗产资源，如何实现保护、转化工业遗产，发展遗产旅游。

一、边界旅游中的跨界组织间合作行为研究[①]

从管理的角度看，旅游目的地是最为困难的管理对象之一。对于处于边界地区的目的地来说，对其施加影响，促进其实现可持续发展的困难就更为突出。目的地管理问题往往同各利益相关组织之间的依赖与协作有关。在文献回顾的基础上，本部分内容提出了一个跨界组织之间建立合作关系的OSL模型，用以描述跨界旅游目的地建立组织间合作关系的过程与动力机制，并选择一个处于两镇三村交界地区的旅游目的地作为案例，对模型进行了经验性验证。该模型提出的"一个导向，两类循环和三个阶段"，对边界地区的旅游目的地实现跨界合作有借鉴意义。

（一）研究背景

八旗人家旅游区是辽宁省东部山区的一个温冷旅游区，目前急需从发展旅游的角度对各类要素实行整合，实现跨越边界的合作。根据行政区域划分，八旗人家旅游区是一个典型的交界地区旅游目的地。它的西部属于红透山镇的六家子村，东部隶属于南口前镇的两个村，即东北部的吕家堡村和东南部的王家堡村。由于有两个镇三个村，也相应地出现了多个目的地管理主体、三个游览中心、两个主入口。旅游促销、旅游资源保护、旅游开发的投入也都是在各村分别进行。近年来在两镇三村的交界地区发现的天然金山石佛，使该地区旅游流量增加，引起各方在旅游开发、利益分配、环境保护等方面的分歧，迫切需要各村通过跨界合作来解决。

边界地区对旅游的特殊影响是明显的。目前的研究大多数关注国家层面的边界旅游问题，相对而言，对地方层次上由行政区划不同而引发的边界旅游问题研究不足（王凯，2007）。本部分内容拟在村镇层面上讨论边界地区旅游目的地实现合作的理论模型与现实途径。

（二）文献回顾

1. 边界旅游合作问题的本质

现有研究习惯上把边界问题置于地理学宏观的视野之下，跨界合作被理解为关键要素跨越空间的流动与利用（Brent、Stephen，2006）。借鉴产业组织理论，可以将边界合作行为由抽象的空间合作转化为具体的组织间合作，进而从组织间行为（Inter - organizational Behavior）的角度来研究跨界旅游合作问题。Jessop（2002）曾把边界旅游合作分为两类，即地方政府之间的横向组织关系合作和旅游产业链条上的纵向组织关系合

[①] 郭舒，丁培毅，曹宁. 边界旅游中的跨界组织间合作行为研究. 旅游学刊, 2008 (7).

作。Tomasz和Tomasz（2007）将边界地区的旅游目的地三类基本组织，即地方政府的行政组织、作为商业组织的旅游企业、作为社区利益代表的当地村民组织，分别称之为政府组织、营利组织和非营利组织。边界旅游合作的本质说到底是这些组织之间的跨界合作。

2. 边界各方谋求合作的原因

边界两侧的各类组织谋求加入合作网络或建设一种全新的合作关系，一般包括内部原因和外部原因。外部原因表现为区域压力，包括边界争端的性质与程度、提高社会福利的压力、区域竞争的紧迫性等。就跨界争端而言，村镇层次的边界冲突比照国家层次的，对旅游发展的影响要少得多，但是仍然是危险的。Timothy（2001）研究发现，边界冲突与争端即使是在村镇一级，也会对旅游产业的持续发展产生巨大的破坏作用。当目的地处于不同的行政区划的交界地带时，加强合作被认为是实现共同发展的基本手段（Butler，1991；WTO，1993、2004）。在市场争夺的压力之下，协作管理的需要往往更强烈而且被认为是谋求竞争优势的有效手段（Ksenija，2006；Eeva‐kaisa，2007）。内部原因则表现为组织使命。Oliver（1990）认为，组织之间谋求合作的原因包括以下几个方面：一是交换，组织为了通过交换获取资源；二是效率，组织为了寻求服务成本降低；三是稳定性，组织为了降低不确定性和风险；四是必要性，组织受到外部政令强制或接受上游组织的委托授权；五是合法性，组织为了展示对公认合作规则的认可。

3. 边界旅游合作的阶段与过程

Toplak（1999）把边界旅游目的地合作静态地划分为六个阶段（见表4-3）。Timothy（2001）根据旅游与空间的交互作用将边界旅游发展的三个阶段概括为由"彼此对抗"发展到"边界双方各自开发旅游目的地"，再到"双方拥有同一个旅游目的地"。

表4-3 边界旅游目的地合作关系的演进阶段

阶段	合作程度	主要内容
无相互作用阶段	边界双方的居民彼此之间相知甚少，边界代表了安全、空间的归属，旅游活动在各自的系统内部运行	—
信息交流阶段	边界双方较好地了解了对方的政治、文化、社会和经济的特点以及各自对旅游的开发与管理途径	生态环境与空间利用的联合规划
协商阶段	边界双方开始对对方的旅游规划活动感兴趣，并试图施加影响	交通设施与通信设施联合开发
协作阶段	边界双方认识到发展边界旅游最有效的办法是联合解决共同关心的问题，最好是能够建立稳定的跨界合作关系	旅游餐饮、饭店等旅游接待设施开发
协调阶段	边界双方在相互理解和肯定双方共同点基础上，达成有关具体旅游发展行动的正式安排和协议	旅游吸引物的联合开发和保护
一体化阶段	边界双方在全球化背景下，实现包括旅游在内的区域全面整合	旅游教育和培训的联合规划

（三）跨界组织间合作关系的形成机理：一个解释性模型

选择"组织间行为"的角度研究边界旅游合作虽然使问题具体化，并不意味着问题本身得到了简化。首先，由于边界两端很难同时找到能够全权代表各自利益的谈判者，因此，试图参与跨界合作的组织在数量上不是两个，而是多个，并且组织的规模、地位与作用差异很大。其次，参与合作的组织的性质可能不对等。商业性组织跨界合作的对象可能是非商业性的；政府组织在边界另一端的潜在合作者可能是非政府性质的。再次，某些情况下，边界对面的合作对象是不能彼此选择的。如对旅游吸引物负有保护与管理职责的组织就具有不可替代性。最后，边界地区的合作关系可能没有一个清晰的管理结构或组织框架。新组织的加入或者原有参与者的退出，可能都在暗示，边界旅游合作可能更适合作为一个动态的过程而不是结果加以认识。本部分内容着重挖掘跨界组织间合作的动态过程，同时结合 Toplak（1999）对边界旅游合作阶段的静态划分，提出 OSL 模型（见图 4-1），可能部分地有助于上述难题的解决。

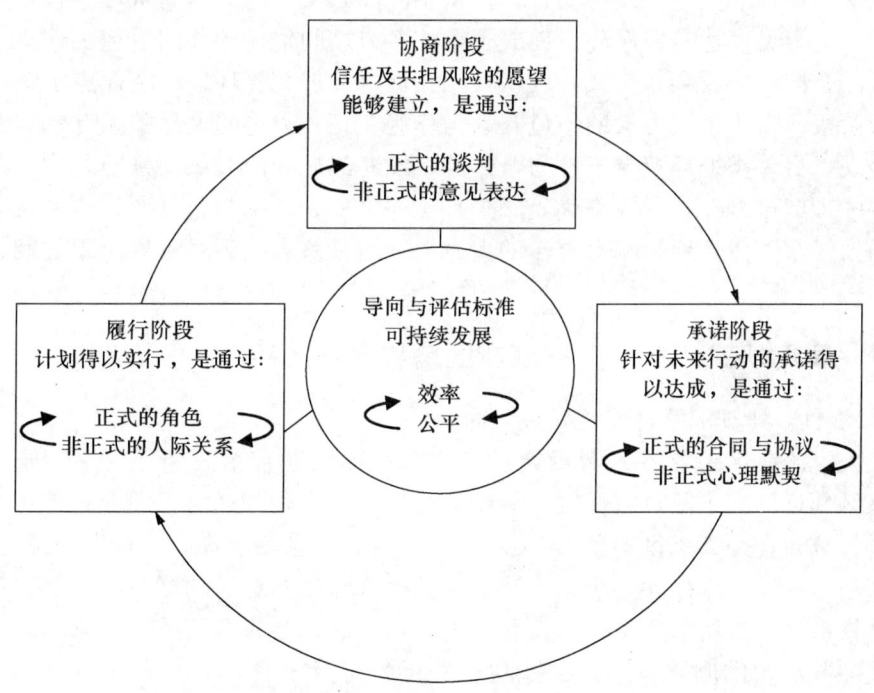

图 4-1　跨界组织合作的 OSL 模型

OSL 模型将跨界旅游合作关系的形成机理描述为一个导向（Orientation）、三个阶段（Stages）和两类循环（Loops）。一个导向（O），即跨界组织共同认可把边界目的地可持续旅游发展作为建立合作关系的导向。边界旅游目的地合作是为了促进该地区旅游产业的持续发展，这一总体目标可以作为组织间进行跨界合作的终极导向。尽管参与合作的各个组织自身的目标各异,例如,较低层次的目标可能仅仅是为了化解冲突,高层次的目标可能包括应对竞争、规避风险、共享资源等。但是,毕竟旅游可持续发展是所有参与者共同期待的目标。在实践中,各类组织对旅游的可持续发展这一导向的理解可能存在差异(如是效率优先还是公平优先),但是都不会动摇把可持续发展作为边界旅游目的地的战略目标来看待。

三个阶段(S),描述跨界组织间的合作过程,即协商阶段、承诺阶段、履行阶段。在协商阶段,各组织通过协商、讨价还价等行为建立彼此之间的信任以及共担风险的愿望,为跨界组织之间建立合作关系打下基础。在承诺阶段,各方通过签署法律意义上的文件或是达成心理默契的方式,做出对未来一致性行动的承诺。在履行阶段,各主体将承诺付诸实施。更为重要的是,履行的阶段不会是终点站,而是新一轮协商的开始。

两类循环(L),揭示了组织间合作关系形成与升级的动力机制,即合作阶段的演进动力以及合作的战略方向调整均来自不同力量的较量和交替循环。一类循环存在于协商、承诺、履行三个过程的内部,是正式力量和非正式力量之间的循环。这两类力量是通过彼此交替循环的作用方式推动合作关系不断深入发展的。协商阶段,大量正式的谈判和非正式的意见表达交替循环,促成了合作各方之间信任和共同愿望的建立;承诺阶段,正式的合同、协议和非正式心理默契相互促进并彼此循环,不断促进承诺水平的提升;履行阶段,作为正式力量的角色互动与作为非正式力量的人际关系互动,共同使承诺得以实现。另一类循环存在于参与合作的组织对战略导向的价值判断之中。对旅游可持续发展的理解可能存在着效率优先和公平优先之争,效率与公平作为两种代表不同价值取向的力量,阶段性地影响着合作的大方向,也最终影响到对跨界组织之间合作效果的判断。

(四) 案例研究:八旗人家旅游区跨界合作的实践

1. 合作的动机与跨界合作的战略导向

八旗人家旅游区跨界各方希望通过合作解决的问题包括三类:第一,联合对抗竞争。与该区邻近的三个热点旅游区,赫图阿拉城、清永陵和红河谷漂流,作为强有力的竞争对手,分布在距离该区不足50千米的范围内,严重威胁着这个新生旅游区的起飞。该区内部三个村子中的任何一个都无法单独抗衡来自这些对手的竞争。第二,解决分配矛盾。开发次序、旅游形象定位、产业内分工等问题都与旅游利益分配紧密联系,是三方共同关注并争议的问题。第三,抑制自发行为与潜在冲突。2002年以来,该地区先后进行了三次旅游规划①,大量乐观信息的传播导致了两类后果。一类是许多农民自发地组织起来修建家庭旅馆和农家乐餐饮设施,甚至一些有实力的投资商开始自行修建停车场、拜佛台等设施和景点。另一类行为表现为逆旅游倾向。旅游规划所描绘的前景越是乐观,边界地区的部分居民对旅游可能带来的生活方式的改变也越是心存疑虑,可能

---

① 尽管历次旅游规划结果在边界争端的干扰下备受争议,但历次规划都暗示了该地区潜在的旅游吸引力很强。

引发当地对于资源利用倾向的争夺。所有这些行为从战略角度看是非可持续的，会导致无序竞争和重复建设，并孕育着新的边界利益之争。显然，对八旗人家旅游区来说，跨界合作的战略导向必须是问题指向的。它最终通过一个有利于旅游产业持续发展的战略得到了表达。该战略是在各方参与下制定的，它在效率与公平之间达成了妥协，并尽可能涵盖了上述问题的解决办法。

2. 合作的过程与合作升级

本案例中参与合作的组织很多，村委会之间的合作具有典型性，表4-4反映了三个村委会实现合作以及合作升级的过程。围绕边界旅游的发展，三个村委会先后进行了三轮合作，合作内容主要集中在旅游基础设施、功能分区、分区后的形象、服务体系、旅游产品、联合营销与支撑系统等方面。该合作较好地验证了边界旅游的演进路径是从协商、承诺、履行，到再协商的一个连续的过程。

表4-4 六家子村、吕家堡村、王家堡村的跨界旅游合作

协商	六家子村承诺	履行	协商	合作的过程与合作升级吕家堡村承诺	履行	协商	王家堡村承诺	履行
第一轮合作								
旅游资源的联合利用	尽快完成本村的资源调查与评价		功能分区：要求成为核心景区	允许来自两个方向的旅游者自由进入石佛景区		功能分区：要求成为主入口	动员农户开发住宿接待设施	成立了负责旅游合作的负责小组
旅游基础设施联合开发	围绕旅游区外部公路和内部主干道问题达成一致	参加交通布局规划研讨会，联合向上级申请修路投资	旅游基础设施联合开发	围绕旅游区外部公路和内部主干道问题达成一致	参加交通布局规划研讨会，联合向上级申请修路投资	旅游基础设施联合开发	围绕旅游区外部公路和内部主干道问题达成一致	参加交通布局规划研讨会，联合向上级申请修路投资
第二轮合作								
分区形象：意向为满族风情游	调整本区形象为：生态休闲游	本村第七组和第八组之间干道沿途的农业耕地开始做景观多样化的改造	分区形象：宗教旅游	承诺招商引资50万元用于修缮天然石佛	"拜佛台"观景点破土动工	分区形象：意向为满族风情游	围绕分区形象开发住宿设施	选择了16户农户开发满族风情农家乐

续表

协商	六家子村承诺	履行	协商	合作的过程与合作升级吕家堡村承诺	履行	协商	王家堡村承诺	履行
服务体系：成为西部的旅游接待中心	拟于本村第八组所在地建停车场			同意在邻村的服务中心开设佛事用品及旅游纪念品商店	服务体系：成为东部的旅游接待中心		建设"八旗大众接待中心"	
			旅游产品：希望"八旗"旅游产品在本村开发	放弃了"八旗"系列产品		旅游产品：希望"八旗"旅游产品在本村开发		
第三轮合作								
			营销：希望"石佛"作为主要的促销口号			营销：希望"八旗"作为主要的促销口号		
支持系统：希望制定保护农民经营、就业的措施	坚持可持续旅游发展的导向		围绕"三金"即土地流转金、农宅出租的租金、入股经营的股金，提出建议			支持系统：希望明确组织机构与人员配置	发起并组织会议，提出6个职能部门和22人编制的目的地统一管理委员会建议框架	

3. 跨界合作中的非正式力量

修路问题作为八旗人家旅游区的一个典型事件，有助于理解非正式力量对组织间建立合作关系的影响。目前连接红透山镇和南口前镇的仍然是崎岖山路，越是接近边界，路况越差，担心车子损坏，出租车司机根据惯例拒绝运送旅游者到这里来。为改变这种局面，把两镇交界地区变成一个真正完整的旅游目的地，必须修一条24公里长的公路打通边界。边界各方认识到只有通过两镇三村的合作努力而不是单打独斗地向上级政府申请投资才可能成功。既然是联合申请投资修路，那么公路从哪里穿过、公路怎么配合景观路与商业布局等问题，自然地将各方纳入到OSL模型所示的合作框架中。跨界各类组织，包括三个村委会、旅游景点的投资商、利益相关的村民都按照自己的方式，如串亲戚，进行着意见的表达和口头上的承诺。承诺的履行也更多是在私人关系作用下进行的，如临街的一家农户就是在其做镇干部的亲戚的劝说下才事实上停止了私家小餐馆的修建，为公路修建做出了合作姿态。相反，关于修路一事的正式会议谈判、正式的书面承诺非常少，跨界各类组织特别是利益相关的村民对正式的谈判、合同与协议也不以为然。在组织合作的履行阶段，即使各村的利益相关者事实上履行了有助于合作的承诺，但这往往不是因为他们意识到了自己在合作框架内应该扮演的正式角色，而更多是因为组织之间私人关系的互动产生了正面影响。该事件证实了模型中正式力量与非正式力量彼此较量的假设。

（五）结论与讨论

边界旅游目的地合作，本质上是各类组织之间的合作。本部分内容通过八旗人家旅游区的发展实践检验了跨界组织间建立合作关系的过程和动力。该案例对OSL模型的诠释非常具有典型性。OSL模型的应用价值在于，参与边界合作的组织可以根据该模型判断目前合作所处的阶段和面临的动力问题。模型对合作导向的阐述强调了可持续旅游发展战略的重要意义，偏离了这个导向而空谈效率与公平，对于参与合作各方来讲都是毫无意义的。

有待进一步研究完善的地方包括以下内容：作为促进合作滚动向前发展的内部动力，正式力量与非正式力量，随着边界类型的变化，如国境、省界或者县级边界，哪类力量会成为主导呢？如果必要的外部制度安排可以促进跨界合作，这种安排应该针对哪一类力量施加影响才更有效呢？另外，在案例研究中，在新一轮协商阶段到来时，原有的一些参与者的讨价还价能力发生了变化。但本部分内容没有深入研究这种变化对合作带来的影响和基于OSL模型的规律性启示。

二、东北亚边境旅游联合开发研究[①]

通过研究图们江地区边境旅游合作进程探索东北亚国际合作的机制与路径，研究发现，东北亚边境旅游合作的动力是各国期待边境地区形成新的经济增长极；边境旅游联合开发的障碍涉及基础设施、融资渠道、协调机制、开发模式、地缘政治五个方面；有效的跨国机构设立与合作机制安排是促进未来边境合作的关键。

---

① 郭舒，曹宁，陈艳. 东北亚边境旅游联合开发研究. 亚洲问题研究论丛，2009（1）.

（一）研究背景

东北亚正逐步成为全球第三大经济力量，该地区 GDP 占世界经济总量的1/5，对全球经济的影响举足轻重。但东北亚地区内部经济合作却欠发达，一直被称为"地区合作的空白地带"。迄今为止，东北亚的区域经济一体化进程主要是由市场力量推动的，中、日、韩三国之间还没有形成经济合作的制度性安排。为什么东北亚没有形成像欧盟、北美那样高度开放、合作紧密的经济圈引起广泛研究兴趣。本部分内容选择图们江地区边境旅游合作开发作为案例，检视边境旅游的国际合作进程，从中或可寻找到东北亚区域合作的动力、障碍与理想路径。

图们江是一条流经多国的通海河流，它北临俄罗斯远东地区，南接朝鲜半岛，东面与日本隔海相望，西部腹地延伸至中国东北工业区内，又是蒙古最近的出海口，图们江"三角洲"包括中国延边州的珲春市、俄罗斯的哈桑镇和朝鲜的先锋郡三个行政区，是东北亚中国、朝鲜、俄罗斯、蒙古、韩古、日本六国的地理中心。图们江边境旅游区域是由朝鲜、中国和俄罗斯各国的一部分所形成的一个国际性的旅游区。

根据联合国文件，图们江边境旅游开发被纳入到一个由多国参与的宏伟的长期开发规划之中（UNDP，1993）。联合国开发计划署采取了很多措施鼓励边境旅游的合作，然而受到地理、政治、经济等多方面因素的影响，图们江边境旅游的联合开发还是存在一定的障碍，怎样突破这些障碍实现边境联合开发，是东北亚边境各国共同关心的课题。

（二）文献回顾：边境旅游合作开发的本质、原因与阶段

现有研究习惯上把边境问题置于地理学宏观的视野之下，跨境联合开发被理解为关键要素跨越地理空间的流动与利用（Brent，2006）。借鉴产业组织理论，可以将边境联合开发行为由抽象的空间合作转化为具体的组织间合作，进而从组织间行为（Inter - organizational Behavior）的角度来理解跨境旅游联合开发问题。从组织间行为来看，边境旅游联合开发大致包括两种类型（Jessop，2002），即地方政府之间的横向组织关系合作和旅游产业链条上的纵向组织关系合作。Tomasz（2007）将参与边境地区的旅游目的地联合开发的组织分成三类，即地方政府的行政组织、作为商业组织的旅游企业、作为社区利益代表的当地村民组织，分别称之为政府组织、营利组织和非营利组织。郭舒（2008）主张将边境旅游联合开发的本质视为各类组织之间跨越边境而进行的区域旅游发展与管理合作。

边境两侧的各类组织谋求加入联合开发网络或建设一种全新的联合开发关系，一般包括外部原因和内部原因。外部原因表现为区域压力，包括边境争端的性质与程度、提高社会福利的压力、区域竞争的紧迫性等。Timothy（2001）研究发现，边境冲突与争端会对旅游产业的持续发展产生巨大的破坏作用。因此，加强合作被认为是实现边境地区共同发展的基本手段（Butle，1991；WTO，1993、2004）。边境旅游合作的动力有外在的也有内在的。外在原因主要是应对市场竞争的压力。跨境的协作管理被认为是谋求

竞争优势的有效手段（Ksenija，2006；Eeva‐kaisa，2007）。内在原因主要是边境各国需要找到一条稳定的、高效率的，通过跨境合作来实现的社会经济发展道路（Oliver，1990）。

　　Toplak（1999）把边界旅游目的地合作静态地划分为无相互作用、信息交流、协商、协作、协调、一体化六个阶段。Timothy（2001）根据旅游与空间的交互作用将边界旅游发展的三个阶段概括为由"彼此对抗"发展到"边界双方各自开发旅游目的地"，到最后"双方拥有同一个旅游目的地"。郭舒等（2008）将边境旅游合作关系的形成描述为一个由边界各方的众多组织参与的，包括了协商阶段、承诺阶段、履行阶段三个基本阶段的动态过程。

（三）图们江边境旅游联合开发的动力

　　全球化趋势对区域经济发展的不平衡不断进行着修正。地理上彼此接壤或接近的国家更容易意识到这种区域经济发展的不平衡性。构筑一个各方都可以参与并获益的经济项目区，如边境旅游区，促成边境地区新的经济增长极的出现是边境合作的重要动力。Friedmann（1974）等在新古典主义经济模型的基础上，引进了空间维度提出的"增长极"理论，为后起地域的早期开发提供了简明易行的依据。图们江边境旅游开发的跨国合作，就是边界各国谋求经济"增长极"的产物。图们江沿岸接壤的三个国家——中国、朝鲜和俄罗斯，非沿岸国家如蒙古、韩国、日本，都在积极加入这个增长型三角区的旅游开发。

　　1. 韩国试图通过图们江区域规划推进包括朝鲜在内的经济共同体形成

　　自 1997 年韩国爆发金融危机后，韩国建立地区性经济共同体的愿望日趋强烈，并把构筑东北亚经济共同体及进一步推动边境旅游联合开发作为 21 世纪经济发展战略的重心。韩国在促进南北经济合作和建立南北经济共同体进程中，打算和中国开展多领域合作，主要包括东北亚交通运输网络建设和边境地区旅游业的合作。在交通领域，以中国东北三省为中心建立交流基地，通过与朝鲜交流基地的连接，对朝鲜经济的发展及半岛经济共同体的建立将产生积极作用。从珲春经罗津、先锋港把货物运到日本潟港，比经大连到新潟的运输缩短 1/10 的陆路距离、1/2 的海上距离；从日本装船的货物经罗津、先锋发往欧洲，比经大西洋路线缩短 1/2 的运输距离和 1/3 的时间。在旅游领域，20 世纪 90 年代初韩中建交后，中韩间旅游人数呈迅速增加趋势。中朝之间从 20 世纪 80 年代末期开始，由辽宁丹东和吉林集安、延边地区的旅游机构与朝鲜的旅游机构合作组织旅游团。今后，中国和朝鲜旅游合作可发展成为中国—朝鲜—韩国的旅游线路，从而进一步扩大三国间的人员交往，促进朝鲜对外开放。

　　2. 朝鲜希望通过边境旅游合作加快经济改革和对外开放步伐

　　20 世纪 90 年代以来，朝鲜不断调整经济政策，概括起来主要有以下几方面：扩大地方经济自主权；调整物价和工资结构，缩小配给制；扩大企业自主权，强化企业管理；扩大同西方国家的贸易；调整农村经济管理体制，实现地方工业和农业的相互促进与发展；发展信息技术产业，提高经济管理的现代化水平；建立开发区和经济特区。目前，朝鲜拥有罗先、开城和金刚山三个开发区和一个新义州特区。中国珲春—朝鲜罗先"路港区一体化"工程已正式启动，完工后将成为吉林省对外出海的主要通道。根据2005年7月吉林省珲春东林经贸有限公司、珲春边境经济合作区保税有限公司与朝鲜罗先市人民委员会经济协作会社签订的"合资公司合同书"，中朝双方在朝鲜罗先市正式登记注册合资公司。朝鲜为此制定了专门贸易投资协定，而吉林省政府也批准了"经朝鲜至中国东南沿海港口的陆海联运规定"。这为图们江边境旅游联合开发奠定了很好的交通条件。此外，朝鲜茂山铁矿与吉林省通化钢铁公司的合作开采项目也在进行之中，并表现出良好的发展势头。这些都表明，对图们江边境旅游联合开发至关重要的朝鲜的政策环境在近年来有了明显改观。

3. 日本、蒙古希望借助图们江边境旅游合作提升自身地位

日本主要以地方政府为主参与图们江边境旅游规划，主要做法是通过地方直接与国内外开展交流以增大周边地区的经济活力。随着图们江区域经济政治环境的改善和地区合作开发步伐的加快，日本新潟等沿岸府县近年来推进与图们江地区水上航线和空中航线开辟的积极性日益凸显。蒙古是联合国图们江区域规划的参与国家之一，蒙古国制定了以开发东部带动全国的发展战略。2005年蒙古在其东方省已参与图们江区域规划的基础上，进一步将邻近东方省的两个省划入大图们江区域合作开发范围内。为参与该计划，蒙古提出了改善其东部铁路网的措施，目前正积极争取日本等国和国际金融机构的贷款，以解决连接亚欧大陆桥蒙古境内的铁路建设资金。同时，蒙古政府还寻求中国帮助其铺设构想中的"中蒙大通道"。日本和蒙古的加入，为图们江边境旅游联合开发奠定了更坚实的基础。

4. 俄罗斯把参与东北亚区域合作作为实践中俄战略伙伴关系的一部分

图们江区域在东北亚区域中占了举足轻重的作用，因此俄罗斯更加主动地参与到图们江区域规划中。中俄战略伙伴关系的确立、《中俄睦邻友好合作条约》、《关于中俄国界东段的补充协定》和《关于21世纪国际秩序的联合声明》的签署使中俄关系进入了一个新的发展时期。俄罗斯制定的《远东和外贝加尔1996至2005年经济与社会发展联邦专项纲要》很好地改善了远东国际合作环境，这个纲要对打破远东地区与邻国相隔绝的局面和加强同亚太国家的关系具有重要战略意义；俄罗斯政府给予其远东地区各种特权，允许远东将黄金开采量的10%、海关关税的20%和地方税的45%留作贷款抵押金和地方发展基金；在对外贸易方面，俄罗斯政府还给予远东30%战略性物资的自主出口权。俄罗斯与日本、韩国在远东地区均有较大的资源开发项目。远东地区与中国的经济贸易合作也得到进一步加强。

5. 中国珲春特区的设立促进了图们江边境旅游的联合开发

延边州是吉林省参与大图们江区域规划唯一具有人缘、地缘、近海及人文资源优势的开放型经济区域，珲春位于吉林省东南部的图们江下游地区，地处中国、朝鲜、俄罗斯三国交界地带，是联合国开发计划署倡导的图们江地区国际合作开发的核心。经过近20年的开发建设，珲春的口岸、能源、交通、通信等基础设施得到明显改善，极大地提高了对外开放程度。目前，珲春的公路、铁路口岸与俄罗斯口岸相通；圈河、沙坨子

口岸与朝鲜口岸相通，可以同时开展对韩国、日本及其他环太平洋国家和地区的贸易。珲春"三区合一"，经济快速发展，初步实现了"借港出海"。未来一个基础设施比较完备、口岸比较畅通、对外经济贸易活跃、旅游业发展迅速、出口加工业快速起步的新珲春正在崛起。振兴东北老工业基地战略给图们江区域规划注入了新活力，加大了对外开放以及对边境口岸、公路、铁路、桥梁及边境城市基础设施建设资金的投入力度。《西部大开发若干政策措施的实施意见》赋予延边州扩大外商投资领域、拓宽利用外资渠道、放宽利用外资有关条件、进一步放宽企业对外贸易经营权和经济技术合作经营权的优惠。

（四）图们江边境旅游联合开发的障碍

1. 从基础设施来看，交通运输合作严重滞后是旅游合作的重要瓶颈

旅游目的地可进入性高是旅游业发展的保障。中国、俄国、朝鲜图们江区域的交通运输资源没有整合配置好，港口、道路等交通基础设施建设严重滞后，国际合作开发的运输载体构建不够完善，成为图们江区域旅游规划的瓶颈。

旅游可进入性差的深层原因主要是各国政策差异造成的投资环境不乐观。中国、俄罗斯、朝鲜边境地区口岸通关等法律制度不统一、不符合国际惯例，自由度、开放度很小，没有实施自由口岸制度，严重地制约图们江区域运输通道的畅通，极大地影响了贸易、投资、旅游等活动的自由化和便利化。投资软环境不完善，严重制约了交通运输基础设施的建设。中国、俄罗斯市场经济体制都需要进一步完善。朝鲜的经济体制是计划经济为主导，行政机关对企业干预过多，行政审批繁杂，办事效率极低，投资者不堪重负。这些都严重影响了国际资本的进入，进而制约了交通运输基础设施的建设。

2. 从融资渠道来看，开发资金严重匮乏是该区域规划进展缓慢的核心问题

据有关人士估算，整个图们江地区规划发展需要大量资金，初步估算30多年大约需要投资1716亿美元，仅基础设施建设考虑回收后再投资估计就需要370亿美元。这样巨大的开发资金是中国、俄罗斯、朝鲜三国政府财力无法承受和筹措的。俄罗斯、朝鲜图们江区域的地方政府财政紧张，无力向该区域投资开发，外国的投资也没有在中方图们江区域进行基础设施建设投资。世界银行、亚洲开发银行等国际金融组织更没有对图们江区域开发进行投资。国际商业银行和私人资本也没有对图们江区域基础设施进行投资。因开发资金的严重匮乏，图们江区域的基础设施建设严重滞后，极大地影响了旅游规划的进程。

3. 从协调机制来看，缺少高层的介入是边境旅游合作进程缓慢的重要因素

图们江区域规划应当是参与国的中央政府及其首脑介入并主导的行为。图们江区域规划，十年来仅停留在一年一次的副部长级层面的国际协调协商。同时，图们江区域规划大量的经常性工作，也仅限于根本不能决策的参与国的省级地方政府的接触谈判，年复一年地进行着无效的劳动，参与国中央政府及其首脑根本没有介入。

4. 从开发模式来看，该地区旅游合作迟缓的根本原因是开发模式松散

在图们江区域规划的初始阶段，朝鲜、俄罗斯选择了"以我为主，各自开发"模式,在此背景下,中国政府被迫实施了单边开发与双边开发相结合的模式。在联合国开发计划署的协调下,五国经过五年努力才于 1995 年 12 月达成两个协议和一个备忘录,从而从"由我为主,各自开发"阶段转向"各自开发为主,国际协调为辅"阶段。虽然这是一个进步,但在事实上仍然是"各自开发为主",国际协调名存实亡。执行国际协调的"三国"和"五国"委员会在这一区域的经济合作机构,无力进行国际协调,无法在一些重大问题上发挥权威作用、约束作用、统和作用和制裁作用。所以,中国、俄罗斯、朝鲜、韩国、蒙古五国政府 10 年间召开了 8 次协商协调会议,对涉及图们江区域规划的全局性、关键性、实质性问题却一个也没有解决。图们江区域规划的范围扩大了,涉及边境旅游联合开发的内容上了议题,但合作开发的程度却没有紧密化。归根结底,问题就出在国际合作的模式选择上。

5. 从地缘政治来看,三方矛盾的存在极大威胁了图们江边境旅游的安全

图们江边境旅游区是由中国、朝鲜和俄罗斯的一部分所组成的国际旅游圈。然而三方在地缘政治上存在着微观局部的矛盾,这涉及中国、俄罗斯在市场经济条件下的飞速发展,朝鲜将怎样算进计划好的自由贸易区的问题;也涉及国际投资组织将扮演什么角色的问题。毕竟各国都希望在图们江区域旅游联合开发中得到更多的利益,于是在旅游规划中极力去展示自身的文化,展示本国旅游形象。在整个图们江边境旅游区中没有整体的旅游形象,潜在矛盾总是存在着,这极大威胁到了该区域的旅游安全,也削弱了游客的旅游信心。

(五)图们江边境旅游联合开发的策略构想

1. "深度沟通、形成共识"是图们江边境旅游合作的前提

没有统一的认识,就很难有统一的行动。如何将图们江区域旅游规划中各方合作放到重要位置,如何实现真正的合作,自然、统一的认识是最为重要的,这是合作的一个重要的前提。

首先,要通过交流尽快达成对图们江区域旅游合作意义的共识。图们江区域旅游合作的意义至少包括以下几个方面:一是促进具有不同文化背景的区域和国家之间的联系与交流,以便促进相互的了解,这种了解是和平与稳定的基础和前提;二是满足日益增长的公民旅游与休闲的需求,以改善他们的生活质量和自我发展的能力;三是通过刺激消费和充分利用旅游相关资源来促进图们江区域经济增长和国际贸易平衡发展;四是提高整个图们江区域的旅游竞争力,进而加快图们江区域经济一体化的进程。

其次,要坚持边境旅游合作发展的竞合理念。在市场经济条件下,竞争是所有经济活动的基本原则,每个国家都会努力提高其旅游的总体竞争力,从而获得更大的发展空间。但与此同时,图们江区域内的各个国家应当为了区域的整体利益、改善区域旅游的总体形象和产品的质量,共同努力,寻求更多的合作方式,因此,在竞争的过程中又强调合作,树立既竞争又合作的理念。

2. 机制与机构安排是图们江边境旅游联合开发的关键

要实现好的理念与计划,机构和机制的安排是必需的,也是至关重要的,政府和产

业组织的积极支持尤为重要。或者说，没有机构的保证和机制的安排，只能停留在会议交流层面上，不能变成行动。图们江区域作为边境旅游规划区域，机制与机构安排尤为重要。建议在图们江区域设联合国家旅游办事处。例如，中国、朝鲜、俄罗斯三国都各自在国外一些国家或城市设立了旅游办事处。但是，在图们江区域，由于人力、物力等各种因素的限制，目前并未设立联合国家旅游办事处。在该区域可以设立多国联合旅游办事处，进行统一的旅游宣传促销活动，出席一些旅游博览会或交易会，这样做，有利于节约资源、扩大效果，大大有利于图们江区域旅游业的发展。

旅游促销的基础在于信息的提供；旅游者出游决策的关键在于对信息的获得。上述两个方面，应当有能够提供安全、可靠、及时、准确信息的渠道。这个渠道，应当由政府来建造，由政府和企业共同维护。在网络技术发达和不断完善的情况下，这样的信息交流平台成为可能。然而当前，在图们江区域内，还没有一个正规的旅游信息交流机制，其信息来源主要是大众媒体。例如，目前为了旅游业，图们江区域各国不断调整各自的旅游发展政策，不断出台一些新的法律法规和规定，这不仅影响本国的旅游发展，也会对图们江区域产生重要的影响。因此，边境各国应该通过共同建立的专门旅游网站，发布图们江区域重要的旅游相关政策、条例和规定。这种公开的具有效力的政策表态对旅游业的营销以及吸引旅游投资非常有益。

3. 无障碍特色旅游是图们江边境旅游合作的主要方向

无障碍旅游是各旅游区为达成旅游经济协作，对旅游资源、产品、市场和信息的共享，实现旅游价值最大化的一种新型的旅游合作形式。在图们江区域，要加强各国旅游合作的交流与磋商，努力形成图们江区域旅游发展的协调协商机制。打造图们江区域旅游品牌，加强旅游品牌的宣传，增加对远程市场的吸引力，提高图们江区域旅游的竞争力。为了促进图们江区域旅游的发展，可以考虑在合作框架下组织或委托一个专业小组，定期对本区域内对旅游者流动和旅游业经营中的障碍进行评估，根据专家评估提出解决消除和减少障碍及限制的建议。目前，图们江区域旅游发展的重要障碍之一就是签证手续问题。图们江区域应当组织专业人员，探讨在一些特定的国家之间、某些特定的条件下确立类似《申根协议》签证安排的可能性，是否可以考虑在特定的时间内、针对某一特定的群体，作为开端或试验。

在世界旅游业出现竞争白热化的情况下，发展旅游业对于旅游产品的开发一定要新颖独特。图们江边境涉及中国、朝鲜和俄罗斯的一部分，因此具有非常丰富的文化和特殊的地理位置。由于复杂的历史原因，长期以来，在图们江区域内各国曾有许多冲突和争议，因此存在一些政治敏感问题。图们江区域旅游规划时可以考虑创建国际和平公园，成为一处独具特色的旅游吸引物，有利于增强维护图们江区域和平和稳定的信心。图们江区域内各国都有一定的海域，中国和俄罗斯都具备发展邮轮旅游的条件。拟议中的中国的延吉（珲春）—俄罗斯的扎罗比诺—朝鲜之间的邮船航线，会对游人有吸引力。联系中国、朝鲜、俄罗斯等国家和地区的日本海、黄海和东海海域的邮船旅游对图们江区域及区域外的旅游者都有吸引力。

4. 环保与责任承担是加强图们江边境旅游合作发展的基石

图们江区域旅游规划可能会带来自然环境的恶化。该区域旅游规划若进展过快,迫切想跨入成为"金三角"前列,必然会使图们江区域失去其特有的优势,会削弱该区域将来的发展速度。同时,图们江进行区域旅游规划的同时,必将影响到图们江区域的自然环境,在开发的同时如何保护环境是必须考虑的问题,实行可持续的发展战略才能最终取得图们江区域旅游规划的成功。同时,在规划过程中如何保护该区域的文化资源也是不可忽视的问题,图们江区域有很多不同的民族存在,丰富多彩的文化是当今社会的一大财富。当然,整个图们江区域旅游规划中还会遇到各种问题,一定要坚持可持续发展原则,促进该区域全面发展。

三、"一宫三陵"申遗:机遇、挑战及政策建议[①]

本部分内容介绍了辽宁省"一宫三陵"申报世界遗产的背景,分析了申遗成功将对辽沈地区社会经济发展产生的积极效应,提出了如何站在世界遗产地的高度发展旅游产业的若干政策建议。

(一)"一宫三陵"申遗的背景分析

1. 世界遗产对人类社会和区域发展的意义

为保护人类共同的自然和文化遗产,联合国教科文组织(UNESCO)于1972年11月在巴黎总部举行的17届大会上通过了《保护世界文化和自然遗产公约》(Convention Concerning the Protection of the World Culture and Natural Heritage,以下简称《公约》),并在1976年成立了世界遗产组织(WHO)。中国于1985年加入《公约》,截至2013年已有世界遗产45处,世界排名跃居第2位,是名副其实的遗产大国。

世界遗产对人类社会和区域发展具有重要意义。世界遗产是人类祖先和大自然创造的瑰宝,其存在的本身即具有很高的自然科学、历史文化和建筑艺术价值。它们是人类深刻理解人地关系和代际公平最生动的教材。许多世界遗产都是所在国家或地区文化的代表,有些甚至成为国家的象征。一个城市或区域拥有遗产存赋,能够为其形象的塑造提供鲜明的地方性特征,是区域宣传自身成就、吸引外部要素注入的无形力量。"遗产旅游"作为一种世界性现象,已成为人类谋求与外部世界和谐一体最有效的形式之一,成为回归自然、回归历史的必须性社会生活组成部分。旅游产业在区域经济发展中的巨大联动效应,早已成为共识。

2. "一宫三陵"成为我国东北地区首批世界遗产

"一宫三陵"是指沈阳故宫、清福陵、清昭陵以及抚顺清永陵四处人文景观。这四处景观作为我国正式申报世界遗产项目,于2003年9月迎接了国际古迹遗址理事会专

---

① 高闯,郭舒."一宫三陵"遗产资源保护与利用的措施和建议. 辽宁经济,2004(11).

家的检查，以该次评估结果在2004年6月的世界遗产大会上顺利通过审议，成为我国东北地区首批世界遗产的一部分。沈阳故宫是清入关前的皇宫，而福陵、昭陵、永陵则分别是努尔哈赤、皇太极以及他们祖先的陵寝。为申报世界文化遗产，沈阳、抚顺市政府对"一宫三陵"进行了大规模的修缮。主要工程包括对沈阳故宫周边的红墙市场、东亚商场F区、御苑新村的6栋别墅等9处建筑，共计45000平方米，进行了大规模拆迁；对福陵、昭陵、永陵进行了新中国成立以来规模最大的重修整治；特别是对通往福陵路上的1335户村民的前陵堡村进行了整体搬迁。

"一宫三陵"申遗的成功，为丰富我国世界遗产数量、发展辽宁旅游产业与文化产业、推动区域经济发展将产生巨大的积极效应。

（二）"一宫三陵"申遗成功对辽沈地区社会与经济发展的推动作用

实践证明，对外开放已经成为老工业基地调整改造和振兴的加速器。东北老工业基地的振兴，必须在更加开放的环境中进行。旅游产业既具有天然的开放性，又具有显著的产业联动效应，在加快老工业基地改造与区域经济发展中具有不可忽视的地位和作用。

"一宫三陵"是辽宁乃至东北地区精品旅游线路中的拳头产品，在国内、国际两个客源市场上有悠久、广泛的影响力。此次申遗成功，其作为世界遗产的真实性和完整性将得以强化，这既是其公认价值存在的基础，也是其作为旅游资源对旅游者产生强势吸引力的根源所在。申遗成功将在以下几个方面对辽沈地区经济与社会发展产生积极影响。

1. 有利于科学评价与重新认识区域文化资源的价值

"一宫三陵"成为世界文化遗产，其作为文化资源的价值如何进一步发掘与利用，将引发各界人士（特别是旅游、休闲、文化产业）的深刻思考。以往人们只在"潜在经济价值"和"眼下直接经济价值"之间讨论得失、权衡利弊，而完全不计算此类资源的"存在价值"。世界遗产组织承认遗产资源应该同时具有上述三种价值，这十分有利于科学评价与认识"一宫三陵"经济学意义上的价值，为区域同类文化资源的保护与利用奠定经济核算的基础，从而促进区域文化产业的发展。

2. 有利于在观念上辨析"保护第一、利用第二"的原则

对于遗产资源来说，"保护是硬道理"。只有保护好才有可能利用好。顺序不可颠倒，那些"先开发，再保护"、"以开发促保护"、"保护与利用并重"等模糊概念，都不符合《公约》的宗旨，而且容易被商业性、破坏性的开发利用所误导，造成不可弥补的损失。

随着"一宫三陵"申遗活动的开展，"保护第一、利用第二"的原则将得到有力的宣传；遵循于世界遗产保护与利用原则的"一宫三陵保护与利用模式"有望得以建立，这些都十分有利于辽沈地区文化资源的可持续利用，进而有助于大批文化资源依赖性产业的发展步入良性循环的轨道。

3. 有利于塑造辽宁中部城市群形象

受重工业基地的本底形象影响，辽宁中部城市群形象陈旧、零散、不鲜明，不利于其在招商引资、国际贸易、旅游市场上与国内其他大城市开展竞争。鉴于此，在分析了辽宁中部城市形象塑造所依赖的地方性特征（历史、地理、文化）、市场感应特征（区域外部）和竞争替代特征（类似或邻近城市与区域）的基础上，应当坚持以清文化作为这一带城市群形象塑造的重要依托，围绕"一朝发祥地，两代帝王城"的定位，进行城市形象的塑造。"一宫三陵"的申遗成功，必将有利于宣传和推广沈阳、抚顺"清代开国龙兴地"的城市形象，加快辽宁中部城市群建设一流历史文化名城的步伐，扩大经营城市和营销地方的积极效果。

4. 有利于提升辽沈地区城市旅游产业竞争力

"一宫三陵"申遗以前，在我国 29 个世界遗产地中有 20 个都是全国优秀旅游城市，其旅游竞争优势十分明显[①]。此次"一宫三陵"入选世界遗产世界文化遗产，其资源品位与等级规格将在更广阔的旅游客源市场区发挥强势吸引力，为城市旅游产业发展注入活力。强劲的旅游需求必将对目的地城市的旅游供给能力提出更高要求，促进区域旅游竞争力的迅速提升。这将扩大旅游产业联动效应的发挥，在空间上会呈现沈阳、抚顺与其外部城市或区域之间服务贸易一体化进程的加速，进而加快区域产业结构的调整与升级。

（三）"一宫三陵"遗产资源保护与利用的措施和政策建议

1. "一宫三陵"在保护与利用中存在的几个问题

基于"真实性"和"完整性"的还原、修缮尚有进一步挖掘的空间。多年来，由于沈阳故宫、福陵、昭陵、永陵历次维修时的修缮方法、使用材料等均不恰当，没能按照世界遗产组织的有关规定维修，加之多年破损严重，致使"一宫三陵"有许多硬伤。为达到世界遗产对文化景观"真实性"的要求，此次修缮"一宫三陵"过程中，虽对现代人工设施进行大规模拆除，但是仍留有遗憾：在"三陵"修缮中许多原本应该采用传统工艺的桐油掺白灰重新勾缝的地面墙面，仍然留有水泥砂浆的痕迹；沈阳故宫中清宁宫的烟道此次修缮仍然未能彻底扒开疏通，烟道不能排烟，有损遗产的历史真实性。"完整性"要求遗产地不能独善其身，必须与其周边环境形成和谐共生的整体性关系。由于历史原因，沈阳故宫距离都市商业区如此之近，以至于从属于故宫建筑群的中心庙被湮没于现代建筑的高楼大厦之中；昭陵南面的两块石碑现在已经竖立于现代化居民小区之中。从细节上看，按照"真实性"和"完整性"的要求，"一宫三陵"的修缮尚有进一步挖掘的空间。

"一宫三陵"作为遗产资源的文化品位有待提升。故宫和三陵旅游活动的开展基本停留在"符号旅游"阶段，远远没有达到"文化旅游"层面，旅游者满足于"到此一

---

① 该数据为 2003 年中国世界遗产的数量。当时拥有世界遗产数量排名前 3 位的国家分别是意大利、西班牙、中国。2013 年，中国拥有世界遗产总数 45 处，世界排名第 2 位，仅次于意大利。

游"、"留影为证",旅游经营者也没有意识到应如何让游客充分领略"一宫三陵"的文化内涵。所以,如何依托"一宫三陵"提高旅游产品的文化品位,避免世界遗产旅游的商业化,充分发挥旅游文化的教育功能,是辽沈地区依托满族文化、清文化,在发展区域旅游过程中亟待解决的问题。"一宫三陵"列入世界遗产名录,就足以说明遗产所在地区在历史上对人类文明做出过的贡献,也标志着当地人民为环境保护和人类社会可持续发展所做出的努力和取得的成就。无论是发掘"一宫三陵"的历史文化资源,还是弘扬当代辽沈人民为遗产保护做出的巨大贡献,均有深刻的文化内涵值得进一步挖掘和提升。

多年来经济发展与遗产保护关系处理失当,遗留问题有待解决。过去多年里,如何处理"一宫三陵"在保护、开发和利用上的关系一直在探索之中。"一宫三陵"得以申报世界遗产,证明了当地政府和居民对故宫、昭陵、福陵、永陵的保护是做出了杰出贡献的,但是由于保护与开发关系处理失当所造成的消极影响依然存在。在保护问题上,将保护简单理解为保存,只关注建筑、器物、装饰,而忽视满族传统文化的传承;在开发问题上,只关注"有形开发"而忽视"无形开发",即没有通过考察研究"一宫三陵"的科学、美学、历史文化价值,不断提高和深化旅游者对文化遗产的欣赏与审美体验水平,而是局限于服务设施与商业性工程项目建设,商店、餐馆、娱乐设施超载开发,空间布局缺乏规划,短期行为严重等与此相关的问题有待解决。

2. 实现"一宫三陵"遗产资源可持续利用的措施与建议

(1) 大修缮还原的资金投入力度。对"一宫三陵"文化遗产的修缮与维护,应该严格按照世界遗产组织的要求,力争还原世界遗产地的"真实性"与"完整性"。修缮整治工作大致包括内外两个部分,即内部的对古建筑屋面、木构架、墙面和地面进行修缮,剔除和更换以前历次维修所用的水泥等现代建材,拆除非文物建筑,恢复历史遗产原始风貌,清除与文物不相关的展品以及对外部的周边环境的清理。由于涉及拆除建筑、居民动迁等很多社会问题,所以后者的难度和对资金的需求更大。就沈阳故宫怀远门来讲,原本宏伟壮观的故宫城门被东西两侧的洗浴中心与卡拉OK城夹在当中,两侧现代建筑无论从体量上还是从高度上远远超过了怀远门,根本无法让人感受到沈阳故宫建筑设计上的宏伟气势。尽管沈阳市已经投入了近4个亿来改造古建筑文物的周边环境和安置动迁户,但要确保实现"一宫三陵"周边环境与文物本体的协调统一仍然需要大力增加资金投入。

(2) 加强"一宫三陵"的科学管理,保障遗产资源的永续利用。需要尽快构建"一宫三陵"的科学管理系统。之所以称为管理系统,是要强调"一宫三陵"在保护、开发、规划、经营上需要解决的问题复杂多样,需要在分级、法规、指标、技术等各个方面进行综合的管理。否则,对遗产资源就难以真正做到"保护第一、永续利用"。鉴于此,亟须解决的问题有两个,即尽快修订"一宫三陵"的管理法规和制定"一宫三陵"永续利用的指标体系。

现有关于"一宫三陵"的管理法规所发挥的保护作用比较明显,但其指导、引导作用相对缺乏。修订后的法规应该既要指出什么不能做,不能怎么干;更重要的还要指出应该怎么干。"一宫三陵"是我国最新申遗成功的项目,因此在管理法规方面有充分前例可资借鉴,要发挥"后申"项目的优势,追求高起点,迎头赶上,少走弯路,尽快出台系统的、具体的、可操作的"一宫三陵"管理法规。在新法规的修订中需要特别关注两个问题:一是原有保护条例中规定的保护范围和建设控制地带的范围偏小,不利于遗产的保护,应考虑适度扩大;二是吸取世界上有些遗产地的前车之鉴,必须在法规中明确保护与开发的关系,避免在被接受为世界遗产后,游客纷至沓来的同时毁灭性破坏也随之而来。

永续利用的指标体系是沈阳故宫、清福陵、清昭陵、清永陵进行功能分区、分时开放、可进入性阈值的确定等项工作的依据。在这方面世界遗产公约组织有许多科学的度量指标可以借鉴。一方面需要明确这些指标的内涵与应用条件,另一方面必须认识到世界遗产组织推广的一些指标标准是欧洲人基于欧洲文化遗产制定的。中国文化遗产具有的特点,如崇尚厚葬、天人合一等,对其永续利用指标体系的构建有特殊的要求,在制定"一宫三陵"永续利用指标时应该以独特的满(族)清(代)文化特点去丰富世界遗产事业,使世界遗产委员会接受基于中国特点的指标标准和评估方法。这是文化遗产界、旅游界的责任,也是我国学者们亟须努力的方向。

(3)开展"世界遗产地可持续发展"的宣传与教育。乘申遗成功东风,有必要及时转变旅游者、旅游经营管理者的思想观念和行为规范。宣传教育可以包括两个层次,针对旅游经营者,应该着重宣传"为了子孙后代和未来发展,尊重世界文化遗产"的观念。加强科普工作,提高旅游经营者可持续发展意识,不断推出文明旅游、科学旅游、健康旅游等主题旅游项目。针对旅游客源市场的宣传可以通过音像、电影、电视、书籍、文章等多种渠道,使旅游者充分了解"一宫三陵"的深厚文化内涵以及其历史、文化、建筑、美学、人类学等方面的价值。增加旅游者对世界遗产的科学认识,激发其保护人类遗产的责任感与使命感。

(4)优化旅游供给,开发"遗产旅游"系统工程。沈阳故宫是清入关前的皇宫,它与清入关后的北京故宫同为清代帝王宫殿;辽宁沈阳的福陵、昭陵与抚顺的永陵,河北易县的清西陵与遵化的清东陵共同组成了清代帝陵的完整体系。这些清宫殿与陵墓的当代遗存,浓缩了清代的全部历史。从中国遗产旅游地开发建设的高度,开发系统工程,将辽沈地区的"一宫三陵"纳入明清宫殿与陵墓大系列中,进行统一规划、统一促销、统一管理。只有如此,才能使旅游产品和大旅游环境得以优化,才能在真正意义上做到优化遗产地的旅游供给,为中外旅游者塑造"中国清代世界遗产旅游"的总体形象。

四、辽宁省工业遗产旅游的开发模式[①]

辽宁省作为中国东北老工业基地的重要省份之一,在历史的发展中留下了宝贵的工

---

① 代钰,田红雨,郭舒. 振兴老工业基地 发展辽宁工业遗产旅游. 辽宁经济,2007(6).

业遗产和工业文明。2007年，在东北老工业基地振兴的历史机遇面前，在辽宁省部分工业城市探索城市转型的压力下，对辽宁省工业遗产资源的存赋状态进行梳理与挖掘，对工业遗产资源在城市旅游产业发展中以及城市战略转型调整中的贡献度进行考察与研究，是一项重要课题。如何保护、转化工业遗产，发展辽宁省工业遗产旅游，成为辽宁省城市发展的一个重要现实的问题。

（一）工业遗产旅游的含义和价值

1. 工业遗产旅游的由来及含义

工业遗产旅游的兴起和发展，与一个地区或国家是否已经进入后工业社会有关。20世纪60年代，欧洲大多数的传统工业区相继进入衰退阶段，普遍将发展工业遗产旅游作为振兴区域经济的对策。工业遗产旅游起源于英国，随后不久，迅速蔓延到了欧洲其他工业停滞区域。目前，英国、德国、荷兰、比利时、奥地利、法国、西班牙和意大利等国家都有不同程度工业遗产旅游的发展，其中以英国的铁桥峡谷和德国的鲁尔工业区最为有名，在世界工业遗产的发展中产生了重要的影响。

我国的工业遗产旅游起步较晚，与国外相比，我国的工业旅游几乎完全集中在生产性景观，如大规模的工业建造基地、大国有工业企业、科技园和高新技术产业开发区的观光等，虽然有人将工业企业的历史和文物列为可以开发的旅游资源，但它仍然依附于活的工业企业。有关中国工业发展的历史、阶段以及所蕴涵的工业文化遗产的意义和价值，几乎很少纳入工业旅游的讨论之中。近几年，随着遗产旅游的兴起和人们对旧工业遗迹价值的重新认识，工业旅游逐步与遗产旅游相结合，国内的工业遗产旅游开始升温，其中以酒业遗产、茶业遗产、盐业遗产这些在中国有着悠久生产历史的行业为代表。工业遗产旅游开始从现代工业旅游的辅助项目脱离出来，演变成独立的旅游项目。

对于工业遗产旅游的概念，国内外学术界至今没有一个统一的定论，也很少有学者给出自己的见解。综合国内外的研究成果发现，国外学者普遍把工业遗产旅游归属于遗产旅游的范畴，只是对遗产旅游的概念做了界定。我国学者李蕾蕾认为，工业遗产旅游起源于英国，并从工业化到逆工业化的历史进程中，出现的一种从工业考古、工业遗产的保护而发展起来的新的旅游形式。具体而言，在废弃的工业旧址上，通过保护和再利用原有的工业机器、生产设备、厂房建筑等，改造成一种能够吸引现代人们了解工业文化和文明，同时具有独特的观光、休闲和旅游功能的新方式。这为国内对工业遗产旅游的认识提供了一个基本的学术范围。它不是简单地将"工业遗产"与"观光旅游"相结合，而是把早期从事工业生产活动的人工场所、建筑和景观等工业遗产与旅游发展诸要素有机结合，让游客在满足前工业社会的怀旧心理和满足对工业生产的好奇心的同时感悟工业遗产的独特魅力，并且能在这个过程中得到身心的愉悦与放松。

本部分内容认为，工业遗产旅游是在传统工业区域产业衰退的过程中，基于对工业遗产的保护、再利用、促进产业结构调整和经济转型的目的，在工业遗留物的基础上，发展起来的一种重温或了解工业历史和文明，同时还融合相关旅游功能的新的旅游形式。

2. 工业遗产旅游的价值

(1) 工业遗产旅游的历史价值。工业遗产是一定历史时期人类社会活动的产物，无不具有时代特点、历史价值。不同类别的工业遗产，从不同侧面分别反映了当时社会的生产力、生产关系、经济基础、上层建筑以及社会生活和自然环境的状况。各种类别工业遗产的产生、发展和变化的过程，反映了社会改革、科学技术进步以及人们物质生活和精神生活的发展变化，记录着特定的历史活动信息，这些信息对于人类了解工业文明的价值观、工业技术、工业组织、工业文化等，都是无法替代的。因此，通过旅游开发使工业遗产的历史价值在旅游中得以体现，使工业遗产旅游具有无可替代的历史价值。

(2) 工业遗产旅游的文化价值。工业遗产是工业文明的产物，同时也是工业文明的物质载体。它包含着多种文化信息，这些信息具有很高的文化价值。具体而言，工业遗产的文化价值包含了工业文化价值、美学价值两部分。工业遗产是物化存在的工业文化，是现代人认识过去工业文化的有效媒介，因此工业遗产旅游具有很高的工业文化价值；美学价值主要是指高品质的工业遗产，包括典型的工业建筑、设计精巧的机器等，其构造逻辑和精密结构是现代主义建筑美学、机器美学的直接表现，具有重要的美学价值。

(3) 工业遗产旅游的经济价值。将工业遗产保护与经济社会发展、产业更替等结合起来，在保护工业遗产真实性和完整性的前提下对其进行再利用，是工业遗产保护中的一个突出特点。从这个意义上看待工业遗产旅游开发，其经济价值主要反映在两个方面：首先，开发工业遗产旅游，对城市的旅游产业发展有着不可替代的作用，同时对旅游业各产业实体的发展也有着不可忽视的推动作用；其次，开发工业遗产旅游是资源型城市经济转型的重要途径，为资源型城市的可持续发展开辟一条前景广阔的新途径。

(4) 工业遗产旅游的教育价值。与其他文化遗产一样，工业遗产对于历史而言是无法替代的现场教材。工业遗产旅游的价值是通过科学研究认识的，发展工业遗产旅游的一个重要方面是通过教育手段实现的。工业遗产具有直观、形象、生动的特点，其教育作用和感染力是其他教育手段所难以替代的。当人们面对凝结着先人劳动和智慧的丰富历史遗产，看到他们在当时的社会条件下所表现的惊人创造力，看到他们在科学技术、工业产品等方面的许多辉煌成就时必然会激起为振兴国家工业而奋斗的巨大爱国热情。

(二) 辽宁省工业遗产资源的存赋状况及开发条件

辽宁省是国内近现代工业发展比较早的地区之一，新中国成立后，辽宁省是国家重点建设地区，有很多重点项目，使辽宁省成为规模大、产业比较齐全的国家重工业基地。几十年甚至百年间，辽宁省的工业发展遗留下了大量工业遗产资源，它们见证了辽宁省工业化进程艰辛而有意义的历史，几代人的创业历程在这里沉淀为弥足珍贵的记忆。

1. 辽宁省工业遗产资源存赋状况

辽宁省是历史悠久、基础雄厚的重工业基地，是我国资源型城市较多的省份之一，共有15个资源型城市（市、区、县），分别是抚顺、阜新、鞍山、本溪、葫芦岛、盘锦、大石桥、海城、调兵山（铁法）、瓦房店、南票、北票、清原、宽甸、凤城，涉及煤炭、冶金、有色金属、油气、非金属、黄金、化工等行业。从矿业类型上看，有5个煤炭型矿业城市、2个冶金型矿业城市、3个非金属矿业城市、2个化工型矿业城市、1个油气型矿业城市、1个有色型矿业城市、1个黄金型矿业城市。这些资源型城市在经济转型过程中，正在探索适合本地区实际的新型发展道路。开展工业遗产旅游，可以为资源型城市的可持续发展开辟一条前景十分广阔的新途径。现阶段，辽宁省工业遗产旅游发展处于起步阶段，工业遗产旅游开发的价值和重要作用已开始引起各级政府机关、各类社会团体的重视。

目前，辽宁省只有沈阳市进行了工业遗产资源的初步统计，其他城市中有一些是处于无意识的保护状态，有少数政府部门开始意识到了保护工业遗产资源的重要性，如阜新的海州煤矿的保护治理。在工业遗产资源的统计保护中，沈阳市走在了辽宁省众多老工业基地城市的前列。2007年初，为深入挖掘沈阳市老工业基地深厚的工业文化底蕴，激活沈阳人心中浓烈的"工业情结"，沈阳市政协组织部分委员和顾问，对全市1965年以前建厂的129户大中型企业进行了筛查，摸清了沈阳市尚存36处工业文物，大体分三种类型：第一种是清末民国时期沈阳民族工业的一些遗存，有7处，主要集中在大东区；第二种是日伪时期，特别是20世纪三四十年代日本侵略沈阳时期的工业遗存，有18处；第三种是新中国成立后国民经济恢复发展时期，特别是"一五"时期发展起来的工业遗存，有11处。后两种主要集中在铁西区。

辽宁省作为一个资源型城市较多的省份，在历史的发展中拥有大量具有开发价值的工业遗产资源。只有对这些工业遗产资源有计划地、科学地开发才能实现其的价值，实现资源的可持续利用。

2. 辽宁工业遗产旅游开发条件分析

随着辽宁省老工业基地经济不断振兴，人们对工业遗存和工业文明如何开发利用越来越重视，辽宁省的工业遗产旅游也积累了一定的发展基础，并展现出了良好的发展前景。

（1）良好的发展基础，成熟的外部条件。辽宁省作为东北老工业基地重要省份之一，留下了诸多珍贵的工业遗迹。比如沈阳市的铁西工业区被誉为"东方鲁尔"、"共和国装备部"，阜新海州露天煤矿经过50年的开采遗留下举世罕见的巨大矿坑。早在2003年，辽宁省就与德国鲁尔区中心城市杜塞尔多夫进行了旨在以"为促进辽宁资源城市转型"为主题的交流，从辽宁省到沈阳市，都把彻底改造铁西作为活化老工业基地的启蒙行动。辽宁省的工业遗产旅游开发的价值和潜力极大。在辽宁省老工业基地中，包括从新中国成立前的工业企业到毛泽东时代所建立起来的社会主义工业体系，在到改革开放以来市场经济体制下的多种所有制工业形式，这些工业企业具有丰富的文化内涵和社会资本价值以及旅游开发潜力。

(2) 发达的旅游业，丰富的旅游管理接待经验。截至2006年，辽宁省共有6处世界文化遗产，12座城市已步入了中国优秀旅游城市行列，是国内外重要的旅游目的地之一。目前，辽宁省共有旅行社1000多家，其中，国际旅行社72家，出境组团社37家。全省共有旅游住宿设施12000家，旅游星级饭店499家，其中，5星级酒店11家，4星级饭店56家，3星级饭店243家，星级饭店综合排名列全国第7位。目前，已有香格里拉、洲际、万豪、凯宾斯基等9家国际酒店管理公司进入辽宁省，推动辽宁省的旅游接待服务水平与国际接轨。辽宁省工业发展较早，大型工矿企业众多，使得辽宁省在开发工业遗产旅游方面具有高起点的优势，相信只要对辽宁省的工业遗产资源进行系统的整理，认真设计开发工业遗产旅游线路，辽宁省的工业遗产旅游必将得到快速的发展。

(3) 城市产业结构战略调整为工业遗产旅游带来新的发展契机。近几年来，随着辽宁省城市产业结构"退二进三"（把位于城市中心区域，尤其是中心商业区的工业用地置换为第三产业用地，以获得最佳的区位经济效益）发展战略的推进，城市的结构正在发生着重大的变化，工业重心向新兴工业区或郊外转移，旧工业区逐渐衰败废置，大批工业遗产等待人们的再利用。城市产业结构战略调整给工业遗产旅游开发带来了发展契机。

(4) 典型案例带动辽宁工业遗产旅游发展。2006年9月，辽宁阜新市成立了海州露天煤矿生态综合治理领导小组，全面部署治理海州露天煤矿，如果治理改造成功矿坑将变成一个集工业景观、地质遗志、生态整治等为一体的"聚宝盆"。同时如果煤矿的工业遗产旅游开发成功，这里也有望成为世界工业遗产，成为同英国、澳大利亚并存的世界工业遗产第三极。

在阜新海州煤矿投入治理建设的同时，2006年底，沈阳市金融博物馆已开始对游人开放，向人们展示了一个110岁的老厂——沈阳造币厂的风雨历程；2007年，在丹东市第十三届人大五次会议上，形成了建设丹东轻纺工业遗产陈列馆的议案。

（三）辽宁省工业遗产旅游开发模式

振兴老工业基地，实现辽宁省城市转型远比德国鲁尔区转型更复杂，辽宁省不能完全照搬国外工业遗产旅游开发的成功经验，而要结合辽宁省的社会经济背景，切合实际地开发辽宁工业遗产旅游。结合国内国外工业遗产旅游开发的经验，根据辽宁省的实际，可以采取以下几种工业遗产旅游开发模式。

1. 主题博物馆模式

主题博物馆模式主要是以博物馆的形式展示一些工艺生产过程，从中活化工业区的历史感和真实感，同时也激发社区参与感和认同感，还可以作为艺术创作基地，开展一些作品展览活动。例如，2002年成立的东北首家酒文化博物馆——老龙口酒博物馆；已建成并对游客开放的沈阳金融博物馆；正在筹划建设的丹东轻纺工业遗产陈列馆、大东区要建立的民族工业博物馆。

以老龙口酒博物馆为例，它是主题博物馆模式的一个成功案例。"老龙口"是沈阳市现存最早的民族工业之一,历经 300 多年的沧桑,留下了拥有东北建造最早、规模最大、保存最完整、连续烧酒时间最长的老窖池群等诸多工业遗存。老龙口酒博物馆建筑面积为 1200 平方米(展区面积为 999 平方米,酒馆面积为 201 平方米),整体建筑以博物馆为主,形成我国白酒制作、白酒文化的展示平台,实现了理论与实践的有机结合与统一,是一座集文物收藏、陈列展览、科学教育、餐饮购物于一体的多功能旅游景点。2006 年 11 月,沈阳老龙口酒博物馆正式被确立为国家 3A 级旅游景区,成为沈阳市工业旅游景点之一。

事实证明,博物馆是工业遗产旅游的重要方式,它在遗址保存完好、文物和建筑群集中的区域建设博物馆,既实现了对工业遗产资源的保护,同时通过把分散的文物集中起来统一展出,使游客对区域历史文化有全面的认识,体现出了旅游的教育功能。

2. 公共休闲、景观公园开发模式

公共休闲、景观公园开发模式是指在工业旧址上建造一些公众可以参与的游乐设施,作为休闲娱乐场所,建成景观公园,吸引游客。例如,已经开始投入治理建设的阜新海州露天煤矿就是要建成国家矿山公园;抚顺政府也有想法将采煤沉陷区改造为以工业文明景观为主题的森林公园。

以阜新海州露天煤矿为例,在开发采用这样一个模式——国家矿山公园 + 工业遗产保护 + 工业遗产旅游开发,把国家矿山公园的总体创作设计定位为"世界上最大的下沉式大地艺术"。建成后的露天公园将向人们展现这样一个效果图:根据海州露天煤矿开采的服务年限及所处的地理位置和矿山地质、土壤条件、排弃物风化程度,结合阜新城市发展建设的需要,规划初步拟订逐步整治成 9 个各具不同性质、功能、设施完善、具有深层次文化内涵的生态环境观光、示范、景观、生产、游憩区。具体分为一水——一个坑底水上乐园;二坑——矿坑、万人坑;三山——海州矿矸石山、新邱矿矸石山、孙家湾矿矸石山;四区——矿山文化走廊包括矿山文化广场、时间隧道、博物馆及雕塑群,沉积地层保护区,机车博物馆和采煤现场展示区,采煤现场展示区包括露天现场和地采现场;五休闲——步行"下坑"、坐隧道、坐小火车、爬山、矿工之家。十年磨一剑,想把海州露天矿的"大坑"变成国家矿山公园实在是一个需要处处细心的大工程,预计总体工程完工大约需要 10 年时间。

由此可见,工业遗产旅游关键在于突出主题,通过开发主题公园和休闲场所,实现了游客认知层次的变化,即通过观看自然景观品味到文化进程。

3. 与购物旅游相结合的综合开发模式

与购物旅游相结合的综合开发模式是指可以在工业遗产开发的景区中心建立购物中心,配有酒吧、咖啡馆、健身及娱乐场所等,集购物、娱乐、休闲于一体的综合开发模式。这一开发模式可以通过旅游带动相关经济产业的发展。

辽宁省沈阳市的铁西新区开发"6185"项目就是一个很好的实例。"6·18"是 2002 年铁西新区成立的日子,到 2007 年经历了 5 年的发展历程,铁西新区选取了工业遗产保护作为"6185"的一个重要内容。经过大规模的调查和详细规划,除了决定建立近现代工业博物馆外,全力打造 10 处工业文化品牌,还尝试开辟一条工业文化旅游线，利用老厂房开发文化创意产业。铁西区"工人村"中的部分住宅将作为文物保存下来，部分楼体将复原当年工人们的生活场景。其中，位于赞工街2号周围区域的工人村生活馆首期工程由7栋围合式建筑组成，全部为苏联援华专家设计修建。这些老建筑将以修旧如旧的方式进行还原，以期重现1952年建成时的效果。修缮之后，将首先在一号楼进行复原陈列，像20世纪50年代时工人家庭用的炕柜、70年代家庭使用的14英寸小电视，还有当时的小卖部、名人故居都将被摆放进展厅，从而全面展示工人村不同历史时期的生活场景。

此外，这个楼群修缮完成后，其景区中央将增设喷泉、绿地，成为市民的一个休闲广场。铁西新区还准备将其他几幢老式建筑植入书吧、影吧、茶吧、酒吧等现代商业业态，使其成为多点的文化符号，满足不同群体的文化需求。

4. 工业博览与商务旅游开发模式

工业博览与商务旅游开发模式是通过建设工业博览馆或工业博物馆，举办有主题的工业博览会，并与招商活动、商务活动交流与交易、旅游等融合。如可以在沈阳市铁西新区建造相关行业的展览馆，将工业遗产旅游与会展旅游相结合。又如，位于沈阳市的辽宁工业展览馆就是开发工业遗产旅游很好的平台。目前，该馆主要是以商业展览为主，并没有真正将其与工业旅游相结合，更谈不上与工业遗产结合开发旅游项目。辽宁省有丰富的工业遗产资源，又有这样一个有一定规模的场馆，如能有效利用，必将推动辽宁省的工业遗产旅游走向新的发展阶段。

通过工业博览与商务旅游同工业遗产旅游的结合可以实现企业的双赢，例如，成都全兴酒厂毅然卖掉四川足球队的经营权，把资金投向工业遗产保护和建设。

5. 组合开发模式

组合开发模式是指将工业旅游资源与周边其他非工业旅游资源有效组合，形成特色旅游线路。例如，辽宁省可充分发挥中部城市群旅游协作联合体作用，重点营销海州露天矿世界级工业遗产旅游线路；将阜新作为旅游目的地和通往承德、赤峰经停地向旅游企业重点推介，帮助阜新做活地接市场。又如，沈阳市大东区在近代史上经历了民族工业（奉系本土势力）和外来工业（日本势力）的抗争，有着鲜明的时代和文化特征。拥有肇新窑业、大亨铁工厂、盛京机器局、东三省兵工厂为代表的民族工业遗产。可以将美英盟军战俘营、东北讲武堂、九一八历史博物馆、东塔公园、英美战俘营纪念馆等串成一条线，开拓特色旅游线路。

参考文献

[1] 郭舒等. 边境旅游中的跨境组织间合作行为研究. 旅游学刊, 2008（7）.

[2] 韩兴海. 新形势下图们江区域经济合作的发展对策. 东北亚论坛, 2006（8）.

[3] 胡江路. 工业遗产旅游开发浅议. 黑龙江对外经贸, 2005（7）.

[4] 姜乃力, 尹德涛. 辽宁省资源型城市开发工业旅游的探究. 辽宁经济, 2005（3）.

[5] 李蕾蕾. 逆工业化与工业遗产旅游开发：德国鲁尔区的实践过程与开发模式.

世界地理研究,2002,11(3).

[6] 李林,魏卫. 国内外工业遗产旅游研究述评. 华南理工大学学报(社会科学版),2005(4).

[7] 李双杰. "改进中国自然文化遗产资源管理"国际会议述评. 旅游学刊,2002(1).

[8] 李小波,祁黄雄. 古盐业遗址与三峡旅游. 四川师范大学学报(社科版),2003(6).

[9] 李英武. 推进东北亚区域旅游合作的若干思考. 东北亚论坛,2006(4).

[10] 史密斯. 东道主与游客:旅游人类学. 张晓萍译. 云南大学出版社,2007.

[11] 宋章海,韩百娟. 国内外老工业基地旅游研究现状、问题与发展思路. 特区经济,2006(4).

[12] 陶伟. 中国"世界遗产"的可持续发展研究. 旅游学刊,2000(5).

[13] 王凯. 跨界旅游目的地整合发展研究. 华东师范大学博士学位论文,2007.

[14] 吴必虎等. 中国世界遗产地保护与旅游需求关系. 地理研究,2002(5).

[15] 张金山. 国外工业遗产旅游的经验借鉴. 中国旅游报,2006-5-29.

[16] 张熙旲等. 图们江区域经济合作中存在的问题及应采取的对策. 政府与经济,2007(2).

[17] Brent Lovelock, Stephen Boyd. Impediments to a Cross – Border Collaborative Model of Destination Management in the Catlins, New Zealand, Tourism Geographies, 2006, 8 (2).

[18] Butler R. W.. Tourism, Environment and Sustainable Development, Environmental Conservation, 1991, 18 (3).

[19] Eeva – kaisa Prokkola. Cross – border Regionalization and Tourism Development at the Swedish – Finnish Border:"Destination Arctic Circle". Scandinavian Journal of Hospitality and Tourism, 2007, 7 (2).

[20] Friedmann J.. Regional Development and Planning:A Reader. Cambridge. MIT Press, 1974.

[21] Jessop B.. The Political Economy of Scale. In:M. Perkmann & N. Sum (Eds), Globalization, Regionalization and Cross – Border Regions, 2002:(Hampshire:Palgrave Macmillan).

[22] Ksenija Vodeb. Cross – border Tourism Cooperation of SLOVENIA and CROATIA, Tourism and Hospitality Management, 2006, 12 (2).

[23] Oliver C.. Determinants of Inter – organizational Relationships:Integration and Future Directions, Academy of Management Review, 1990 (15).

[24] Soyez D.. Industrial Tourisms. Erdkunde, 1986, 40 (2).

[25] Timothy D. J.. Tourism and Political Boundaries (London:Routledge), 2001.

[26] Tomasz Studzieniecki, Tomasz Mazurek, How to Promote a Cross – Border Region

as a Tourism Destination – The Case Study of the Bug Euroregion, Tourism Review, 2007, 1 (62).

[27] UNDP: A Regional Development Strategy for Tumen River Economic Development area and Northeast Asia. New York: United Nations Development Programme, 1993.

[28] World Tourism Organization. Sustainable Tourism Development: A Guide for Local Planners, 1993.

[29] World Tourism Organization. Preparation of the General Programme of Work 2006/7: Identification of Strategic Priority Issues, 2006: (1).

第五章 城市旅游的环境影响

导言：旅游环境影响的内容、方法与研究进展

（一）问题提出与研究内容

自 1960 年开始，随着大众旅游的兴起和持续发展，旅游现象对自然环境的压力变得越来越大；到了 1970 年，随着环境意识的觉醒，人们对旅游与环境之间的冲突问题越来越关注。可持续旅游的观点的深入，进一步加深了人们对旅游环境问题的认识和思考。

旅游活动对环境的依赖使得目的地城市的环境意识得到不断增强，有利于城市改善和保护环境。"关于休闲产业推动城市个性化建设的思考"部分从城市旅游发展能够带来积极的环境影响的角度，分析了都市休闲活动对自然风貌、建筑、街道等城市外观带来的个性化影响，从而达到彰显城市个性和城市人文精神的积极作用。

相比这些积极效应，旅游环境影响的负面效应更加引人关注。旅游对自然环境的负面影响最直观地反映在旅游对植物、土壤、动物、水 4 个环境因子的影响上。从对环境因子的影响来说，旅游对环境的影响与其他人类活动如道路桥梁或管线建设、工矿企业建设与运营等活动对环境的影响大致相同。从影响因素来说，旅游作为一种休闲娱乐活动，与环境的关系与其他生产建设活动有所不同。旅游特别是生态旅游对环境资源的要求较高，而风景优美独特的区域往往是生态比较脆弱的地区，旅游活动的观赏性、季节性、地域性及持续性等对环境的影响构成了旅游环境影响的特殊内容。除了基础性的研究内容如旅游对植物、土壤、野生动物、水的影响研究之外，旅游对景观、生物多样性及生态系统的影响研究，随着研究能力的提高应该给予更多的关注；此外，为避免或减小旅游带来的负面影响，需要采取哪些管理技术及监测手段也是旅游环境影响重要而现实的研究内容。

（二）研究方法

旅游环境影响的研究方法主要是野外调查法、实验法和问卷调查法。研究设计主要包括旅游地描述调查、使用和未使用地点的比较、自然条件下旅游周期前后的比较以及

模拟条件下的实验周期前后比较。早期的研究，如 Cole（1981）研究了旅游者亲近自然的旅游路线设计与开发会对植物造成的影响包括使植物更容易接近，增加了被践踏的机会；践踏改变了植物生长的土壤条件；游路附近的外来植物物种明显增多。旅游环境影响的早期研究就是这样，针对某种旅游活动对某个环境因子展开观测与追踪，形成研究结论。例如，修建旅游者通道对植物的影响，小型游船在水上引起的波浪对水下植物丰度和分布的影响，高速铁路修建对野生动物迁徙的影响等。随着研究手段技术的进步，旅游流的流量、频率和强度被纳入观测，研究开始深入到城市自然景观的使用数量、使用频率、使用类型、使用季节、使用区域范围和使用地环境条件以及它们与影响效应间关系的探讨。例如，通过较长周期的监测资料积累，分析旅游影响的时空变化。由于旅游与环境问题的复杂性，环境学、生态学、地理学、景观生态学等学科的研究方法不断引入，定量指标进行分析不断增加，野外实地调查观测能力不断提高，遥感技术的应用更是丰富了研究手段。

（三）现有成果及研究进展

现有旅游环境影响成果主要集中在五个方面，即影响的产生、影响的大小、影响的时间效应、影响的空间分布、影响的管理。

1. 影响的产生

各种旅游活动类型，如骑马、打猎、滑雪、露营、车辆、徒步以及一些综合类型的活动都会产生环境影响。即使是对自然环境的较低水平的利用，也会产生影响，除非旅游活动被限制，否则影响就不可避免。管理者必须决定可接受的影响水平并采取能将旅游使用限制在这种水平上的管理措施。水污染、噪声污染、大气污染和土壤污染是最常见的四类旅游环境方面的消极影响。

2. 影响的大小

环境遭受影响的大小由影响强度和使用范围决定。其中，使用数量、使用类型和行为、使用季节和环境条件决定了环境影响的强度；影响区域范围主要指使用的空间分布。

3. 影响的时间效应

随着时间的延长，旅游目的地的自然环境受到影响程度是逐渐增加的。影响通常产生得快，但是却需要漫长的时间才能得到恢复。

4. 影响的空间分布

旅游环境影响的空间分布是不均衡的，干扰发生的地点如景区入口、游客中心、主要游路，并以此为中心向外围延伸或扩散。距离干扰地点越远，影响越小。具有固定特征的环境因子比如土壤和植物，这种影响分布特征是明显的。对于另外一些具有移动特征的环境因子比如动物和水体来说，其空间分布上的影响范围会更广。

5. 影响的管理

目的地可以通过调控与影响程度相关的因素避免和减小影响。技术性的方法包括集中使用或分散使用的合理选择与维护、低影响行为的鼓励与引导、使用类型的控制、使用周期与季节的设计等。

(四) 结论

对城市旅游环境影响的缺乏认识和疏于管理会导致以下问题：城市环境以及城市的物理特征遭受破坏；城市环境的视觉效果受到损害；城市基础设施的破坏；城市的形态被迫改变；历史与文化特征无法得到恢复；遭受来自其他城市竞争对手的挑战，使得城市目的地进入衰退期。无论是环境问题还是旅游发展问题都是城市必须面对的区域管理问题。生态旅游，对旅游活动的组织方式，对旅游者的教育与引导，对目的地环境保护的责任意识等方面被寄予厚望。"生态旅游管理的目标、原则与机制"从生态旅游管理研究的进展入手，从区域管理角度，提出了基于环境责任的生态旅游管理目标、原则、管理主体与手段。

一、关于休闲产业推动城市个性化建设的思考[①]

休闲产业因其庞大的产业群、鲜明的经济性特征与文化性特征，在区域经济、社会文化，甚至是环境生态等领域发挥着广泛的关联作用。本部分内容选择休闲产业发展与城市个性化之间的关系加以研究，探讨休闲产业在城市个性塑造过程中发挥积极作用的机理，认为开发都市休闲项目要重视城市人文传统，走市场选择和政策引导相结合的道路；开发环城休闲项目要重视城市组合，进行休闲功能的空间分工。在此基础上，提出了通过发展休闲产业促进城市个性化建设的若干途径，同时指出城市规划和政府管理在功能上需要增加的新内容。

(一) 城市个性化

这里所指的城市个性化主要是指城市外观，包括自然风貌、建筑、街道等，不包括城市的产业个性。这样界定的主要原因是，城市的特色产业发展主要是在依托比较优势，不能刻意为之，而城市个性化是可以刻意追求的。城市讲求个性化可以找到较为理性的解释。首先，个性特色是城市形象形成的基础，城市需要经营就不能不讲形象塑造。其次，个性化的城市是富于区域特色的城市，区域特色是区域分工（而不是劳动分工）的体现，城市个性化有助于区域经济的发展。最后，城市特色是现代文明的体现，城市建设不等于烟囱林立和高楼大厦，现代城市追求人与自然和谐发展，追求历史文化的传承和延续，而城市个性化正是这一思路的延续。城市个性化成为城市发展的新思路，越来越受到人们关注。

城市个性化的内涵深厚，可以从地脉和文脉两个角度挖掘。一方面，城市个性化需要与自然环境相得益彰。每个城市的建筑布局可以在充分考察当地自然环境的基础上追

---

① 曹宁，郭舒. 关于休闲产业推动城市个性化建设的思考. 生产力研究，2005 (10).

求差异化表现。另一方面，要对历史文化加以延续。民族文化、风土人情，甚至是后吸收的外来文化在建筑中凝结，就会形成不同的建筑风格、街区面貌和个性彰显的城市风貌。

休闲产业是一个与休闲密切相关的产业领域，包括旅游产业、文化产业、娱乐产业、体育产业等主要产业在内的庞大产业群。随着我国进入全面建设小康社会的新阶段，大众休闲时代来临，休闲产业将在众多经济与社会领域发挥影响，也必然对城市个性的培育发挥作用。

（二）休闲产业与城市个性化

从城市个性化建设角度，对休闲产业可做如下分类：都市休闲业和环城郊野休闲业。

都市休闲业是立足市区，服务于都市居民休闲和以都市为目的地的旅游者的休闲活动为主的一种休闲产业形态，主要表现为国外城市休闲项目的引进和传统城市休闲项目的升级改造。休闲活动的形式更加侧重于休闲俱乐部、体育俱乐部、文化馆、剧院、博物馆、艺术馆、舞厅、主题公园、游乐园等。具体又可以分为文化类和娱乐类两种，如侧重于文化休闲业的有电影院、戏院、音乐厅、图书馆、茶馆、戏剧爱好者俱乐部、文化宫、青少年宫、公园、游乐园、健身中心等；侧重娱乐休闲业的包括舞厅、卡拉OK厅、保龄球馆、高尔夫球场、酒吧、陶吧、大型游乐场等。

通过都市休闲业彰显城市个性，其机理在于要重视一个城市长期沉积的人文精神，并通过市场选择和政策引导相结合的途径加以强调。成都和杭州都在城市个性上宣传休闲之都，但是市场感应截然不同。成都的闲，闲在"摆龙门阵"的人的状态上；杭州的闲，闲在街道景观和服饰器具上。围绕不同的人文传统，两个城市的都市休闲项目也迥然不同。城市居民对都市休闲方式的偏好部分地反映了一个城市的人文传统，但政府的引导和规划作用也不可忽视。许多城市在发展都市休闲业中，沿袭过去那种"麻雀虽小，五脏俱全"的做法，热衷于休闲项目的盲目引进和盲目升级是不利于城市个性培育的。热衷于城市的美化、绿化、"亮化"、净化，并无可厚非，比起过去是一种进步，但如果大连市搞"绿起来、亮起来"有利于其个性化发展，其他城市也这样搞，最终的结果是大家都失去了个性。

环城郊野休闲业是近年来正在兴起的休闲产业形态，主要是通过对城乡结合部乡村景观、森林景观进行开发，定位于旅游、康体和体验三个方向。旅游休闲是基于"休闲思维"对旅游活动项目进行深度和广度开发而形成的，对旅游过程中涉及的交通、餐饮、住宿、会展、表演、零售均提出了消费休闲化的要求，这部分要求在脱离了城市内部的喧嚣与嘈杂，更容易让旅游者获得满意的休闲感受。康体休闲关注体育项目的非竞技化，是传统竞技体育项目的健身化发展方向，如野营、攀岩、滑草、滑雪等运动项目。这些项目一般建在郊野，无论是吸引城市居民还是旅游者都可以收到很好的效果。体验休闲主要是满足城市居民对良好生态环境的渴望和对乡村生活的好奇心理或怀旧心理。这种产业形态通常适宜与环城地区已有产业类型，如渔业、林业、农业相结合，为城市居民提供体验生活的机会。

通过环城郊野休闲业凸显城市个性的作用机理在于城市组合，即城市在环城休闲业的发展中，要注重和就近的城市攀亲，重新确立自己休闲功能的空间分工，在旅游、康体、体验三个方向上继续进行市场细分是有益的。通过城市组合分析，可以实现邻近城市环城休闲业的优势互补，避免相互雷同资源浪费，从而有利于城市自身个性化的培植。例如，同样是"农家乐"、"渔家乐"项目，就可能区分为农事活动参与或者生态农业观光等不同的休闲项目，反映在环城景观上，就可能出现水田农业、山地农业、园地农业等个性化景观，从而增强城市的个性化表现。

（三）发展休闲产业，推动城市个性建设

1. 城市追求个性化过程中存在的问题

（1）某些城市发展单独追求功能集聚，不考虑个性化发展，也无视休闲需要。在这些城市建设中，不考虑绿地，也没有社区健身中心，更没有同社区配套的休闲设施。脱离了休闲的人本主义思维方式，建筑物不为人本身考虑，导致城市林立的是一模一样、整齐划一但毫无个性特点和生命力的钢筋水泥。城市个性需要考虑的是居民的个性、城市生活的个性、日常休闲场所和休闲方式的个性，而不是把城市简单处理为"厂房和宿舍"。

（2）某些城市恰恰相反，超越休闲需求盲目扩建，脱离了城市个性化发展的惯常轨道。众所周知，我国的城市化正在迅速地推进，30年后，将近一半的人口都要转移到城市居住，城市最稀缺的资源仍然是土地。中小城市（镇），超越休闲需要盲目大型化，大建广场、大型雕塑等功能性建筑，既浪费土地资源，又完全没有考虑城市个性化发展的需要。有些县级市的休闲广场赶上了天安门广场的面积，浪费与脱轨现象可见一斑。

2. 休闲产业对城市个性建设的作用途径

作为新兴产业，休闲产业的发展与城市个性化建设是统一的，休闲产业可以为城市个性的塑造起到一定的积极作用。换言之，休闲产业可以为上述问题的解决或缓解提供一个独特的视角。

一般认为，休闲产品的供给包括三个渠道：一是自给性休闲，二是社会性供给休闲，三是商业性供给休闲。由于自给性休闲，即使如听音乐或者阅读，也离不开社会供给或商业供给提供的必要的产品或服务，如CD或图书馆。因此，本部分内容着重从社会性供给和商业性供给角度探讨休闲产业发展对城市个性建设的作用途径。

途径之一：通过政府规划与宏观管理约束非营利组织的行为，使之符合城市个性建设。休闲业的社会性供给主要由非营利组织和公益性组织两类部门体系构成。非营利性休闲设施和企业多由政府直接领导，获得政府拨款或资助，并享有一定的经营自主权，仅向公众收取成本费用。包括公共园地、公共娱乐场所，甚至有些国家的国家博物馆、公共运动场地、旅游咨询中心都提供免费服务。非营利组织基于休闲产业发展而进行的开发行为（尤指城市空间利用）必须严格限定在政府的规划与宏观管理下，对城市不

同休闲空间上各自的先天优势加以利用，同时尽量规避特定城市空间上的不利因素。这些开发行为与城市规划所关注的土地利用、城市交通与城市住宅等问题相联系，共同解决各种城市功能的空间布局问题，也必然共同影响甚至决定着城市的个性。

公益休闲设施和企业是由慈善组织或协会机构依靠社会各方面的捐助以基金会或托管委员会形式经营管理的。由于其经营借鉴了私营部门的管理经验和措施，因此可参照商业性组织，依靠市场力调节、引导其行为。

途径之二：通过提高休闲需求层次拉动商业性组织的行为，使之符合城市个性建设。目前，不论是国内还是国外，提供休闲项目的绝大多数仍是商业性组织。这类组织由于其经济人角色，在提供休闲项目时能够顺应时尚、紧跟潮流，很好地满足不断变化的休闲需求。由于市场敏感度高，因此可以通过市场拉动的办法引导其发展方向朝着城市个性方向迈进。城市休闲需求是有层次的，现阶段我国城市居民的休闲观念尚有待更新。相当多的城市居民仍然将"睡觉＋搓麻将＋看电视"当作休闲的主体方式。随着城市居民休闲需求层次的不断提高，必然对休闲项目提出要求。对于特定城市来说，休闲活动类型可能是综合性的，但更有可能表现为某一种或几种休闲活动居于主导地位，而其他类型的居于次要地位。这些居于主导地位的休闲需求决定了提供休闲产品与服务的商业性组织发展的市场方向，也影响着整个城市个性化发展的方向。对于都市休闲业，城市居民对公众参与、公众交流场所，如社区文化中心、社区健身中心、社区读书中心等的需求的升温，会引发商业性组织对此做出迅速反应，将十分有利于文明城市、卫生城市、文化城市形象的塑造。对于环城休闲业，如果休闲者对休闲林业、休闲渔业、休闲农业、休闲牧业甚至是联合开发的项目兴趣增加，而商业性组织确实对此做出积极反应的话，将有利于树立绿色城市、森林城市的鲜明个性。由此可见，一个城市的媒体宣传、研究机构、教育培训机构对于城市个性的认识以及对于居民休闲需求的引导将发挥十分关键的作用，而城市规划和政府管理在功能上则相应地增加了新的内容。

二、生态旅游管理的目标、原则与机制[①]

本部分内容对已有生态旅游管理的研究做了简要综述，提出生态旅游管理的目标和原则。生态旅游管理的目标包括生态体验、经济效益和生态保护，其管理应该坚持区域管理、政府介入、量度依赖和信息传播四个原则。本部分内容还对生态旅游管理的内在机制进行了初步研究，探讨了区域（地方）管理思想在生态旅游管理中的应用。

（一）生态旅游管理研究进展

生态旅游的概念于20世纪80年代由西方学者提出。国内生态旅游研究是伴随着可持续理念的深入逐步成为热点的。自1995年可持续发展世界会议通过了《可持续旅游

---

① 曹宁．浅议生态旅游管理的目标、原则与机制．生产力研究，2003（3）.

发展宪章》和《可持续旅游发展行动计划》，相当多的学者认为生态旅游是可持续旅游的最佳选择之一。从研究的学科背景来看，生态学、旅游学、地理学、林学、环境学和管理学的学者都投入了极大的热情，也显示了角度上存在不同的侧重。Mowforth（1992）等提出从主体角度对生态旅游管理要素的特征进行把握，这些主体包括旅游者、旅游经营者、旅游地社区、旅游地政府、国际保护组织和学术界。Buckley（1994）认为，生态旅游管理的四个目标是自然生态目标、持续发展目标、支持保护目标和环境教育目标。Ceballos – Lascurain（1996）主张建立生态旅游管理战略体系。国内学者的研究主要集中在三个领域：一是强调管理的计划职能，主张通过加强生态旅游地的规划管理实现生态旅游的持续发展。二是由于生态旅游强调保护的特点，研究者比较偏重于生态旅游地环境管理的研究，针对环境问题的成因探讨有关的管理对策。三是从旅游者管理的角度出发，提出生态旅游旅游者教育与行为约束的途径。

从已有研究关注的管理对象来看，主要集中在旅游者和旅游经营者两方面。把旅游者作为生态旅游管理对象的研究人员认为，如果旅游者不是采取生态旅游的消费方式或行为方式，即使是按照生态原则进行开发的旅游目的地，同样会造成生态环境的破坏，与开发生态旅游的初衷背道而驰。同时认为，忽视对旅游者的管理，是近年来"生态旅游"标签滥用的主要原因。因此，必须提高旅游者的生态责任意识并且适当约束旅游者的行为，关注如何对旅游者的消费方式与行为方式加以影响，使之能够自主地（责任意识养成）或者被动地（行为适当约束）以自然资源和生态环境为价值取向，尽量减少自身活动对生态环境的破坏或不良影响。把旅游经营者作为生态旅游管理主要对象的研究人员认为，不应该把捡垃圾等活动也视为生态旅游活动，因为旅游者不同于环保人员，旅游者应当承担环境保护的责任，但更需要获取令人愉悦的生态旅游经历。在开展生态旅游的过程中，旅游者不是唯一需要承担生态环境保护责任的主体，旅游经营者、社区居民、当地政府同样需要担负起生态环境保护的责任。

（二）生态旅游管理的目标

审视生态旅游的现实意义，不难发现，生态旅游（真正意义的生态旅游）以不同于大众旅游的面貌发展到今天，在客观上实现了旅游目的地自然、经济、社会、文化的协调发展。生态旅游管理的目标就在于促进或保持生态旅游所带来的最小社会成本（生态代价最小）和最大经济效益的平衡。当然，生态旅游活动的开展离不开对生态旅游者指向性需求的满足。

1. 生态保护目标

生态环境是旅游活动得以生存、进行和发展的外部条件，即所谓"载体"。生态旅游因其改进了的旅游方式有利于促进生态环境良性循环而迅速在全球得以发展，这并不意味着发展生态旅游对生态环境没有一点影响。事实上，比较一般意义的旅游资源，生态旅游资源更具脆弱性，其赋存也更显有限性。目前，我国开展生态旅游的一个严重问题就是开发与保护不同步，经营与管理相分离。其后果就是开发一个自然保护区破坏一个自然保护区，旅游业的经济效益根本无法弥补生态环境被破坏的损失。因此，旅游活动的开展必须敏感于生态进程，必须使旅游介入后的影响降到最低。生态旅游管理必须把生态环境保护作为一个与获取经济效益同等重要的管理目标来对待。

2. 生态体验目标

生态旅游的起源与旅游者回归大自然的需要直接相关，旅游者选择生态旅游的活动形式，目的在于追求人与自然之间的和谐，探索自然的奥秘，陶冶情操与增补知识。因此，为旅游者创造第一手的、参与性的、启迪性的生态体验经历，是开展生态旅游活动的前提。在生态旅游管理上，需要目的地各主体加强理解与合作，把握旅游者对何种生态景观感兴趣，尽量满足旅游者对异质生态景观审美和体验的需求；同时也需要对旅游者进行必要的生态教育，提升其对生态景观的审美体验水平。

3. 经济效益目标

依赖发展生态旅游的地方必须得到持续的发展才能具有稳定的社会结构。以生态旅游者为主要目标市场的旅游目的地，如果不能实现良好的经济效益，既不能带动地方经济的繁荣发展，也很难为生态环境的保护带来有力的支持，更不会对东道地区有更多的经济补偿。旅游者与旅游经营者之间经济纽带的强弱必将影响到生态旅游能否得以永续发展。获取经济效益既是生态旅游经营的要求，也是东道地区居民的要求。因此，促进生态旅游目的地良好经济效益的取得必然成为生态旅游管理的重要目标之一。

三个目标共同构成生态旅游管理的目标系统。就三个目标之间的关系讲，生态保护目标应该居于主导地位。因为从长期来看，经济效益与生态体验目标的实现必须依赖生态环境的持续利用。当然，从生态旅游管理实践的角度来看，各个目标的实现必须是动态平衡的。任何一个目标滞后实现，都将影响到整个目标系统的平衡。

（三）生态旅游管理的原则

1. 区域管理原则

就生态旅游目的地来讲，生态旅游管理应该坚持区域管理的原则。这在一方面取决于旅游活动特定的空间属性，更主要的是因为生态旅游的发展具有多目标与多主体的特性。从生态旅游管理的实践看，在管理职能上，区域规划领域比区域组织、领导与控制等其他管理职能成熟很多，但并不能说明其他管理职能就不重要。生态旅游管理既不是单纯的企业经营管理，也不是单纯的地方行政管理；既需要规划，也需要协调与控制。如前所述，生态旅游管理需要旅游者、旅游经营者、社区居民、地方政府的共同参与。各种管理职能不可能由任何单一主体独自承担；旅游者生态体验的满足、地方经济利益的获取、生态环境的保护等目标的实现不可能由任何单一的主体独立实现。从某种意义上讲，与生态旅游活动密切相关的各行为主体既是生态旅游管理主体，也是生态旅游管理的对象。

2. 政府介入原则

（1）政府介入可以使生态旅游活动中的各个利益相关者形成伙伴关系，不断地满足旅游者的需求。斯蒂芬·旺希尔主张由政府高层考虑旅游规划与管理问题，原因在于旅游者旅程的以下几个特殊性：①旅程不是一个单一的产品。②它的组成成分由各种不同目的、经济结构不同的组织来提供。③其成功在于把各种成分的合适组合传递出去以满足旅游者的需求。④这种传递要求协调和合作。

（2）生态旅游资源与生态环境的保护需要政府介入。谢彦君从旅游产品与旅游资源依托关系的角度探讨旅游资源保护的问题，曾经指出，"资源脱离型旅游产品，由于其产权明晰，因此其保护完全建立在市场机制之上；而资源依托型旅游产品，离开了资源其本体就一文不值，由于构成这类产品主体部分的资源在产权上往往不够明确，其保护就必须纳入国家特殊政策之下"。生态旅游产品是资源（环境）依赖性极强的产品，强调政府介入的原则，有利于解决在生态旅游资源产权不清的情况下如何有力地保护生态资源与环境的问题。

（3）仅从生态旅游发展需要取得经济效益的角度看，仍然离不开政府介入。政府主导的积极作用在于以下几个方面：①政府利用行政体制动员掌握的经济资源，可以决定超前发展与优先发展的部分。②政府在旅游法规、规章、条例方面的作为促进了旅游业的健康发展。③政府可以有力地担负起协调社会各方面力量的职能。

3. 量度依赖原则

生态旅游管理是一种依赖"量度"的管理，把量度标准与管理手段相结合，避免了生态旅游管理始终停留在概念化、观念化的层面上。与生态环境保护相关联的量度概念可以用来表明旅游活动确实存在一个内在的、可以确定的极限，如果不超过这个限度就不会使生态环境出现恶化或变化的情况；与旅游者生态感知与审美体验相关联的量度，可以用来解释旅游消费行为与满意程度之间的关系；与社区接纳能力相联系的量度，可用来预期社区居民对生态旅游效应可能做出的各种反应。量度是随着时间周期和管理方式变化而变化的，从管理学的角度讲，任何管理都需要一定的假设，对量度的依赖实际是生态旅游管理对"管理假设"的依赖。

4. 信息传播原则

很多人认为，将生态原则引入旅游管理，外行很难把握，因为除了专业概念相对复杂以外，管理操作上对各方的要求也有很大的差异。近年来，政府与旅游企业之间各种关于生态旅游的研讨活动与日俱增，这些活动反映了政府和学术界竭力传播真正科学意义上的生态旅游信息的努力。只有当生态旅游主要利益相关者确实意识到各自的利益与生态环境息息相关，意识到自己的行为可能对生态环境造成影响，并随时准备承担自己应尽的责任时，生态旅游管理的有效性才有可能迅速提高。向旅游者增加收费、对游览人数进行限制，在管理手段上简单易行，但是未必能够得到旅游者的认同。同样，针对旅游经营者和社区居民的生态旅游管理措施，同样需要得到被约束对象在理念上的认可，才能达到切实的管理效果。另外，在发展生态旅游过程中，把旅游经营者必须承担的责任从社区居民和旅游者的责任中区分开来也是个难题。因此，生态旅游管理必须重视生态保护与生态持续利用等信息的传播，以生态理念的信息传播作为生态管理的必要前提，通过信息传播来加强不同群体之间的认同与默契。

（四）生态旅游管理的内在机制

生态旅游管理目标与管理主体（也含对象）的多元化特征，决定了其管理手段的复杂性（见表5-1）。这些管理手段包括教育手段、政策工具、法律手段、利益驱动、社会舆论、决策参与等。

表5-1　生态旅游管理手段

主体＼目标	生态体验	经济发展	生态环境保护
旅游者	接受生态教育	旅游消费	责任意识/被动约束
旅游经营者	生态消费引导	旅游产品交换	市场规范/行政干预
社区居民	好客/隐私可进入	就业/参与决策	接受生态教育
当地政府	教育/政策/法规		

由于这些管理手段是针对不同的对象、以不同的强度与方式被加以运用的，因此在管理效果上也会表现出或即时或迟滞或显露或隐蔽等不同的影响能力。对生态旅游管理内在机制的探索，就是要解释各种管理手段如何在各个主体之间被运用，又以什么样的方式发挥作用，其作用效果具有怎样的影响力。本部分内容基于区域管理的研究背景，对生态旅游管理机制作了初步的描述（见图5-1）。

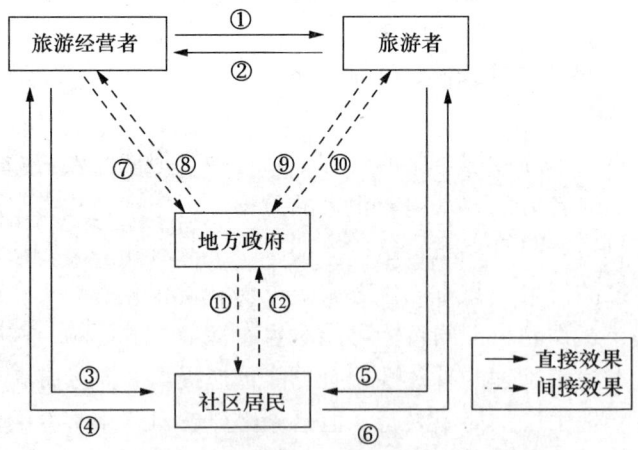

图5-1　生态旅游管理机制

注：①为旅游行为约束；②为生态消费引导；③为生态教育；④为参与规划开发决策；⑤为示范效应；⑥为好客态度；⑦为舆论与政策调整提案；⑧为法律约束、行政干预、政策引导；⑨为政策评价；⑩为法律与生态教育；⑪为教育、政策、法律；⑫为舆论与政策评价。

参考文献

[1] 郭舒. 生态旅游概念泛化思考. 旅游学刊, 2002, 17 (1).
[2] 郝索. 论我国旅游产业的市场化发展与政府行为. 旅游学刊, 2001, 16 (2).
[3] 李景奇, 秦小平. 生态旅游实施措施与利弊分析. 中国园林, 2000, 16 (5).
[4] 梁锦梅. 生态旅游地开发与管理研究. 经济地理, 2001, 21 (5).
[5] 刘家明. 生态旅游及其规划的研究进展. 应用生态学报, 1998, 9 (3).
[6] 卢云亭. 生态旅游与可持续旅游发展. 经济地理, 1996, 16 (1).
[7] 陆林. 旅游环境影响研究进展与启示, 自然资源学报, 2007, 22 (4).
[8] 吕永龙. 生态旅游的发展与规划. 自然资源学报, 1998, 13 (1).
[9] 马惠娣. 大旅游视野中的休闲产业. 杭州师范学院学报, 2003 (2).
[10] 明庆忠, 李宏, 徐天任. 生态旅游环境问题类型及保育对策. 经济地理, 2000 (4).
[11] 倪强. 近年来国内关于生态旅游研究综述. 旅游学刊, 1999 (3).
[12] 宋子千, 黄远水. 对生态旅游若干理论问题的思考. 林业经济问题, 2001, 21 (4).
[13] 王尔康. 生态旅游与环境保护. 旅游学刊, 1998 (2).
[14] 威廉·瑟厄波德. 全球旅游新论. 张广瑞等译. 中国旅游出版社, 2001.
[15] 魏杰, 赵俊超. 论经营城市. 经济理论与经济管理, 2003 (6).
[16] 吴必虎. 旅游生态学与旅游目的地的可持续发展. 生态学杂志, 1996, 15 (2).
[17] 谢彦君. 基础旅游学. 中国旅游出版社, 1999.
[18] 许峰. 旅游城市休闲服务业协调发展研究. 旅游学刊, 2001 (5).
[19] 张磊, 吕润. 休闲产业在城市化进程中的作用. 城市开发, 2003 (1).
[20] 钟林生, 石强, 王宪礼. 论生态旅游者的保护性旅游行为. 中南林学院学报, 2000, 20 (2).
[21] 钟林生, 肖笃宁. 生态旅游及其规划与管理研究综述. 生态学报, 2000, 20 (5).
[22] 周鸿, 赵丽昆. 生态旅游与生态道德教育. 思想战线, 1998, 24 (7).
[23] 周世强. 生态旅游开发应重视和加强旅游行为的研究与管理. 四川林勘设计, 2000 (1).
[24] Buckley R.. A Framework for Ecotourism. Annals of Tourism Research, 1994, 21 (3).
[25] Ceballos L. H.. The Future of Ecotourism. Mexico Journal, 1987 (1).
[26] Ceballos-Lascurain. Tourism, Ecotourism and Protected Area. IUCN, 1996.
[27] Cole D. N.. Vegetational Changes Associated with Recreational Use and Fire Suppression in the Eagle Cap Wildness, Oregon Some Management Implications. Biological Conservation, 1981 (20).

[28] Mowforth M.. Ecotourism: Terminology and Definitions. University of Plomouth Research Report, 1992.

[29] World Conference on Sustainable Tourism. Charter for Sustinable Tourism. Lanzarote, Canary Islands, 1995 (4).

第六章 城市旅游管理

导言：城市旅游管理的主体、对象和手段

（一）区域管理的基本理论

城市旅游管理实践是在城市区域结构背景与特征下进行的"管理"。城市作为一种特殊的相对于乡村的区域而存在，城市的环境和资源是这个特定区域内部最基本的结构。环境直观上讲是指某个主体的外围，管理学意义上的环境是指管理对象的外围或者约束发展的条件总体。自然资源是指具有社会有效性和相对稀缺性的物质和环境，它包括矿产资源、生物资源、土地资源、水资源、海洋资源、气候资源和旅游资源七大类（王铮，2002）。环境和资源为基础构成的城市区域结构是最为自然本底的区域结构特征。城市的经济结构是在此基础之上随着人类的经济活动特别是区域上产业互相配合形成的。有两个产业在城市的经济结构中占重要地位，一个是主导产业，另一个是基础产业。主导产业对其他产业发展具有重大的牵动作用，城市主要通过它与外界发生供给关系或者引导未来产业结构。有些旅游资源有优势的城市就将旅游产业作为主导产业。基础产业是城市经济赖以运行的产业，它们是供给城市其他产业原料的产业，一般而言是第一产业。

显然这种管理与传统意义上的管理相去甚远。首先，经典管理思想中管理总是针对某种组织或对象，如企业管理；其次，管理是一种为实现或达成某种或几种目标的活动；最后，管理活动包含多种手段或方式，这些手段或方式需要具有有效性和效率。在区域结构背景与特征下开展的城市旅游管理实践活动与传统管理的差异至少有以下几点：第一，管理的主体更有可能是政府或者是一个有协调职能的综合委员会；第二，管理的对象不仅可以是企业，而且可以是别的实体，甚至是旅游者；第三，管理的目标可以是单一的经济目标，更可以是多方面的，如涵盖旅游的经济、社会文化和环境目标；第四，管理依然是有标准的、具体的、看得见的；第五，管理实践活动更多体现在公共产品与公共服务上，服务对象包括旅游产业投资者、旅游者，也包括满足公众的利益。

(二) 人为什么要外出旅游：城市旅游管理的需求方面

从消费者的角度来分析城市旅游的需求。人们为什么想旅游，主要的动机是什么？哪种类型的地方对他们有吸引力？城市的吸引力是什么？城市的主要特征是什么？这些问题构成了城市旅游管理的需求方面。

城市旅游需求在20世纪下半叶快速增长。旅游者去城市旅游的需求也从文化到娱乐有着不同的表现，虽然有些时候呈现的可能是综合需求。潜在旅游者对在休闲时间里想做的事变得更加主动，从而积极达成他们特殊的目的。这也许从想做到"真正做到"、到发现刺激的事物、到游览不同或陌生或外国的一些地方、到做一些新颖的事、到参观伟大著名的景点或是激发一个人的特别兴趣都是不同的。这些所有的目标都随着休闲时间的增加、收入的增加和旅游的便利性而有可能实现，这也为一系列新的经历提供了可能性。其中有一些，如游览世界文化遗产和寻求特殊兴趣在最近几年变得更加重要，而且有可能会继续更加重要，因为受教育程度越来越普遍。

旅游需求产生的原因通常可以分为内在的驱动力和外部的拉动力两类因素。驱动力因素包括一切可以推动旅游者离开惯常居住环境的驱动力量，这类因素往往无法给予旅游者具体的目的地指向，它们只是让旅游者内心感受到有必要外出旅行。典型的内在驱动力因素包括暂时逃逸、放松身心、单纯玩乐、家庭建设、追求声望、社会交往、追求浪漫、教育求知、自我奖励、实现梦想。拉动力因素通常是和目的地的特征有关的因素，典型的外部拉动力因素包括目的地形象、安全性、吸引物、气候等。

能够解释旅游者外出旅行的内在驱动力是旅游动机，心理学上的动机是解释需要和行为的纽带和桥梁。对旅游动机的解释有很多具有代表性的模型。这些有趣的模型彼此不一致，但是都在解释为什么人们通过外出旅行的这种行为来满足内心的某种需要。格雷（Gray，1970）提出两类旅游动机，其中"推动"动机是解释人为什么要"离开"，而"拉动"动机是解释人为什么要去特定的目的地。可见前者更多的来自个体的内心，而后者更多的来自个体对目的地的感知而后所形成的心理倾向。谢彦君在《基础旅游学》中介绍了麦金托什（McIntosh）把旅游动机归纳为健康动机、文化动机、人际动机、声望和地位动机四类，克罗姆顿（Crompton，1979）、戴恩（Dann，1977）、艾泽欧－阿荷拉（ISO－Ahola，1982）都提出了各自接近但是又不同的旅游动机模型。令人耳目一新的是一位研究生完成的作业——"日本人的旅游动机"。2013年，日本留学生三木夏子在中国学习，她通过Mixi和Skype两个网络聊天工具与日本的亲戚朋友进行联系，调查对象是18～58岁的日本人，并汇集了他们对于旅游动机的看法。"我大学毕业以后，开始工作赚钱，想用赚的钱去旅游。对于我来说，旅游是让我们自己的人生更加美好的事情。我经常去旅游，可是，我从来没考虑过我们为什么要去旅游，为什么人生中需要旅游的活动。对此，我的看法是人们总喜欢看没有看过的风景，体验没有体验过的感觉，就是这样简单。"

调查发现，日本人的旅游动机主要有四类：求知动机、释放压力、自我证明、自我奖励。

第一，求知动机。"我想看京都的寺庙，比如法隆寺、金阁寺、银阁寺等日本的名胜古迹，对于日本人来说，这些地方一生中至少一定要去参观一次"；"我想去了解现在的发展中国家像越南、泰国到底是什么样子，就仿佛看到了以前的日本，在对比之中才能充分地感觉并理解日本是个发达国家"；"我愿意为了看当地的足球比赛而去旅行，可以顺便体验当地人的风俗习惯"；"外出旅游能给人留下各种各样的记忆，不管是好的还是坏的，都是宝贵的知识和经历。旅行就是去一个地方，体验那里的生活，体验那里的空气带给肌肤的特殊之感，并且开阔自己的眼界"。

第二，释放压力。"对于我来说，每天工作和学习的压力太大了，而且烦恼也很多，所以我想去别的地方旅游，欣赏壮丽的风景，品尝美味的食物，将自己的烦恼抛之脑后。旅行归来后，我精力倍增，对很多事情都跃跃欲试"；"当我心中有怨气时，我会暂时离开现在居住的地方。空间的变换，会减轻我们心中的精神压力"；"我会体验与平时不一样的生活。吃想吃的食物，看想看的风景，并有机会细细地思考人生中的重要抉择，同时慢慢地琢磨生活中的普通日常小事"；"旅行就是使我们平时的压力得到缓解，并能好好思量以后的人生计划，并使自己的心态更加积极乐观"。

第三，自我证明。"我们都生活在自己的小世界里，对于外边的世界不甚清楚和了解。当踏入一个陌生的世界、陌生世界的事物真实地作用和影响到自己时，我们才真正地发觉到自己的确真正地存在于这个世界，才真实地感受到自己的人生存在。换句话说，旅行的目的就是证明自己在这个世界的真实存在"；"旅行就是摆脱自己的小世界，踏入新的未知世界的过程，在这一过程中，我们个人的人生价值得到了充分的体现"；"旅行中我踏上的每一块新土地都似乎在告诉我，我在这个世界上存在过"。

第四，自我奖励。"每次旅行，我先制订具体的计划，这并不只是空想计划，我要为这个计划而努力工作。我每天都努力地工作赚钱。所以，每天的生活都很紧张，但是也很充实"；"我认为，正是源于旅行的迷人之处所在，我们才能够在工作和家事等所有的生活领域里鼓足干劲、努力生活"；"旅行就是对于自己辛苦劳作的奖励"。

在完成作业的过程中，三木本人也成了问卷调查的对象，"实际上，我去旅游的动机不仅仅只是一个，而是有很多的。同时，不同年龄段的人、工作与不工作的人之间，往往也存在很大的差异。对于那些每天拼命工作的人来说，旅游主要是为了缓解自己内心的压力。对于年轻人来说，很多是想趁着自己还年轻的时候，遍游广阔的世界各地，满足内心的求知欲望，持有这种想法的人也很多。我的旅游动机主要是为了满足求知欲。每次去旅游之前，我先考虑旅游的目的，然后决定去哪里旅游。去旅游能看很多好看的东西，吃很多好吃的食物。现在我还年轻，所以，有充足的时间和精力去了解和学习很多异域的文化和风俗。我敢肯定地说，我的旅游经验将使我今后的生活更加美好、更加有意义。我去旅行，原本并不是想去减轻心里的压力，但是旅游归来后，我发现自己原本的疲惫一扫而光。随之而来的是愉悦的心情和轻松的生活。对于我来说，旅游是使我的人生变得更加轻松、更加美好的事情。所以，我曾多次去旅游。今后，我想努力地工作，利用工作赚来的钱，每年至少要去国外旅行一次，我打算去很多地方。我想，旅行所得到的经验将永远成为自己的宝贵精神食粮"。

（三）为什么选择城市：城市旅游管理的供给方面

城市旅游供给的产业要素构成了城市旅游管理的另一个主要方面。旅游者是否选择某个城市作为目的地，有一些旅游供给因素至关重要。这些因素包括酒店、购物设施、餐馆、俱乐部、酒吧以及交通和停车场。

选择长途旅游的旅游者往往很在意城市是否具有一流酒店、有趣的商店以及在夜晚有一系列不同而刺激的活动。然而，如果酒店房间数不够或者房价昂贵，可能会打消旅游者去城市旅游的念头。另外，互联网的移动终端使得包括酒店、购物设施、餐馆、俱乐部、酒吧的品质与价格很容易被旅游者预先了解。这样，旅游者在决策的时候就能够在一个城市和另一个城市之间做出选择。

如果一个城市要成为一个成功的旅游城市，那么这些因素都是很有必要考虑的。考虑这些因素的另一个原因是，这些城市旅游供给要素决定了旅游就业的类型。与之伴随的消费活动会产生很大一部分的低技能和低收入的就业机会。从1991年英国旅游支出的一个细目中可看出住宿、餐饮、购物和娱乐活动共占了总数的83%。这些活动伴随的就业比照其他类型的旅游供给要相对稳定。

1. 城市交通

在城市旅游中，交通为居民和旅游者的移动提供了便利。城市旅游的空间特征、旅游者在城市中的休闲娱乐等种种体验，在相当大的程度上被交通要素决定着，旅游者从居住地到目的地以及在城市内部的移动都依赖交通。交通的结构要素包括进入许可、线路形态、道路、运输工具、标识系统。在城市旅游发展中，旅游者的流动性是否顺畅、交通节点与兴趣中心是否承受客流压力、当地居民和旅游者之间是否冲突、作为游览形式的交通工具以及停车空间是否高度竞争，都需要通过调整交通的结构要素来进行平衡与缓解。交通在很多城市旅游目的地还是一个限制性的因素，城市的规模、旅游吸引物和产品没有通过有效的线路形态和标识系统被充分利用。线路形态与进入许可不能很好地鼓励旅游者访问广泛的城市环境。标识系统的缺乏，可能阻止了城市向旅游者提供更多的服务。

世界级旅游城市伦敦面临的最重要的交通压力是"入口"。伦敦的国际游客中73.2%是坐飞机到达伦敦的，伦敦机场成为城市交通最重要的入口。伦敦不断增加航空终点站的数量；同时提供连接交通入口与主要景点的旅游汽车、出租车、公交车、游览车以及地铁。不断完善城市入口与主要景点之间的交通设计，有助于降低旅游者到达城市入口之后普遍面临的转乘困难。到访伦敦的国际旅游者中，91%的人使用地铁从机场到达主要景点。在城市内部观光的旅游者则有51%的人使用公交车，30%的旅游者使用出租车，15%的游客使用观光车，另外少量旅游者使用当地朋友的私家车。这组数据很好地说明了旅游者的旅行模式相当程度上取决于选择交通工具的不同。公共部门所制定并实施交通管理办法在一定程度上决定了外来旅游者的旅行模式及其城市体验。常见的交通管理办法包括以下几项：通过停车收费、单双号出行、划定活动区域等方法限制私家车的使用；重新组织道路网络；发展自行车和人行道来减少交通拥挤和噪声污染，为当地居民和旅游者改善城市环境的质量；完善旅游观光车的线路系统和时间规划；严厉打击黑车和私抬价格的行为以维护城市形象；协调公共汽车为旅游者服务的同时也为当地居民和商业服务；重新审视城市内部的水域交通潜力或可能性。

在很多文献中，旅游交通常常被作为"可进入性"的代名词。一方面，"可进入性"是指旅游者是否能便利地亲近或者接触某个特定旅游目的地的吸引物或者事件，用来改变位置移动和空间连接的交通功能是否提供这个"可能性"；另一方面，"可进入性"是指旅游业是否可以在旅游交通设施的"许可"下毫无阻碍地在地理空间上进行扩散。旅游业是否能够给目的城市带来广泛的财富和就业岗位的分配、是否能平衡贫困和失业，也反映了旅游业是否能够进入某个特定区域，为该地区的发展带来新的动力。在这个具有"许可"性质的问题上，旅游交通或者是催化剂或者是阻碍力量。

交通基础设施为游客提供了观光和探索旅游目的地的机会，也为城市扩展旅游服务接待空间提供机会。在地铁或主要交通线路无法延伸到达的区域，旅游开发商很难设计出有想象力的产品并把当地规划成有吸引力的旅游目的地。没有一个很好的交通基础设施为旅游者提供的完善的交通网络，旅游者只能在"给定的"空间位置中对旅游目的地和环境进行体验；旅游业就不能够把所有的潜力都发展出来。

2. 酒店住宿

任何渴望成为重要旅游目的地的城市都需要大量储备酒店房间。不是全部旅游者都会选择星级酒店。旅游者中一部分是一日游游客，他们不会住下来；一部分人会住到亲戚朋友那里；还有一部分人只会选择带早餐同时不提供其他丰富服务功能的青年旅社。同度假胜地相比，露营地和自助式酒店在城市中的重要程度不是很高。无论哪种类型的住宿设施，随着城市旅游功能的提升，消费者对包括青年旅社、汽车旅馆等在内的酒店类型的要求将越来越高。平均而言，旅游者用于住宿和酒店内的餐饮花费高达总支出的60%。在城市旅游管理中，有必要对城市中酒店增多的原因进行分析，并且关注哪种类型的酒店有需求，它们应该在哪里选址，对就业有哪些影响。

城市饭店更多依赖商务旅行而较少依赖休闲市场，然而对于度假胜地来说则正好相反。商务市场包括参观其他公司机构的行政旅行、进行商业贸易、营销人员拜访客户，同时包括很多其他活动如在剧院工作的艺人和政府部门的业务。商务市场的规模取决于城市中举办活动的性质和在城市体系中这个城市的角色，而不是简单地和城市大小相联系。具有很高手工工作比例的工业城市与重要经济中心相比，对酒店储备量有更低的需求。会议和休闲市场也会因城市不同而规模有所不同。虽然很多城市试图开发这些市场，正如在前几章中所讲述的，但是成功的程度都会有所不同。就会议而言，酒店房间的提供是吸引商务的一个很必要的因素，但是没有贸易，就不会建酒店；反之，没有酒店，贸易也不会有很大吸引力。"其他市场"包括人们由于个人原因旅游，如参加婚礼。一个快速发展的市场是旅游者的通行，这个需求可能在城市边缘地带或是在城市之间。世界上第一家汽车旅馆于1926年建于美国，但直到第二次世界大战后需求才开始迅速增加。酒店也从不住宿的客户身上获取利益，主要是通过在餐厅中提供餐饮和提供会议接待的地方。

很多商务旅行者是市场上的高端消费者，而休闲旅游者通常寻求更低、更经济的酒店价格。城市中市场的特性通常反映在酒店类型中，但是一个有远见的旅游城市应该试图提供不同质量和价格的住宿。

从全球范围看，对酒店住宿需求的总量从20世纪50年代开始就一直呈现出稳定增长的趋势，而且城市酒店客房的出租率比其他类型的旅游目的地要高。但同时，酒店住宿的需求又表现出波动性。需求波动出现的原因一方面是城市旅游先天就具有的季节性，尽管比较其他类型的目的地这种波动性较小；另一方面会受到当地经济状况是趋于萧条还是增长的影响。

酒店住宿的需求每周、每年都会有所不同。商务旅行趋向于集中在工作日，而使周末需求量降低；相反，休闲游主要集中在周末。理想的状态是，城市在工作日酒店接待商务旅游者，而周末安排短途休闲旅游者的住宿。然而，现实中这两类需求很难完全平衡，酒店通常都面临着在一周之内如何采取浮动房价的做法来吸引住客。商务和会议市场在圣诞新年期间和暑假有所减少，而短途游市场在春末夏初和秋季达到顶峰。众多旅游城市酒店客房的出租率在日平均气温适宜旅行的季节里会达到顶峰。一个大型会议或展览可能充分利用城市所有酒店客房的出租潜力，然而在会展与会展之间，酒店客房使用率会很自然地降下来。

酒店的主要收入来自客房出租取得的租金以及向顾客提供的餐饮服务带来的销售收入。在酒店收入比例中，客房租金之所以重要是因为客房出租的利润比餐饮、其他服务的利润都要高。酒店的主要支出在于利息和固定资产的贬值。支付在设备设施上的资金越高，相应的管理费用就越高。比较不同的收入和支出情况就会发现，世界上酒店住宿的花费都会不同，城市之间会不同，城市中心和城市边缘地区也会不同。这是因为土地的利息和设备设施的资金占用在城市中心会很高，酒店员工的薪酬待遇在城市中心也会提高，这些压力，经济型酒店明显会低于豪华酒店。

城市酒店出租率的影响因素一般包括功能丰富程度、酒店个性与目标市场的选择、现代化建筑与时尚装潢的生命周期、酒店的声誉与连锁经营的方式、酒店的选址以及服务管理水平。

酒店的功能从早期的消费者期望客房内部有个单独卫生间开始，到各种功能安全性的标准不断提升。20世纪80年代，西方城市的酒店类型及其功能开始走向丰富和完善：卧室、客厅、厨房、餐厅、多功能厅、游泳池、健身房、公共区域、包括酒店内外的绿化和奢侈品陈列。

但并非所有酒店都将目标市场选择为奢侈昂贵的消费者群体。会议型酒店是酒店一种特殊的类型，因为意识到大型会议的重要性，必须提供可供会议使用的合适的房间、会议室和展示区，并且不断增加住宿容量。大型酒店对于会议来说是很理想的，但通常由于一些休闲旅游者的存在，会议主办方可能会觉得缺乏私密性。

城市现代化进程的加快，使得消费者容易倾向于选择最新的酒店入住。酒店发现只有周期性地在硬件上不断进行改造，才有可能始终给消费者耳目一新的感受。很多城市中心的酒店在20世纪末或是21世纪初建造。再早期的酒店除了先天的位置占优势，建筑本身的古朴和文物特征以外，不再具备建筑新潮和设施完备上的优势。大多数老式酒店都没有宽敞的套房并且设备设施达不到星级标准的要求，往往会使得酒店因此丧失客源。酒店的硬件主要是建筑装饰的周期性改造工程，成为延长酒店建筑生命周期的常用办法。

酒店住宿供给也在很大程度上受到企业品牌形象和集团声誉的影响。在高端消费市场，重要的酒店集团包括 Hilton、Sheraton、Hyatt、Omni、Holiday Inn、Marriott、Inter‐Continental 等。连锁经营，特别是在这些酒店业企业巨头的旗下进行连锁经营，具有以下一些特定的优势：强大的市场营销能力；中心预定体系；有能力满足大客户的特殊要求；在世界各地的城市提供具备同样标准的产品。

城市中酒店的选址也是一个重要的话题。最昂贵和最奢华的酒店通常会选择在城市中心。中国改革开放后的第一批酒店和西方19世纪的早期酒店类似，将位置选择在靠近城市火车站的地方。火车站往往是具有标志性的老城市的传统意义上的中心地带。随着城市的发展，中心区域的地价不断高昂并且往往不会再有多余的空间建设新的酒店。新兴酒店的选址开始远离高价的土地，但是依然趋向于在零售区和商业区附近选址。在最近几年，酒店建在建设区的边缘，靠近和其他地方有联系的要道或是靠近机场。通常新的经济型酒店或汽车旅馆建在这些地方或是靠近公路。尽管如此，城市中心仍然是酒店重要的选址位置。这些新的地方和商业区有段距离，这些商业区附近有很多旅游景点和会议设施。然而一些游客愿意倾向于廉价的住宿支出，而不倾向于便利，另一些游客则持相反观点。很明显，在商业区建一些现代化的经济型酒店还是比较明智的，即使其在建造和运营上成本会更高。

最简单而通用的规则是，顾客希望酒店就在他们游览地的附近，从而尽可能减少中途的交通费用，然而开发商则寻求那些被证明有投资潜力的地方。这样的地理位置在城市发展进程的某个阶段往往是非常醒目的。因此，在世界上的一些大城市，如伦敦和巴黎，酒店通常呈现明显的酒店群的布局形态。

3. 旅游购物

没有人否认，旅游业和零售业是两个不同的行业，但是对城市旅游者行为的大多数研究都表明，旅游者很大部分的时间和金钱花在了购物上。旅游者在出发前，被问及旅游目的的时候很少涉及购物，但是在旅途结束归来的时候，当问及他们做了些什么，旅游者会把购物视为最重要的活动之一加以回味。旅游者不是为了必需品而去购物，也不包括自助餐类的购物。对于大多数旅游者而言，购物是个愉悦的经历，只要时间允许，旅游者会有种欲望想去看看不同的地方是否有不同的东西。60%的旅游者去购物时并没有具体的购物计划。一个舒适的环境可以使购物变得更愉悦，而且很多人喜欢回去时给亲朋好友带礼物。所以无论是一日游、周末游、长假期还是商务旅行，经常会有购物的行为发生。因此毫不奇怪，零售店经常会设在旅游吸引物范围内或是靠近旅游吸引物。从纪念品店到出售一系列特殊商品的零售店都有着各自的吸引力。当有很多这种类型的店在城市的某个地方集聚时，它们本身也成为旅游吸引物的一部分，可以增强城市整体上对旅游者的吸引力。

城市里典型的购物场所通常有两种：一种是超大型的购物中心，它具有多功能的属性，能够满足旅游者包括购物在内的很多需求；另一种是别具特色的专卖店，在那里旅游者往往会发现一些感兴趣的东西。

大城市的"摩尔"业态丰富，除了购物还有很大一部分休闲的功能，因此吸引了很多旅游者。在交通畅达的情况下，中心城市的大型购物场所可以吸引150公里甚至200公里的自驾旅游者前来购物、休闲。

旅游者现在尤其被一些专门零售店所吸引。这些商品类型不是在其他地方都能见到的。它们有时是小批量生产，有时是一些纯手工制品。某种程度上，专门零售店销售的产品可能是艺术品、垄断品或者奢侈品，而不是生活必需品。包括陶瓷，不寻常的专门设计的衣服、书、香水和罕见的家居用品。意识到专门零售店往往会成为吸引物的现实后，更多的旅游开发商试图通过零售购物的空间集聚来创建特别的购物游览区。

"节日广场"延伸了上述观点，它把专门购物、饮食和娱乐相结合了起来。这种做法是由美国的 James Rouse 首先运用的，他是购物中心的开发商。早在20世纪70年代初期，James Rouse 在原来的蔬菜市场倒闭后，尝试用这种方式来开发波士顿的 Faneuil Hall – Quincy 地区。这个城市空间是一系列完好但是陈旧的建筑群集聚区。开设专门零售店的做法在1976年开始实行，当年便取得了巨大的成功，吸引了大量白领、郊区居民和旅游者。除了稀奇古怪的商品、古老风格的建筑群、历史气息的街道，它的吸引力还在于整晚开放，整个街区充满了节日气氛。"节日广场"的成功引发了在美国以及后来的加拿大、英国和澳大利亚一连串的模仿。不是所有的"节日广场"都是成功的，如果它位于众多旅游吸引物集中的地区或是在城市中心，就非常容易成功。"节日广场"的持续成功还必须密切关注商店质量、店铺的出租情况、环境和安全性。

4. 餐饮美食

旅游者对城市餐饮的需求包括三类：首先，越来越多的人去离家很远的地方旅行，无论是为了工作、购物还是休闲活动，因为远离家，所以需要食物和饮料。旅游者在目的地城市中购买食品和饮料，是为了满足自身的需要。其次，异地就餐更是一次愉悦的经历。相当多的旅游者把去不同城市享受美食作为一项重要的旅行目的。最后，越来越多的当地居民将外出就餐视为一种休闲活动。这种趋势在受教育程度越高的人群中越明显。例如，越来越多的家庭因为工作繁忙不愿意回家后准备晚餐，全家会外出就餐。因此，城市提供恰当的餐饮设施，拥有着广阔的市场。一个成功的旅游城市应该在城市中心或旅游吸引物的附近鼓励并扶持各式各样的餐厅。一个城市美食的丰富程度不是简单地取决于一些高档餐厅，而是在于它能给旅游者提供多大的体验范围和多丰富的餐厅类型。

餐饮市场的分类可以依据不同的标准。从旅游方式角度看，包括旅行社统一安排的团队餐和自助旅游者自行选择的地方特色餐厅。旅游者更希望能和当地人一样，把就餐作为休闲活动的一部分，选择更加悠闲的方式外出就餐。自主选择而不是通过旅行社安排的外出就餐更加有吸引力。

外出就餐的吸引力有两个方面：物质食物和精神食物。物质食物表现为旅游者对食物本身的渴望，相对简单。精神食物表现为旅游者对愉悦的就餐经历的追求。精神食物更复杂，花费费用也更多，周围环境也更重要，而且消磨的时间也更长。事实上，旅游者对物质食物和精神食物的需求难以截然分开，分开的表述有助于理解城市餐饮企业及其产品与服务的品质。高品质的餐饮活动是一种社交行为，往往不是独自完成，通常是作为一种重要的人际交往的一部分。随着生活水平的提高，旅游者想要更全面地去体验生活。在高档餐厅就餐被视为一种生活的体验。在高端消费场所就餐，周围的环境也可能会提升自身的自尊感。

餐饮消费具有季节性。很显然，对于餐饮产品与服务的需求每天都会不同，有可能每周也会不同，而且每个季节都会不同。餐厅在午餐时间和晚上是比较忙的。在白天其消费者更多的是购物者、就近工作的人或者是商务旅行者。在傍晚时，就餐时间更加从容，惠顾的人更可能是要赶往其他场所，如要去电影院、音乐会或是剧院，也可能就是为了使夜晚的时光度过得更加愉悦而用餐。无论是当地居民还是旅游者，往往会去寻找一些他们想要的菜谱类型的好餐厅，并且价位能在承受范围内。在旅游城市里，夜晚的餐饮活动可能持续到很晚。类似的，餐饮活动在一周之中、一年的不同季节里也存在周期性的规律。

影响餐饮季节性的因素包括来自消费者方面、餐饮供给方面、城市传统的旅游节庆事件、经济周期等。在餐饮供给方面，"餐厅的位置"是最重要的影响因素。合理的餐厅位置可以通过"可进入性"和"可见度"两个指标来衡量。"可进入性"意味着很多人会路过那里，如餐厅选址于繁忙的交通线附近。"可进入性"实际上是关注消费者总量，"可进入性"好的位置，常常伴随着其他零售商、停车场和娱乐服务，当然也需要支付相对昂贵的租金。"可见度"的概念描述了餐厅经常聚集一起的事实，不仅仅是因为餐饮企业容易选择具有同样"可进入性"的地方，更是因为这样的位置容易被消费者发现。如果旅游者不知道某个具体的十分有名气或者特色的餐厅，他们会选择去餐厅聚集区，他们相信在那里能容易地找到他们喜欢的餐厅。

如果根据餐饮企业提供物质食物和精神食物划分，侧重物质食物的餐厅，特别是快餐类的，追求的是"可进入性"。企业需要考虑选址于城市中心、购物中心、办公楼停车场，在消费者工作、购物以及休闲活动附近，或者是沿着主干道的位置。侧重提供精神食物的餐厅，需要考虑"可见性"。企业通常建在城市的商业中心、核心旅游吸引物、会展中心、星级酒店附近，方便高端旅游者接近。考虑到当地居民的餐饮需求，侧重提供精神食物的餐厅通常也青睐大规模的高档居民小区集中的街区。这种原本为了吸引本地客人的高档餐厅一旦在某个街区大量出现，会使当地获得知名度并产生颇具吸引力的氛围，最终也会成为旅游者趋之若鹜的地方。

5. 城市娱乐

道路和停车场的不断完善加强了城市中心地区的娱乐功能。酒吧、俱乐部、剧场、音乐会、狂欢会所甚至是赌场，往往是人们前往城市中心区的主要动机之一。

旅游者在城市亲近了核心吸引物以后，需要体验到更多当地人的娱乐方式。一些娱乐方式随着时代的变迁逐渐被淘汰，而另外一些则不断被丰富和完善。具有强烈地方性的娱乐活动，如充满历史感、民族特色或区域特征的舞蹈、戏剧、音乐、酒吧、歌剧往往最能吸引旅游者，成为他们在陌生城市填补空闲时间的选择。一些旅游者也愿意和当地人一起加入参与性强的娱乐活动，如观赏街头艺人的表演或者加入集体散步的人群中。

（四）城市旅游管理的实践与探索

旅游活动的特殊性，城市旅游管理不仅仅需要企业管理的手段与方法，还需要区域管理的手段与方法。探索城市旅游管理的实践，一个重要的任务是检验这些手段与方法的针对性和有效性。旅游者在城市旅游活动全过程中接触或感受到的旅游产品与服务的好坏、旅游企业的优劣、旅游产业链的效率、城市整体的形象、城市居民好客程度都在城市旅游管理实践活动中被关注。城市旅游管理的手段有的针对旅游企业行为、旅游产业链行为，有的针对城市形象与当地生活方式、城市产业问题，有的针对旅游者本身。"构造辽宁城市旅游圈"部分从产业角度提出打造城市旅游圈的构想。"辽宁省入境旅游市场基本特征分析"从区域营销的视角，对辽宁省入境旅游市场的客源构成进行了分析，为区域旅游发展与管理提供了基础数据。"省域旅游产业问题分析与发展定位"部分从区域旅游管理的政府职能角度讨论城市旅游功能如何发挥积极作用的机制与途径。"沈阳城市旅游形象定位研究"部分探讨了城市的地理特征、民俗传承、旅游者感应等要素对城市旅游形象管理的影响与作用。

一、构造辽宁省城市旅游圈[①]

辽宁省是我国城市化水平最高的省份，随着以沈阳为中心的辽宁省中部城市群的形成与发展、辽西旅游热线的开发，辽宁省的旅游业取得了前所未有的可喜成绩。近年来，区域旅游合作成为一股热潮，为实现辽宁省旅游的长久发展，构造省内旅游圈势在必行。本部分内容对城市群和旅游圈概念进行了阐述，从辽宁省旅游的现状出发，提出构造辽宁省城市旅游圈的对策建议。

（一）研究背景与理论依据

旅游流空间流动规律与区域经济一体化理论是旅游圈研究的理论基础。

1. 关于城市群

1962年，法国学者戈特曼首次提出了城市群的概念。他认为，城市群是由多个中心城市或大城市圈集合而成的一个关联密度高的城市空间，其实质是由集中化走向一体化，谋求城市群和区域经济的协调和共同发展，实现资源共享和利益共融。1992年，我国学者姚士谋也提出了城市群的概念。他认为，城市群是在特定的地域范围内

---

① 胡晟妍，郭舒. 构造辽宁城市旅游圈. 理论界，2006（8）.

具有相当数量的不同性质、类型和等级规模的城市，在一定的自然环境条件下，以一个或两个超大或特大城市作为区域经济中心，共同构成的一个相对完整的城市"集合体"。1996年，国内学者王建提出在我国建立九大城市圈，并致力于构建更适合中国宏观区域发展要求的城市空间布局体系。综合各方面的研究认为，城市群的概念应是：由一个或多个中心城市和与其有紧密社会、经济联系的连接城镇所组成，具有一体化倾向的协调发展区域。其是以中心城市为核心，以发达的联系通道为依托，吸引辐射周边城市与区域，并促进城市之间的相互联系与协作，带动周边地区经济社会发展的、可实施有效管理的区域。辽宁省正是处在以沈阳为中心城市的东北三省经济圈的范围内。

2. 关于旅游圈

从已有的研究来看，对于旅游圈的理解主要有如下两方面：一方面，将区域作为标识其研究问题的特性或分析问题的工具，是一个抽象的、观念上的空间概念，没有明确的边界划分。另一方面，用于具体区域的旅游发展研究中，有明确的边界划分。本部分内容的研究对象是辽宁省这一特定区域，因此属上述第二种情况，并认为旅游圈的概念是，区域范围内不同地区的经济主体为了获得最大的经济效益、社会效益和环境效益而将资源在地区之间重新配置、组合的具有一定地理范围的旅游协作区域。

3. 关于旅游流空间流动规律及区域经济一体化理论

旅游流空间流动规律以及区域经济一体化理论适合作为研究城市群与旅游圈的耦合现象的基础理论。旅游流理论认为，旅游流是指在一定尺度的区域上由于旅游需求的近似性而引起的旅游者集体性空间移位现象，这种大规模的旅游者集体流动具有三维特征，即时间特征、流量特征和流向特征。旅游是城市化的产物，是依托城市而生存和发展的。旅游流运动的内在规律要求城市为其提供特定的空间区域，也只有城市才同时具有生产旅游者、集聚旅游者、输送旅游者的作用。因此，从市场和需求角度看，形成旅游圈更有效益。

区域经济一体化理论包括产业发展一体化、生产要素市场一体化、区域城市发展一体化三个方面。基于这一理论，旅游吸引物、基础设施和旅游服务可以在区域内实现优势互补，因此从产业和供给角度看，形成旅游圈更有效率。具体说来，在区域旅游合作中，城市群与旅游业的耦合表现在以下三个方面：一是旅游市场的优势互补。旅游业是城市化的产物，是依托城市而生存和发展的，只有城市才同时具有产生旅游者、集聚旅游者、输送旅游者的作用。二是旅游供给的优势互补。在走向现代化的进程中，区域内的中心城市会影响和示范周边地区，对旅游业形成大范围的供给和输出。这种互补意义上的旅游供需系统的外延伸展，会使旅游的供给得到充分的保障并且变得更加丰富。旅游供给的互补可以扩大旅游接待能力使旅游基础设施及旅游服务设施得以充分利用，提高设施的利用率。三是旅游资源的优势互补。由于自然力的作用形成了许多具有独特魅力的自然旅游资源，其分布不以人的意志为转移，因而形成了地区自然资源的优劣势。城市群可以解决各地区资源不均衡的问题。人文旅游资源也是旅游资源的一个重要部分，它是可以移动的，因而城市间的各种活动使旅游资源有了互为补充的媒介。

（二）国内旅游圈实证分析

1. 长江三角洲地区

长江三角洲地跨江、浙、沪两省一市，包括上海、南京、苏州、无锡、常州、镇江、扬州、泰州、南通、杭州、宁波、嘉兴、湖州、绍兴、舟山15个城市。长江三角洲地区经过改革开放30多年的快速发展，已经成为我国最大的经济核心区之一。形成了以上海为中心城市的经济圈，是我国经济最发达、旅游活动最为活跃的地区之一。近年来，该地区凭借自身良好的经济、区位和资源优势，旅游业发展如火如荼。21世纪，在区域经济一体化、知识经济和世博经济等新的背景下，长江三角洲地区的旅游发展又面临着前所未有的良好机遇。在区域旅游合作中，该地区存在的问题有以下几项：一是区域内经济发展的较大差异性和不平衡性使区域旅游合作流于形式。二是区域旅游产品合作的开发以观光型为主，产品单一，结构不合理。三是对国际旅游市场的重视超过国内旅游市场。

但不可否认的是，长江三角洲地区的区域旅游合作在我国区域旅游合作中具有很强的示范作用和许多可取之处。其合作模式是以上海为旅游中心城市，南京、杭州、苏州、无锡、宁波为次旅游中心，常州、南通等其余城市为重要节点的梯级网状区域旅游网络（见图6-1）。

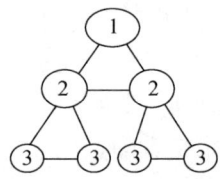

图6-1　长三角地区的梯级旅游网络

注：图6-1中数字代表城市：1—上海；2—南京、杭州、苏州、无锡、宁波；3—常州、南通、扬州、镇江、绍兴、嘉兴、湖州、舟山、泰州。

2. 环渤海地区

环渤海地区地跨辽、鲁、冀、京、津三省两市，包括大连、丹东、葫芦岛、盘锦、锦州、营口、东营、潍坊、烟台、威海、青岛、秦皇岛、唐山、沧州、北京、天津、滨州17个城市。该地区形成了以北京为中心的京津冀—环渤海湾城市群。环渤海地区呈双核多中心结构，区域内的城市旅游业发展首位度很大，北京作为这一地区的首位城市，旅游业发展遥遥领先于其他城市，区域内旅游业发展极不均衡。近年来，我国城市化发展迅速，环渤海地区已基本形成了以北京为中心的京津冀—环渤海湾城市群，而从旅游业发展的基本规律出发，该地区也是国内最早提出区域旅游合作的地区。区域内旅游资源丰富，区域旅游合作取得了一定的成果，但暴露出的问题也很多：从区域旅游合作主体来看，主要是企业自发行为，还没有上升到政府间合作的层次；从区域旅游合作机制来看，主要是市场推进，还没有进入到政策协调的阶段；从区域旅游合作支持系统来看，交通、通信等相关部门还缺乏协调；从区域旅游合作认识基础来看，互利互惠的"共赢"观念还没有形成；北京在区域内的城市旅游业发展首位度很大，北京作为这一地区的首位城市，旅游业发展遥遥领先于其他城市，区域内旅游业发展极不均衡，开展整个区域一体化的旅游合作难度很大。

环渤海地区的区域旅游合作模式为：以北京为首位城市，天津为次位城市，青岛、大连、秦皇岛等城市为次区域中心，丹东、营口等城市为补充的双核多中心多级网状旅游网络（见图6-2）。

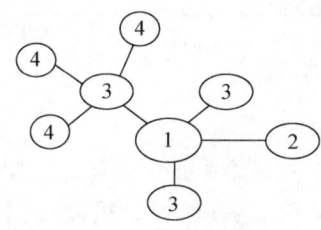

图6-2　环渤海地区的双核多中心多级网状旅游网络

注：图6-2中数字代表城市：1—北京；2—天津；3—大连、青岛、烟台、秦皇岛、丹东、潍坊、威海、唐山；4—葫芦岛、营口、盘锦、沧州、滨州、东营。

（三）辽宁省中部城市群旅游圈构造的基础

随着经济的发展，沈阳已成为东北地区经济圈的中心城市，其所在的辽宁省已成为全国城市化水平最高、发展进程最快的省份。而且，辽宁省城市旅游基础好，城市群密集，以沈阳为中心的中部城市群包括鞍山、抚顺、铁岭、本溪、丹东、营口、阜新、辽阳等城市，已初具规模。再加上旅游业较为发达的大连和具有鲜明特色的辽西几座城市，辽宁省的旅游业在近年取得了巨大进步。以下将通过各城市的经济发展水平及各城市人口状况、旅游业发展水平、4A和3A级旅游景区分布情况、辽宁省主要客源地等几方面对辽宁省的旅游业发展现状进行分析。

1. 辽宁省2003年各城市经济发展水平及各城市规模

2003年，辽宁省国内生产总值（以下简称GDP）为6002亿元，沈阳和大连的GDP之和为3235.6亿元，占全省GDP的53.9%，可见这两个城市的经济发展水平在省内处于领先地位，且具有很强的决定作用和带动作用。从城镇居民人均可支配收入和城市规模来看，这两个城市的领先地位也很突出。一般地，居民人均年可支配收入与旅游消费支出成正比，从这个意义上来说，沈阳和大连的居民更具有旅游消费能力。2003年各城市经济发展水平及各城市人口状况如表6-1所示。

表6-1 辽宁省各城市经济发展水平及城市规模（2003年）

项目＼城市	沈阳	大连	鞍山	抚顺	本溪	丹东	锦州
国内生产总值（亿元）	1603	1632.6	790.4	314.8	234.65	232.9	281.6
居民人均可支配收入(元)	7961	9101.35	7434.3	6393	6347.76	5848	6546.77
总人口（万人）	689.1	506.2	345	225.5	156.6	241.2	352.9

项目＼城市	营口	阜新	辽阳	铁岭	朝阳	盘锦	葫芦岛
国内生产总值（亿元）	253.5	104.2	238.8	176.5	119.8	338	206.1
居民人均可支配收入(元)	7317.98	4673	6012	5606.59	5148.69	8384	6734.64
总人口（万人）	229.2	193.0	181.8	299.3	336.5	124.4	270.9

资料来源：2004年辽宁城市统计年鉴、辽宁省各城市统计年鉴。

2. 辽宁省各城市2003年旅游业发展状况

从国际旅游总接待量、国内旅游接待量、地方旅游业总收入、旅游创汇等指标可以初步判断出区域旅游业的发展水平。从表6-2可以看出，沈阳和大连的旅游业发展遥遥领先于其他城市，省内旅游业发展很不均衡。从辽宁省中部城市群和辽西这两个旅游次区域来看，鞍山和丹东、锦州和葫芦岛分别是其中心城市。

表6-2 辽宁省各城市旅游业发展数据（2003年）

项目＼城市	沈阳	大连	鞍山	抚顺	本溪	丹东	锦州
国际旅游接待（万人）	18.42	37.3	4.67	1.05	2.60	6.50	1.60
国内旅游接待（万人）	2254.3	1152	570	162.3	341.5	430.6	290.05
旅游业总收入（亿元）	144.76	126	40.35	9.4	17.1	30.3	17.0
旅游创汇（美元）	1.3亿	2.5亿	320万	358万	633万	2210万	510万

项目＼城市	营口	阜新	辽阳	铁岭	朝阳	盘锦	葫芦岛
国际旅游接待（万人）	0.11	0.16	0.39	0.12	0.09	0.27	1.36
国内旅游接待（万人）	231	80	138	110.5	108.5	150.3	291.3
旅游业总收入（亿元）	10	3.34	7.6	4.1	6.1	10.3	12.55
旅游创汇（美元）	300万	60万	158万	54万	51万	288万	358万

资料来源：2004年辽宁城市统计年鉴、辽宁省各城市统计年鉴。

3. 辽宁省4A、3A级旅游景区分布情况

沈阳和大连的旅游资源丰富，两者所拥有的4A级景区数之和超过辽宁省总数的

1/2。省内3A级景区分布相对来说较为均匀。2003年辽宁省4A、3A级旅游景区分布情况如表6-3所示。

表6-3　辽宁省4A、3A级旅游景区分布（2003年）

级别\城市	沈阳	大连	鞍山	抚顺	本溪	锦州	盘锦	朝阳	营口	丹东	总计
4A	6	8	2	1	3	2	—	—	—	2	24
3A	1	2	1	1	2	2	2	1	1	—	13

资料来源：中国旅游局。

4. 2003年辽宁省国际客源市场

在接待入境旅游者中，接待外国人77.89万人次，中国港澳台地区同胞11.09万人次。韩国和日本是辽宁省的主要国际客源地，2003年，来自这两国的游客总数占辽宁省接待入境游客总数的54.81%。入境游客在辽宁的人均花费为592美元。排在全省前10位的旅游客源国（地区）及接待人数如表6-4所示。

表6-4　辽宁省各城市主要客源国（地区）（2003年）

客源国及地区	韩国	日本	中国台湾	中国香港	俄罗斯
人次	24.67万	24.1万	6.15万	4.35万	2.96万
客源国及地区	美国	新加坡	德国	马来西亚	英国
人次	1.88万	1.32万	1万	8086	7948

资料来源：2004年辽宁城市统计年鉴、辽宁省各城市统计年鉴。

5. 2003年辽宁省国内旅游者构成情况

根据国内旅游抽样调查显示，2003年辽宁省内居民是辽宁省国内旅游的最大客源市场，占全省接待国内游客人数的46.7%，外省游客占53.3%。在外省客源市场中，前10位的地区如表6-5所示。

表6-5　辽宁省各城市国内旅游者人次占总体比重（2003年）

客源市场	北京	黑龙江	山东	上海	吉林
比重（%）	15.2	9.4	9.1	8.7	8.1
客源市场	天津	河北	内蒙古	福建	广东
比重（%）	8	6.7	4.5	3.9	3.8

资料来源：2004年辽宁城市统计年鉴、辽宁省各城市统计年鉴。

另外，从以往学者对旅游圈的研究发现，旅游圈像其他圈一样，具有一定的层次性，从旅游动态发展的角度考虑，旅游圈存在两种发展、辐射、扩展的模式，带有明显的层次性：一是以核心层、中心地带向外，呈圆环状，不断扩充、辐射。二是以不同的核心、不同的优势资源地为中心，形成小型环圈，环环相扣，辐射发展。

根据以上对辽宁省旅游业发展现状分析和长江三角洲地区、环渤海地区旅游合作举例来看，辽宁省的情况与长江三角洲地区、环渤海地区不同。沈阳、大连在省内旅游业的发展中优势明显，首位度高。也就是说，在辽宁省范围内，存在着两个首位城市。基于辽宁省现有的经济状况、地理位置等因素，各城市在旅游业的发展水平上极不均衡，形成了以沈阳和大连为中心旅游区的状态，其余城市处于从属状态的格局，即辽宁省旅游圈的发展、辐射、扩展的模式属于上述的第二种情况。于是一蹴而就的辽宁省旅游圈的形成是不可能的。因此，应针对辽宁省的自身情况，辽宁省中部城市群和辽西旅游热线为次区域，通过沈阳和大连的带动、辐射作用，促进两个小区域的发展、联合而带动辽宁省旅游经济的整体繁荣。

辽宁省中部城市群：城市群与旅游圈的耦合在这一地区得到了很好的体现，城市的强大吸引力、良好的自然条件和有利的地理位置、经济发展的中枢地位，且旅游资源丰富。因而这一区域在辽宁省范围内的旅游发展具有得天独厚的优势。

辽西旅游热线：在这条旅游热线上有锦州、葫芦岛、阜新、朝阳、盘锦。该地区位于辽宁省的西部，地处东北地区与关内联系的要道，交通便捷，战略地位十分重要。这一地区是以名胜古迹为主题的多种旅游资源集中分布地区。这一地区与辽宁省中部城市群中的城市相比经济水平较为落后，旅游业发展也正处于低级阶段，但是该地区山海相连，古迹众多，旅游资源具有很强的地区特色，是辽宁省重要的旅游区，发展前景看好。

综上所述，构造辽宁省城市旅游圈应采取以沈阳、大连这两个首位城市带动辽宁省中部城市群和辽西旅游热线这两个次区域内城市的联合，进而促进辽宁省旅游业全面发展的策略。

（四）构造辽宁城市旅游圈的对策建议

首先，制定旅游合作规划，做到规划先于合作。辽宁省内的旅游合作应汲取其他地区旅游合作的经验及教训，避免边合作边规划甚至无规划的问题。省内的旅游部门应制定出具体的合作规划指导旅游合作的顺利进行，降低盲目合作的可能性。只有具备了明确的合作规划，旅游合作才能沿着正确的方向发展下去，并取得预期效果。

其次，明确各城市在辽宁省旅游圈中的地位，建立合理的利益分配机制。辽宁省旅游圈要以沈阳和大连为首位城市，带动辽宁省中部城市群和辽西旅游热线两个次区域的发展。各城市明确自己所处的地位后，可以充分发挥自己的作用，促进旅游圈的形成与发展。另外，在实现辽宁省旅游合作的过程中，城市和其他利益主体之间既有共同的利益，又有其自身利益。这就有可能导致区域合作的低效率或无效率，因而建立合理的利益分配机制十分必要。

再次，丰富旅游产品类型，突出地区特色。旅游产品包括观光型、参与型、体验型和主体型四类。辽宁省范围内的旅游产品以观光型为主，在加强各城市间的旅游合作过程中，应注重丰富旅游产品的类型，增强游客的参与性，并突出辽宁省"海滨风光，清代遗迹"的旅游特色。

最后，明确辽宁省旅游圈的客源市场。辽宁省的最大国际市场是韩国和日本，占接待入境游客人数的54.81%。因此，辽宁省的旅游合作要针对这一情况开发出适销对路的旅游产品。辽宁省的最大国内客源市场是省内居民，占接待国内游客总人数的46.7%，辽宁省人口密集，本身就是发展旅游业的天然客源市场。同时，受可自由支配时间和可自由支配收入的制约，短线区域旅游将成为潮流。因而，应重视省内客源，同时兼顾国际、国内市场。

二、辽宁省入境旅游市场特征的基础研究[①]

以辽宁省入境旅游市场作为研究对象，运用 SPSS、Excel 等工具软件，对 1995~2004 年相关统计资料进行了分析，初步厘清了辽宁省入境旅游市场的总体特征。近十年来，辽宁省入境旅游人数增长率远远高于旅游外汇收入增长率；客源市场高度集中；旅游人次与外汇收入存在巨大增长空间；旅游交通消费比重居高不下。辽宁省入境旅游尚存在较大发展空间，应当积极开拓市场，加强市场宣传促销，注重文化内涵，开发旅游精品，全面提高旅游服务质量。针对入境客源集中于少数几个亚洲国家，应当在稳定、加强现有亚洲、中国港台地区客源市场的同时，充分开拓欧美市场，实行"请进来、走出去"战略，搞好区域联动，共同发展。针对交通费用比重过高问题，要优化旅游交通网络，降低交通费用比重，调整旅游产品结构，加快旅游产品升级换代速度，加强景区景点休闲娱乐设施的建设，增加游客的娱乐消费比重，大力开发旅游商品。

改革开放以来，辽宁省的旅游业走过了不平凡的发展道路，旅游业从无到有，发展规模从小到大，产业经济实力由弱到强。近年来，辽宁省入境旅游业发展取得了历史性成就。2010 年辽宁省接待入境旅游入境旅游者 362 万人次，旅游外汇收入 225933 万美元。入境旅游对辽宁省旅游业发展具有重要作用。深入分析辽宁省入境旅游市场，对于更好地把旅游业培育成全省国民经济最具活力的支柱产业，实现由旅游资源大省向旅游经济强省跨越式发展的战略目标，具有极其重要的意义。

（一）旅游人次与外汇收入分析

1995~2004 年，辽宁省累计接待入境旅游者 599.31 万人次，从 1995 年的 26.46 万人次到 2004 年的 108.08 万人次，年均增长速度为 16.9%。旅游外汇收入累计达 36.94 亿美元，从 1995 年的 1.89 亿美元到 2004 年的 6.13 亿美元，年均增长速度为 13.9%。尤其是，2004 年辽宁省入境旅游人数同比达到了 38.8% 的高增长率，旅游外汇收入达到了 35% 的高增长率。可见，除受 2003 年 "非典" 影响大幅度下降外，

---

① 石张宇，郭舒，于丽艳. 辽宁省入境旅游市场基本特征分析. 商业研究，2006（22）.

辽宁省入境旅游市场总体上逐年保持较快增长趋势，显示出良好的发展态势，逐渐成为辽宁省国民经济新的增长点（见表6-6及图6-3）。

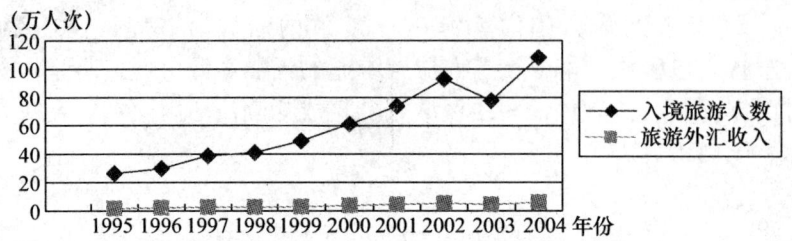

图6-3　1995~2004年入境旅游人数和旅游外汇收入情况

表6-6　1995~2004年辽宁省接待入境旅游者及旅游外汇收入情况

年份	总数（万人次）	同比增长率（%）	外汇收入（亿美元）	同比增长率（%）	外国人（万人次）	同比增长率（%）	中国港澳台地区（万人次）	同比增长率（%）
1995	26.46	14.2	1.89	13.8	21.5	12.2	4.9	9.8
1996	29.8	13.1	2.24	18.4	24.3	13.1	5.5	12.2
1997	38.8	30.1	2.6	15.9	31.1	28.0	7.7	40.0
1998	41.07	5.9	2.603	1.2	31.18	2.4	8.35	8.4
1999	49.1	19.6	3.04	16.0	38.6	21.4	9.5	13.8
2000	61.2	24.6	3.8	25.6	50.0	29.6	11.2	17.7
2001	74.0	20.9	4.6	21.0	62.0	23.7	12.0	7.4
2002	92.9	25.6	5.5	18.9	79.4	28.3	13.5	11.8
2003	77.9	-16.2	4.54	-17.5	66.8	-15.9	11.1	-17.8
2004	108.08	38.8	6.13	35.0	93.77	40.4	14.31	28.9
总计	599.31	—	36.94	—	498.65	—	100.66	—

资料来源：《中国旅游统计年鉴》（1996~2005年），《辽宁省国民经济和社会发展统计公报》（2000~2004年）。

通过对入境旅游人数增长率和旅游外汇收入增长率曲线（见图6-4）的比较发现，除受1998年亚洲金融危机、2003年"非典"影响，增长率大幅度下降外，其余年份的人次、收入指标均呈现快速增长态势。值得关注的是，这两条曲线的变化趋势也存在一些差异，即当入境旅游人数的增长正处于高峰期时，旅游外汇收入的增长却处于低谷。入境旅游人数的增长快于旅游外汇收入的增长这一事实，部分地说明了辽宁省入境旅游市场目前尚处于数量扩张阶段，正面临着从数量扩张阶段向质量效益阶段乃至内涵扩张阶段转变的历史机遇。

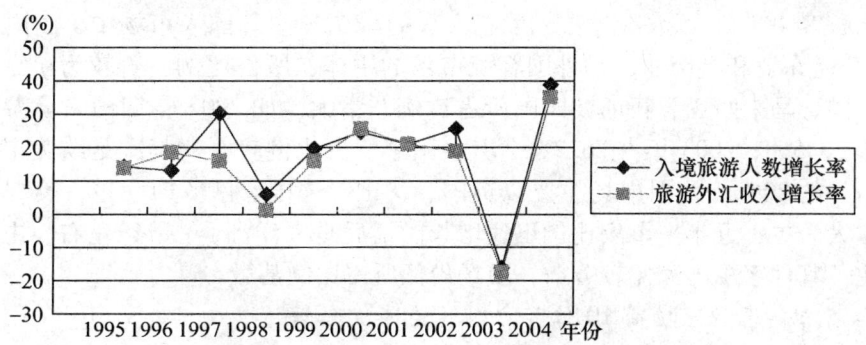

图 6-4　1995～2004 年入境旅游人数和旅游外汇收入增长率比较

（二）辽宁省入境旅游市场客源构成分析

从总体上，辽宁省入境旅游市场可划分为外国人市场和中国港澳台地区市场，两部分市场旅游人数绝对数额，除 1998 年、2003 年略有下降外，均增长迅速（见图 6-5）。外国人市场一直是辽宁省入境旅游市场的主体，比例稳定在 80% 左右，2004 年比例最高，达到 86.8%，1998 年比例最低也占 75.9%。1995～2004 年，辽宁省累计接待外国旅游者 498.65 万人次，从 1995 年的 21.5 万人次到 2004 年的 93.77 万人次，年均增长速度为 17.8%。中国港澳台地区市场也是辽宁省入境旅游市场的重要组成部分，入境游客绝对数额逐年增长。1995～2004 年，辽宁省累计接待中国港澳台地区旅游者 100.66 万人次，从 1995 年的 4.9 万人次到 2004 年的 14.31 万人次，年均增长速度为 12.6%。但入境人数所占比重有所下降，从 1995 年的最高比例 24.1% 下降到 2004 年的 13.2%，下降了 10.9 个百分点。

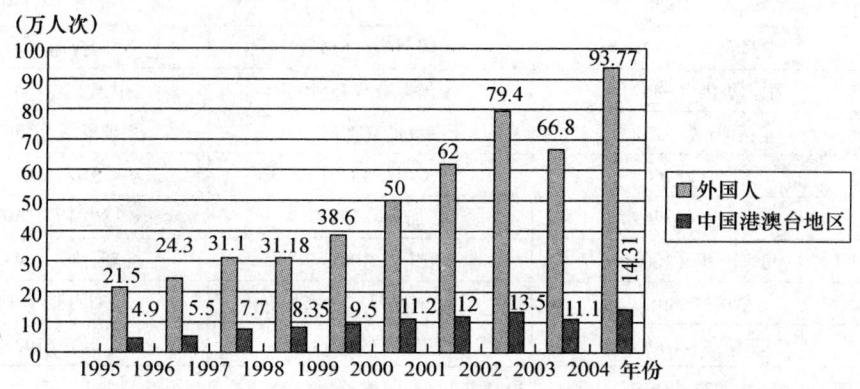

图 6-5　1995～2004 年外国人和中国港澳台地区旅游人数构成

1. 外国客源市场分析

外国客源市场可分为洲内市场（亚洲）和洲外市场。1995～2004 年，辽宁省累计接待外国游客498.65万人次，占入境总人次的83.2%。外国人市场中，洲内市场（亚洲），主要是东亚和东南亚，是外国客源市场的主体，所占比例一直较为稳定，尤其是日本、韩国、马来西亚、新加坡四国所占比例非常大，如2002年四国入境游客总数占总比例的78.5%，2003年占76.2%，其他国家所占比例较小。其次是欧美市场，约占外国人市场的20%。欧洲市场主要以英国、法国、德国、俄罗斯为主；美洲市场以美国、加拿大为主，近年来市场比例迅速增长。最后是大洋洲，占2%左右，主要以澳大利亚为主。其他客源国家比较分散，市场份额所占比例甚微。

2. 入境旅游客源市场前10位客源国（地区）分析

入境旅游客源市场中，由于文化、地理等因素，日本、韩国一直是辽宁省传统客源市场，也是辽宁省最大的客源国，旅辽游客绝对数额逐年迅速增长，但所占比例略有下降。2002年日本、韩国两国入境游客总数占外国游客总数的75.5%，2003年占73.1%，2004年占74.6%。中国港台地区稳居第3、第4位，也是辽宁省重要客源市场，旅辽游客绝对数额逐年增长，但所占比例呈下降趋势，2002年、2003年、2004年游客人数分别占入境游客总数的14.1%、13.5%和12.6%，随着经济贸易关系的进一步发展和旅游壁垒的消除，中国港台地区旅辽人数有望呈快速增长趋势。紧随其后的是俄罗斯、美国，分列第5、第6位，2002年、2003年、2004年游客总数占外国游客总数比例分别为7.17%、7.24%和7.5%，游客总数比例逐年上升。第7至第10位客源国历年有所变化，主要由新加坡、马来西亚、德国、菲律宾、英国、印度五国构成，其中新加坡、马来西亚、德国、印度旅辽人数均超过1万人次，同时印度首次进入辽宁入境旅游客源国（地区）前10位。

表6-7　2002~2004年辽宁省前10位旅游客源国（地区）

排位	2002年客源国（人次）	2003年客源国（人次）	2004年客源国（人次）
1	日本（320136）	韩国（246690）	日本（383613）
2	韩国（279096）	日本（241119）	韩国（315841）
3	中国台湾（82267）	中国台湾（61451）	中国台湾（74209）
4	中国香港（48621）	中国香港（43519）	中国香港（62196）
5	俄罗斯（33738）	俄罗斯（29612）	俄罗斯（43671）
6	美国（23266）	美国（18781）	美国（26666）
7	新加坡（13767）	新加坡（13195）	德国（15899）
8	马来西亚（10050）	德国（10017）	新加坡（14422）
9	德国（8898）	马来西亚（8046）	马来西亚（10869）
10	菲律宾（6720）	英国（7948）	印度（10728）

资料来源：《中国旅游统计年鉴》（2002~2004年）、辽宁旅游信息网。

对排名前10位客源国（地区）的梳理，有助于识别辽宁省入境旅游的三级客源市场，基本结论为：辽宁省传统的一级旅游客源市场（人数在10万人次以上，含10万）仍然是日本、韩国两国；中国港台地区可以归入辽宁省二级旅游客源市场（人数在5万人次以上,含5万);三级旅游客源市场(人数在1万人次以上,含1万),依据客源国或地区的重要程度分别由俄罗斯、美国、新加坡、马来西亚、德国、印度构成。

(三) 消费结构分析

辽宁省入境旅游者人均每天消费额稳定在180美元左右,但逐年略有下降,从2000年的188.60美元到2002年的185.79美元,下降幅度为1.49%。在消费构成中,各分项消费所占比例变化不太大。旅游"六大要素"中"行"一直占较高比重,为1/3左右,"食"、"住"所占比重约35%,变化不大,"游"所占比重较小,不超过3.5%,其中最重要的两个弹性要素,"购"和"娱"所占比重太小,与旅游业发达国家相比存在很大差距(见表6-8)。

表6-8 2000~2002年辽宁省入境旅游者人均每天消费构成

年份	消费额（美元/人天）	消费构成（%）							
		基本性需求消费			非基本性需求消费				
		交通	住宿	餐饮	游览	购物	娱乐	通信	其他
2000	188.60	37.2	14.4	10.8	3.1	14.6	7.5	2.7	9.7
2001	189.06	36.8	13.2	8.9	3.4	21.1	5.7	2.7	8.1
2002	185.79	31.0	14.0	11.3	2.9	16.1	6.2	2.7	15.8

资料来源:《中国旅游统计年鉴》。

以2002年为例(见图6-6),基本性需求消费中,交通费用(含市内交通)占31%,以较高比重列第一位;住宿列第二位,占14%;餐饮列第三位,占11%。非基本性需求消费中,购物所占比例最高,列第一位,占16%,但变化较大,反映出购物消费弹性系数大,购物市场潜力大,但购物消费所占比例与旅游业发达国家或地区相比仍存在较大差距。一般而言,旅游业发达国家或地区购物消费经营收入占旅游总收入的40%~60%。根据2002年辽宁省入境旅游者人均每天消费构成的统计结果,购物消费比例仅占16%,远远低于发达国家或地区水平。

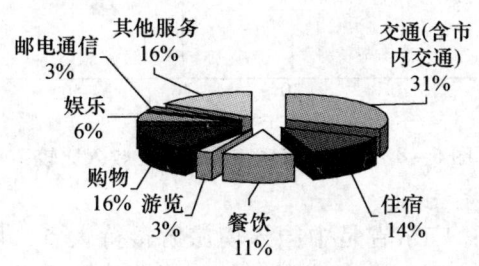

图6-6 2002年入境旅游者人均每天消费构成

总体来说，基本性需求消费所占比重很大，2000年、2001年、2002年所占比例分别为62.4%、58.9%、56.3%，而非基本性需求消费比重仅为37.6%、41.1%、43.7%。但基本性需求消费所占比重逐年降低，非基本性需求消费所占比重逐渐增加，反映出入境旅游者消费结构渐趋合理，消费态势发展良好，辽宁省入境旅游消费结构正朝着良性方向发展。

（四）横向比较分析

2004年辽宁省入境旅游人数排在全国第10位，旅游外汇收入排在全国第7位，但通过对全国6个发达旅游省、直辖市入境旅游人数和旅游外汇收入数据比较分析来看（见图6-7、图6-8），相关数据却存在较大差异。

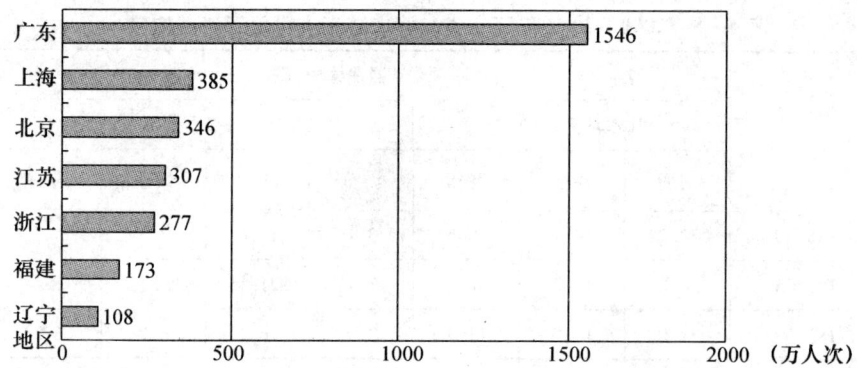

图6-7 7省、直辖市入境旅游人数比较

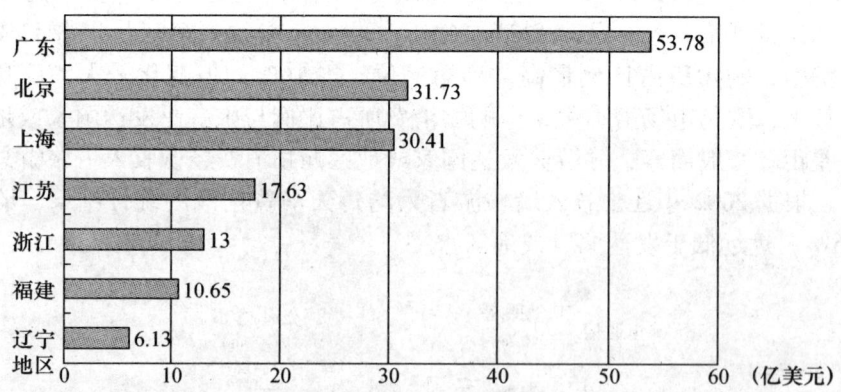

图6-8 7省、直辖市旅游外汇收入比较

从入境旅游人数上看：广东省是中国入境旅游接待大省，历年一直稳居全国第一位，2004年入境旅游人数达到1564万人次，入境旅游人数约占全国各省、自治区、直辖市旅游经营单位接待的入境旅游者总数的35%左右。辽宁省入境旅游人数仅为108万人次,广东、上海、北京、江苏、浙江、福建分别是辽宁省的14.3、3.7、3.2、2.8、2.6、1.6倍,可见差距较大。

从旅游外汇收入上看:广东省一直占据龙头地位,2004年旅游外汇收入达到53.78亿美元,而辽宁省旅游外汇收入仅为6.13亿美元,广东省是辽宁省的8.8倍,北京、上海、江苏、浙江、福建分别是辽宁省的5.2、5.0、2.8、2.1、1.7倍,可见差距也较大。

从入境旅游者人均每天消费上看:辽宁省与全国旅游发达省、直辖市相比,入境旅游者人均每天消费额则明显偏低,如北京2000年海外旅游者人均花费为981美元,为辽宁省的5.2倍,2001年为1031美元,为辽宁省的5.5倍。如何有效增加入境旅游者在辽消费额成为辽宁省入境旅游业能否快速发展的一个重要因素。

因此,辽宁省在入境旅游人数、旅游外汇收入和入境旅游者人均每天消费上与全国旅游发达省、直辖市都存在较大差距,特别是与广东、北京、上海等地,应当引起旅游行政管理部门和旅游经营单位的重视。当然,存在这种巨大差距也有其特定的原因:一是北京是中国的首都,是政治、经济、文化中心,上海是国际经济、商务、贸易集散地,都拥有闻名于世的各类旅游资源,并且随着中国国际地位的进一步提高,北京、上海的知名度也在不断提高,所以北京、上海即成为入境旅游者的首选之地。二是广东、江苏、浙江、福建位于我国东南沿海地带,拥有天然的地缘优势和众多旅游资源,又是改革和对外开放的前沿阵地,是外商、华侨投资的热点地区,并且随着开放程度的不断深化和经济的快速发展,每年吸引着大量的入境旅游者。

(五) 主要结论及发展对策

1. 旅游人次与外汇收入存在巨大增长空间

近十年来,尽管辽宁省入境旅游人数和旅游外汇收入均增长迅速,但与全国重点旅游省、直辖市相比差距较大,绝对数额明显偏低,还存在较大发展空间。为此,应当做好以下工作:第一,积极开拓市场,加强市场宣传促销。稳定现有市场并充分挖掘其潜力,提高现有市场占有率,同时积极开发新的市场,认真研究旅游市场消费需求特点,可以通过一系列的旅游交易会、说明会、博览会、联谊会,旅游促销团,发放宣传资料、媒体、电台宣传报道、与客源国或地区旅游协会缔结友好关系等各种方式进行市场宣传和促销活动,吸引更多的入境旅游者。第二,注重文化内涵,开发旅游精品。提升产品层次,丰富产品内容,完善产品体系,提高入境旅游者在辽消费额,促进辽宁省旅游外汇收入的增长。旅游产品应进行深度开发,更加体现文化性、参与性、趣味性、知识性和艺术性,要特别注重游客的文化体验,满足其精神享受需求。第三,全面提高旅游服务质量。高质量的旅游产品需要高质量的服务,要加强对旅游从业人员技能和素质的培养、提高,实现服务的标准化、科学化、规范化和人性化,特别要加强对导游人员的培训和管理,妥善处理游客的投诉,树立良好的辽宁省旅游品牌形象,增强游客满意度,吸引更多回头客。

2. 主要客源国呈现"高度集中"格局

辽宁省入境旅游市场中,亚洲,特别是东亚和东南亚,是辽宁省外国客源市场的主体,尤其是日本、韩国、新加坡、马来西亚四国游客,比例占近80%,且主要是日本、韩国两国,游客比例在75%以上,市场集中度较高。欧洲市场是出游比例最高、旅游消费最高、最具有市场潜力的市场,旅辽人数比重明显过低,仅占15%左右,在辽宁省前十位的旅游客源国(地区)当中,仅有俄罗斯、德国、英国三国,且排在第五位以后。为此,应当在稳定、加强现有亚洲、港台客源市场的同时,充分开拓欧美市场,应当做好以下工作:第一,加强对欧美市场游客需求的调查研究,做好市场细分工作,并合理预测其未来的需求特征,开发出适销对路的产品。第二,邀请欧美旅游同行、政界、学术界、企业家、旅游协会、艺术团体、专业媒体、学生等不同领域、不同行业、不同层次人士来辽宁省,通过开展一系列活动,增进感情,加强他们对辽宁省的了解,树立辽宁省整体旅游形象;同时,对欧美市场展开全方位、多层次、多渠道的宣传促销,激发欧美游客潜在旅游需求。第三,区域联动,共同发展。一是打造东北三省区域旅游联合体,整合资源,共同开发,整体对外宣传,吸引更多的海外客源。二是与环渤海旅游城市联合,形成环渤海旅游经济圈,利用区域联动优势吸引更多欧美游客。三是加强国际联合,与邻国特别是日本、韩国、朝鲜、蒙古进行广泛的旅游合作。

3. 旅游交通费用比重过高

辽宁省入境旅游者人均每天消费构成比例中,用于满足生理需要的基本性需求消费比重过高,占60%左右,特别是交通费用(含市内交通)占35%左右,这在很大程度上限制、阻碍了外国旅游者来辽宁省旅游。用于享受和发展需要的非基本性需求消费中,游览和娱乐两项仅占10%左右,购物消费所占比重在15%~20%,比重较低。要优化旅游消费结构、提高旅游消费水平,应当做好以下几项工作:第一,优化旅游交通网络,降低交通费用比重。从长期看,应制定科学的旅游交通规划,包括铁路、航空、公路和水运,以市场为导向,以游客为核心,以舒适为目标,创造安全、快捷、有特色的旅游交通条件。从短期看,应改善经营管理,完善旅游交通服务,以游客的需要为服务宗旨,特别是在旅游旺季、旅游热点地区应做好交通的安排、协调和管理工作,为游客提供舒适优质服务。第二,调整旅游产品结构,加快旅游产品升级换代速度,开发出高层次、有特色、具有丰富文化内涵、消费水平较高的能满足旅游者享受和发展需求的旅游产品,提高非基本性需求消费的比重。第三,加强景区景点休闲娱乐设施的建设,创新旅游服务项目,使旅游活动项目富有参与性、娱乐性和多样性,增加游客的娱乐消费比重。第四,大力开发旅游商品。旅游购物消费弹性系数大使旅游购物市场具有无限发展潜力,要加大对旅游商品的研发投入,开发多种多样、适销对路的产品,提高旅游商品的文化含量和科技含量,特别是要体现地方特色和民族特色。

三、省域旅游产业问题分析与发展定位①

本部分内容以辽宁省为例，分析了省域旅游产业发展中存在的一些普遍性问题，并且指出这些问题主要与区域旅游业发展的定位模糊有关。研究发现，决定一个区域旅游产业发展定位的主要因素包括该区域旅游业的产业边界、旅游产业贡献度的大小、旅游产业的发展趋势以及旅游产业所处的特定阶段。据此，笔者为现阶段辽宁省旅游产业的健康发展提出了若干政策建议。

省域旅游业的发展不仅依赖旅游资源禀赋、区位条件和区域经济背景，而且还受到区域周边环境的制约。资源、区位、环境等要素相互作用，使得一地旅游业的发展呈现出明显的地域特征。紧紧把握旅游业的地域特征，是区域旅游业发展定位的基本依据。近年来，辽宁省旅游业经历了遭遇"非典"（2003）、申遗成功（2004），更置身于东北老工业基地振兴的区域大背景之中，既取得了骄人成绩，也面临着机遇与挑战。本部分内容围绕辽宁省旅游业发展的实际，分析现有问题，并从区域管理的角度提出未来的发展定位，以期引起有关部门重视，推进辽宁省旅游业的发展。

（一）问题分析——辽宁省旅游业怎么了

21世纪以来，辽宁省旅游业发展迅速，从接待入境旅游者的相关统计数据来看，辽宁省旅游业在全国省级单位排名中不断攀升。2004年前两个季度统计表明，辽宁省旅游业整体水平居全国第7位。由于后"非典"时期旅游需求的反弹，九门口长城、五女山山城、"一宫三陵"②等辽宁省人文景观申报世界遗产的成功，中央振兴东北老工业基地战略的出台，辽宁省旅游面临着前所未有的历史性机遇。在这样的区域背景之下，微观地透视出辽宁省旅游产业现状，旅游企业层面显露出来的问题不可不察。

比较引人关注的问题有三大类，分别存在于旅行社业、旅游饭店业和旅游景区景点。旅行社业整体进入了微利时期，毛利率从5%~6%下降至2%~3%。原因有三：第一，留人难，人才流失速度快。同饭店企业相比，旅行社无论是从薪酬待遇还是从职业生涯发展前途来讲，其吸引并留住人才的能力均相对较弱。第二，产品与服务形式单一，"突击队"式的旅游占据了主导地位。旅游者草草地看了一下景点之后，就急急忙忙乘着旅游汽车奔向下一个景点；购物都安排在旅游汽车路线的途中；照上几张相片就算是游览完毕。第三，旅行社数量过多，激烈竞争导致过度压价，服务质量下降，被迫走入"突击队"式旅游的恶性循环之中。

辽宁省旅游饭店市场呈现观光、会展与商务客人三足鼎立局面。商务饭店市场最大，但主要被外商投资饭店占领，外汇漏损严重。占领会展饭店市场的主力军主要是国

---

① 郭舒，曹宁. 省域旅游产业问题分析与发展定位. 资源产业，2005（1）.
② "一宫三陵"是指清代努尔哈赤和皇太极时期的宫殿以及永陵、福陵和昭陵三处陵园。

有饭店和改制后的国有饭店，这部分饭店尚不具备整体进军商务市场的实力，经营战略在商务与会展市场之间摇摆不定。观光饭店则良莠不齐，大部分观光饭店仰仗邻近的旅游资源吸引游客，只有较少的观光饭店可以通过淡季抢占会展市场而获益。

从景区景点的情况来看，辽宁省内旅游流的流向指向辽东边界和辽南沿海，省外旅游流进入后主要集中在沈阳、鞍山、大连和丹东四市。存在的主要问题是：平均停留时间过短，仅仅为2日；淡旺季十分明显，淡季过长，劳动力与设施闲置浪费严重；部分景区景点由于产权关系不清，而导致破损严重，如沈阳市康平卧龙湖、锦州市"天下奇观"笔架山天桥、盘锦市"红海滩"等辽宁省著名景观均遭受了不同程度的破坏。

上述问题阻碍了辽宁省旅游产业升级的速度，并已经成为辽宁省旅游业良性发展的障碍，甚至引起了人们对辽宁省旅游产业贡献度和产业地位的质疑。这些问题的存在均与省域旅游产业发展定位的模糊不清密切相关。

（二）定位分析——辽宁省旅游业怎么看

旅游业的边界与贡献怎么看？旅游产业的贡献度容易被人们忽视，既有主观原因也有客观原因。主观上看，在辽宁省，至少在普通人的认识当中，旅游业没有被给予它应有的产业地位。这主要是源自于省际之间旅游统计数据的简单比较。在云南，旅游业是绝对的支柱产业，其产业渗透力和联动效应十分明显，"空气中弥漫着旅游业的气息"。因此，在云南没有人怀疑旅游产业的贡献度。像辽宁这样的省份，旅游业不是绝对的支柱产业，至少在目前的阶段，辽宁省旅游的产业定位仍然是"旅游大省"，而不是云南那样的"旅游强省"。这种横向比较所反映的差异，是导致辽宁省旅游产业贡献度容易被低估的原因之一。

客观上看，旅游产业边界的模糊性是其贡献度容易被忽视的另一个原因。如何划分什么是旅游业、什么不是旅游业，怎样计算旅游业的产业贡献？根据2004年第一个季度的统计资料，辽宁省共有旅行社830家、星级酒店450家、涉外接待景点388家，直接就业人数是76万人，预计产业贡献度相当于全省GDP的8.1%。上述统计资料所反映的是所谓旅游产业内部的三大支柱行业——旅行社、饭店和景区的情况，这些资料是宝贵的，但是远远不足以全面反映旅游产业的贡献度。

究其原因，如果仅仅关注旅行社、饭店和景区所反映的贡献，那么旅游业的间接贡献、隐性贡献、迟滞贡献就容易被忽视。一些典型的例子说明了这个问题。阜新市的蒙古族自治县开发草原旅游，却缺乏为养马、驯马以及马匹装饰提供支撑服务的企业，这对当地只靠农业生产谋生和就业的人来说，却是很好的实现经济多样化和就业的机会。那么养马、驯马算不算旅游业？不算，但是这些派生出来的企业却间接地进入了旅游产业。营口市沿海一带的旅游度假开发初见起色，每年5月旅游者在当地赏槐花、食海鲜、洗海水浴，当地的果农把应季水果大量地卖给外来旅游者。种果树算不算旅游业？当然不算，但是果树栽培却间接地进入了旅游产业。养马提供的就业机会、水果销售的报酬，都无可争议的是旅游业所带来的积极效应。只是这些效应是间接的、隐性的、滞后的。因此，如果仅仅关注旅游业直接的、显性的甚至是即时的贡献，就容易"小看"

旅游业的贡献度，导致错误地衡量其产业地位。

因为有直接进入和间接进入之分，所以认为必须有旅游者参与其中的企业才算进入旅游产业的看法是错误的。而且我们也不主张一定要把养马搞成让旅游者养，把果园搞成让旅游者栽培。相反，鼓励以间接形式进入旅游业，在面对类似"非典"一样的突然变故时会更安全，更有利于省域旅游业的繁荣和发展。

搞清楚这层含义后，当我们再谈大力发展辽宁省旅游业时，就不是简单地指要搞多少家饭店、成立多少家旅行社、增加多少个涉外景点这样简单了。旅游产业对区域的贡献，除了来自于这些直接的"旅游业"，也必然包括那些边缘的、间接的"旅游业"所带来的滞后的、潜在的、隐性的贡献。因此在政策上，为旅而旅（发展所谓的"直接旅游业"）就不如"以商促旅"、"以旅促商"、"商旅互动"更加科学有效。那么鼓励"农旅互动"、"工旅互动"如何？

旅游业的趋势与阶段怎么看？辽宁省旅游业升温的迹象明显，申报世界遗产成功，振兴东北老工业基地等外部因素十分有利于地方旅游产业的繁荣。但是现阶段驱动辽宁省旅游业发展的主要动力是以购物、商务、会展、贸易洽谈为动力引致的旅游流量的增加，而传统意义上的旅游，如观光、休闲、游览、疗养的市场相对平稳，并未显现出较大幅度升温的迹象。简言之，辽宁省旅游发展的良好势头是以商带旅——商贸拉动旅游的趋势明显，而以旅带商、商旅互动的局面远远没有到来。因此在政策导向上，更应该强调第三产业整体配套水平的推进，以适应辽宁省旅游产业勃兴的大趋势。

旅游业发展势头好并不意味着围绕旅游产业的所有制度安排都要一哄而上、求大求全，而是要视旅游产业发展的特定阶段做科学的时间摆布。省域旅游业的发展可以形象地概括为三个阶段，即杂货店阶段、百货店阶段、精品百货阶段。

所谓杂货店阶段是指那些可能有拥有高品位旅游资源或产品，但是没利用好的区域。在这些区域，旅游接待主要依靠旅行社组团的形式，旅游产品或活动类型主要是特色观光旅游，相关产业的互动与协作停留在低水平层次上，旅游呈现明显的季节性，淡季较长。所谓精品百货阶段则表现为旅游接待中散客超过团队成为市场的绝对主体，旅游产品和活动项目被充分开发，商务旅游和观光旅游互补，相关产业之间充分协作，无明显的淡旺季之分。

辽宁省旅游产业发展的现有阶段应该是百货店阶段，或者说在朝着百货店的方向前进。从接待旅游者的情况看，旅行社组团与散客旅游呈现各占半边天的局面，这说明辽宁省旅游接待设施已经达到了一定的水平——基本上能够满足散客的自助式的旅游活动。但是旅游活动的淡旺季十分明显，缺少平季，资源浪费严重，说明旅游产品开发和旅游活动的设计与"精品百货阶段"相比，差距巨大。散客形式的旅游者比例没有明显地高于团队旅游者的现象，既说明了旅游活动类型的单一，也说明了旅游相关产业配套尚不十分完善。

因此，辽宁省旅游业发展的一个重要问题是认清自身的发展阶段，不宜定位太高，应立足于"开好百货店"，避免不切实际地急于追求精品百货的开业。

(三) 发展对策——辽宁省旅游业怎么办

如前所述,辽宁省旅游业亟须解决的是淡季过长、旅游资源遭受破坏以及合资旅游饭店的外汇漏损问题。在定位上,应看到辽宁省旅游业的贡献容易被低估;其产业边界是模糊的,这在某种程度上是好事,不要把什么都搞成"直接的旅游业",纯粹的"为旅而旅"在现实中也是行不通的;辽宁省旅游业的发展是有其自然的阶段性的,把杂货店办成百货店的条件部分地具备了,需要有所突破的是没有强有力的地方旅游名牌产品,散客数量仍然偏少并且滞留时间短,旅游资源产权关系不清——百货店由谁来开的问题没有解决。围绕上述问题,本部分内容从区域旅游管理的角度提出以下建议,同有关方面商榷。

1. 对辽宁省旅游形象进行重新定位与大力宣传

从树立省内名牌旅游产品的角度看,需要大力宣传区域旅游形象。阶段性地看,辽宁省旅游形象的缺失与模糊,是件好事,可以在客源市场上制造出一定的神秘感。但是在区域旅游竞争日益激烈、旅游供给弹性远远小于旅游需求变化,且信息透明度不断增高的今天,没有鲜明的区域特色难以对客源市场形成强势吸引力。因此,在辽宁省旅游形象定位研究中应注重将清代文化与重工业基地相结合,类似"清代龙兴地,现代工业园"的定位应该得到更好的宣传和推广。

2. 加快旅游企业产权制度改革

进入旅游发展高级阶段(精品百货店阶段)的省域,如果过度依赖外国投资,将不可避免地出现涉外旅游企业的外汇漏损。这一点,对作为正处在中间发展阶段的辽宁省旅游业来讲,不可不察。辽宁省旅游业应该尽早建立避免合资饭店数量比例过大的预警机制。同时,应积极鼓励国有饭店加快进军商务市场的步伐,促使众多的国有饭店尽快摆脱过分依赖会展市场的不利局面。另外,在加快企业产权制度改革过程中,旅游景区多年滞留的所有权和使用权不清问题应该有所突破。这既是保护景区资源免遭人为破坏的需要,也是理顺景区型企业治理结构的必由之路。旅游行政管理部门继续加强AAA级与AAAA级景区景点的评定与复核工作,结合该工作加大保护力度;同时,建立并应用科学的资源评价体系,全面评价资源的价值,使风景资源的有偿利用具备前提条件,并在此基础上加快相关法规的完善。

3. 建立省级旅游情报与预报部门

为增加散客旅游者的停留天数,引导旅游者对本地区独特的文化和自然资源进行更深入、更"真实"的体验,必须继续完善旅游基础设施、提高旅游综合服务。一旦散客旅游者出行的障碍减少了,必将促成散客流量规模的上升,停留天数增加,从而刺激为散客提供服务的各类就业机会,并可以部分地缓解淡季过长的局面。如何让旅游者在走出机场、车站以后仅仅凭借地图和导游书就能够根据自己的意愿选择景点和活动,尽情逗留?这一点,对公共服务领域中同旅游息息相关的部门提出了更高要求。为旅游者特殊设计的地图,及时准确的天气预报,特色景观中类似自然植被、海岛潮汐的变化规律,交通道路情况的播报等旅游预报,都需要有统一的部门发布,无论这个部门是公益的还是营利的,它都是必要的。

4. 鼓励城市郊野旅游项目的开发

从整个国家看,中国旅游业经历了先国际、后国内、再出境的阶段化发展模式。遵循这个传统,人们比较重视旅游外汇收入这个量化指标。辽宁省旅游发展的现阶段,基本上是处于杂货店向百货店过渡的阶段,可以暂时弱化对国际旅游接待人次与外汇收入的一味追求,代之以大力发展国内甚至是省内旅游,借以不断完善旅游产品、旅游接待设施与服务质量的做法也许更加符合目前阶段性的发展目标。辽宁省城市发育完善,14个地级市集中了大量城市人口,休闲需求强劲。由于没有带薪休假的制度,省内旅游受双休日仅2天的时间制约,决定了可以出行的距离又不可能太远。因此,城市郊野旅游项目的开发既可以满足省内旅游者需求,又可以在"黄金周"旺季之外增加平季、削减淡季,从而可以达到减少旅游资源、旅游设施和从业人员闲置的目的。

四、沈阳城市旅游形象定位研究[①]

本部分内容首先分析了沈阳城市旅游形象亟须建立的迫切性,其次结合沈阳的实际,分析其形象设计的地方性特征、市场感应特征及其竞争替代特征,最后梳理出对应于不同客源市场的城市旅游形象口号,并提出塑造沈阳旅游形象的基本思路。

(一) 问题的提出

由于越来越多的地方政府认识到旅游在创造收入、增加就业和扩大税收等方面的重要作用,城市之间争夺客源的竞争变得越来越激烈。特别是作为旅游城市的地方政府,在加快开发旅游潜力以满足旅游者需求并赢得收入方面承受着很大的压力,从而使如何强化城市旅游功能的工作变得空前重要。

在城市旅游发展的诸多问题中,城市旅游形象问题具有极其特殊的重要性。有以下几个方面的原因:一是城市旅游规划的前提是首先确立一个鲜明的城市旅游形象,使众多的旅游开发项目有一个统一的主题思想;然后才能围绕这个旅游形象进行旅游产品开发;进而才是建立政策、法规、行政管理、人才环境等配套的支持系统(吴必虎、宋治清,2001)。二是旅游者对于目的城市选择的决策具有明显的非理性和随机性。旅游者对城市目的地的选择,依赖对该城市旅游形象的认知水平,往往受其所掌握的旅游信息所影响。在诸多信息中,城市旅游形象是吸引旅游者并驱动其前往的最关键的因素之一。三是旅游产品具有无形性的特点。旅游产品在很大程度上是精神产品,与传统的物质生产有明显的区别,其产品不是有形的、可以进行工业化生产的物质实体,而是抽象的、以人的经历和感受为主要表现形式,所以,旅游产品的销售更加依赖于产品形象的创意、设计和宣传。

可见,城市旅游形象是当今城市旅游发展的新领域,没有鲜明、独特、整体性旅游

---

① 郭舒,曹宁. 沈阳城市旅游形象定位研究. 社会科学家,2003 (1).

形象的城市是很难长久地吸引旅游者并在日益激烈的竞争中取胜的。沈阳城市的旅游形象受其重工业基地的原初城市形象影响，不利于在旅游市场上开展竞争。加之中国足球队进军2002年世界杯，沈阳五里河体育场成为传媒竞相报道的福地，使得沈阳作为足球之城在全国范围内有了初步影响力，分散了城市旅游形象的整体性。近期就本研究而进行的专题调研显示，即使是沈阳市民，对家乡城市旅游形象的认知尚且缺乏统一性。沈阳城市旅游形象的陈旧、零散、不鲜明的现实，与其作为全国首批优秀旅游城市的称号极不相符，因此，沈阳城市旅游形象的设计、塑造与推广迫在眉睫。

(二) 沈阳城市旅游形象设计的依据

1. 地方性特征分析

（1）自然地理特征。沈阳位于东北地区的南部、辽宁省中部，三面环山。东面是大青山，东北有天柱山，北面是伸入城市市区的辉山。流经市区的河流有浑河、北运河、南运河。城郊有卧龙湖和沈阳西湖等主要湖泊。自然景观主要发育在平原背景上，全市最高海拔仅447.2米。

一个城市是否在地理特性方面具有与其他城市截然不同的特征或占有特殊地位，都有可能被强化、开发，成为吸引旅游者的事物。沈阳先天缺乏滨海旅游资源，仅从山、水、湖泊景观来看，沈阳也缺乏世界范围、国家范围内具有影响的独特景观，基本不具备类似杭州或桂林一样的典型"山水城市"的特征。怪坡和响山石的独特性虽然在地区范围内有一定影响，但其体量偏小，无法凸显整个城市旅游资源的特征。因此，从沈阳的自然地理特征中很难抽象出具有典型性的城市旅游形象要素。一个例外是，沈阳拥有广阔的乡村腹地，农业观光、度假、休闲资源丰富，具备开发农业旅游的条件。长期以来，沈阳城市旅游形象的设计都囿于"现代都市"这一本底形象，缺少"田园"色彩。

（2）历史过程分析。地方性研究的第二个角度是对城市历史过程进行考察分析。沈阳距今有2300多年的历史，历经西汉、辽、金、元、明、清等历朝历代。特别是在清代，清代入关前沈阳曾经是清太祖和清太宗时期的统治中心，并在这一地区沉淀了深厚的满族文化。在近代历史上，沈阳屡遭帝国主义列强和反动势力的摧残，是沙俄入侵、日俄会战、"九一八"事变等历史事件的发生地。新中国成立后，沈阳迅速成为东北地区重工业基地和交通枢纽，有"东方鲁尔"之称。

进行历史角度的分析，就是要寻找沈阳具有一定知名度和影响力的历史遗迹、历史人物、历史事件和文化积淀背景，作为城市形象的凸显因素。沈阳不具备洛阳、南京一样十分典型的"历代古都"或"历史名城"的特征。要凸显沈阳地方性，不应该笼统地讲其"历史悠久"，而是应该强调其与历史人物、历史事件的特殊联系。例如，通过强调努尔哈赤和皇太极而凸显沈阳是"清代发祥之地"这一与其他城市截然不同之处；通过强调张作霖和张学良父子而凸显沈阳曾经作为"东北军旧地"的特殊性，吸引海外客源市场。另外，沈阳作为重工业基地，随着地区经济的不断发展，已经成为东北地区最大的商业中心，其"商都"的特点将越来越鲜明，"工业旅游基地"也极具开发潜力。

（3）民俗考察。沈阳是清代满族政权的发祥地，满族民俗有所继承，同时朝鲜族居民也有一定的比例。满族的宗教、婚丧、祭祖，朝鲜族的服饰、节日、头顶搬运等都是为当地文学作品和导游讲解主要涉及的内容。但由于城市化进程的加快，满汉融合，在沈阳也没有历史传承的少数民族聚居区，可供旅游者直接参与、体验的民俗旅游项目开发困难，因此将满族风情或朝鲜族风情作为沈阳旅游形象的定位，无法形成类似西藏、云南那样以民族风情为旅游地形象的强势效应，因此以民俗要素作为沈阳城市旅游形象的本体也是不适宜的。

2. 市场感应特征分析①

为研究方便起见，将沈阳的客源市场分布粗略地划分为沈阳本地居民、省内旅游者、省外旅游者三个市场区。通过问卷调查，初步掌握了不同市场区的旅游者对于沈阳城市旅游形象的感知情况以及不同市场区的旅游者的旅游产品偏好情况。这些情况对于确定沈阳城市旅游的总体形象和促销口号提供了科学基础和技术前提。

（1）不同市场区的旅游者对沈阳旅游形象的感知分析。调查表明（见图6-9），旅游者对沈阳的感知最鲜明的正面形象事物是五里河足球场，而最鲜明的负面形象是城市拥挤脏乱。省外旅游者与省内旅游者对沈阳的形象感知有着相当大的差异：省外旅游者除了对"五里河足球场"印象深刻以外，其感知集中于沈阳是"重工业城市"、"省会城市"这样一些陈旧的原初形象上；省内旅游者对沈阳的形象感知集中于"东北最大的城市"、"悠久的历史"和"繁华热闹"等选项，比较客观地认可了沈阳的历史悠久和现代都市形象；沈阳市民对自己家乡形象的感知则分散在"五里河足球场"、"东北最大城市"、"重工业城市"、"悠久历史"、"交通便利"、"棋盘山风光"等一系列代表性事物与景观上，没有形成较为集中统一的形象感知。

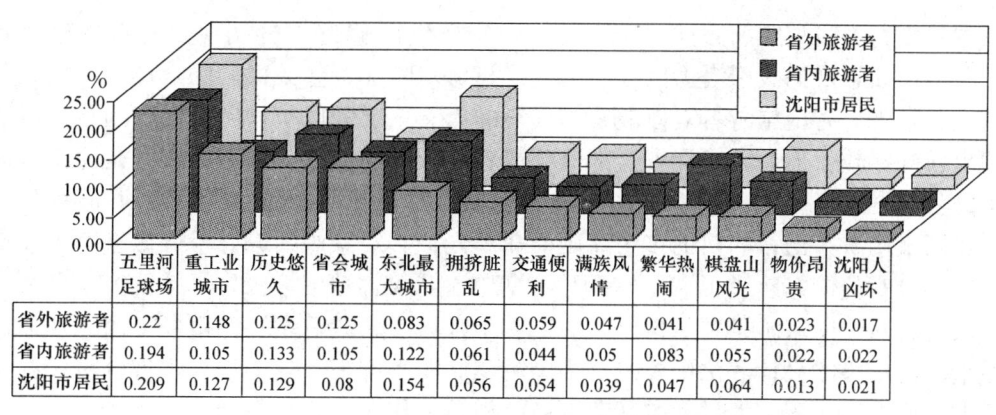

图6-9 不同市场区旅游者对沈阳形象的感知

---

① 该部分调查数据皆来自于就本研究而进行的专题调研。参加调研工作的有郭舒、曹宁、李雪鹏、李晓亮、王丽丽。

沈阳城市旅游发展的未来方向是走向世界，成为国际化、都市化旅游目的地，因此，形象设计必须以省外市场、国际市场为主，而不应该局限于省内市场。目前，在省外市场上，沈阳依然以旧面貌示人，一个"重工业省会"的老化形象，不利于沈阳获得国际旅游市场上的竞争优势。但同时应该看到，由于原初形象将会逐渐淡化，感知形象尚未趋于统一且具有模糊性，对于省外乃至国外的庞大市场，沈阳反而可以利用过渡期的神秘感和新鲜感建立新形象，这又是一个很大的潜在优势。省内市场对沈阳旅游形象的感知是稳定、一致和正面的。其描述性词汇为"历史悠久"、"东北最大城市"，如果对应地换成"清代发祥地"、"东北商都"，便更能具体、鲜明地凸显沈阳的旅游目的地形象。应该考虑如何将这种正面形象的影响扩大到省外乃至国外。

（2）不同市场区的旅游者对沈阳旅游景观的偏好分析。调研对以沈阳为旅游目的地的旅游者进行了"您最希望去的景点"和"您最喜欢的景点"的问卷，调查结果显示了省外旅游者、省内旅游者和本市游客对景观类型的不同偏好（见图6-10）。

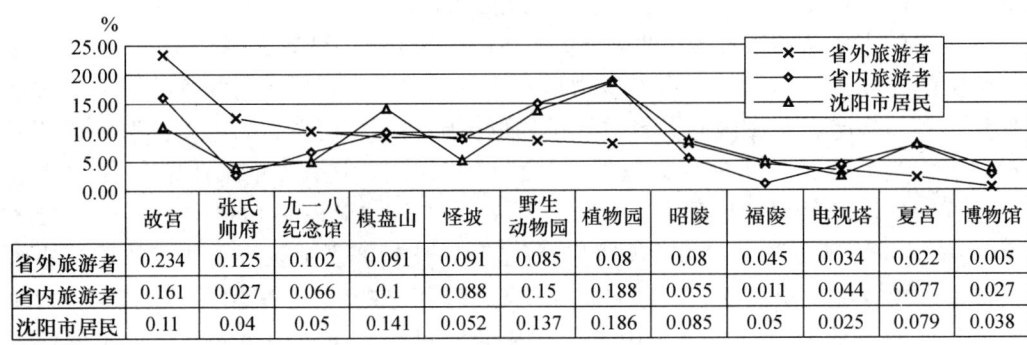

图6-10 不同市场区旅游者对沈阳旅游景观的偏好

省外旅游者对故宫、张氏帅府、九一八纪念馆的偏好十分明显。对省外旅游者来讲，历史存赋景观的吸引潜力巨大，尤其是与努尔哈赤、皇太极、张学良等历史人物相关的人文景观。省内旅游者对以故宫为代表的人文景观和以植物园为代表的自然景观均表现出强烈兴趣，但原因迥异：这部分旅游者对故宫的偏好，是因为故宫是沈阳旅游景点中的名牌；选择植物园、棋盘山、野生动物园是出于"逃离城市、追求自然"的动机。沈阳市内游客出行的目的多为休闲而非观光，其对景观的偏好呈分散态势，尤其是对自然类景观的偏好超过了"一宫两陵"等拳头人文景观。

旅游者对沈阳旅游景观的偏好，决定着未来城市旅游业发展的市场方向，从而影响到城市旅游形象的设计。沈阳要发展为国际化旅游大都市，就必须重视省外市场在景观偏好上的反应，应该把大尺度空间范围内的旅游者作为自己潜在的客源市场。对于这些远距离旅游者而言，具有沈阳地方特色的人文景观的吸引作用是巨大的。不应该坐视这些景观"自生自灭"地走向产品生命周期的衰退期，而是要设法重塑其市场形象。

3. 竞争替代特征分析

沈阳城市旅游形象的设计要考虑来自竞争对手方面的干扰因素，研究这个问题的前提，是需要明确与沈阳目标市场类似的近邻城市有哪些。如果将目标市场的空间范围充分扩大到东北亚乃至洲际旅游市场的尺度，东北地区的哈尔滨、吉林等旅游城市加上秦皇岛、北京、烟台等环渤海旅游城市，都可以作为沈阳旅游业发展的竞争对手，从而与沈阳展开形象替代上的竞争。在此基础上需要进一步考察两方面的问题：其一，沈阳的城市旅游形象，是否容易被具有类似地方性与目标市场的近邻城市模仿，从而冲淡形象？其二，较能准确地反映沈阳特色的形象是否已经被近邻城市先声夺人抢先注册了？

首先，为防止区域内其他城市对沈阳旅游形象的模仿，应该避免"工业旅游基地"的定位，东北地区是我国的重工业基地，重工业城市众多，这样定位就显得模糊；放弃"足球之城"的提法，因为任何体育比赛的结果都具有偶然性，借五里河足球场之名替换整个城市的旅游形象，其形象极易被淡化和取代；单纯强调"现代都市"也不适宜，这容易使沈阳处于北京、大连等旅游先起城市的阴影区之中。相反，如果强调"第一"、"最大"、"发源地"这样的定位，就不容易被竞争对手模仿。

其次，应当承认，这一地区城市旅游形象的建立不是十分鲜明，旅游形象建立较为成功的城市仅有北京、大连等少数竞争对手。尚未发现有近邻城市抢先进行原本符合沈阳城市地方性和目标市场的形象定位。同北京的"东方古国之都"（吴必虎，2001）、大连的"滨海现代都市"（谷成、郭强，2001）相比较，沈阳在"清前史迹"方面的地方性非常特殊，加之如果在形象设计中结合"中国东北"、"辽宁省会"等地域等级层次概念，使人一提到东北（辽宁）就想起沈阳，就可以有效避免被竞争对手先声夺人抢先定位了。

（三）讨论：沈阳城市旅游形象设计与塑造

1. 形象设计——不同市场区的宣传口号

旅游形象作为抽象之物，对其进行设计最直接的结果是推出一系列促销口号。由于不同市场区受众对沈阳现有本底形象的感知不同，对城市目标景观的偏好也不同，因此，形象的设计也必须具有针对性，只有推出符合特定市场需要的形象，才会对该特定市场具有吸引力，成为吸引旅游者前来旅游的动力源泉。以下是针对国际、国内、省内、市内不同市场区受众的形象宣传口号。

（1）针对国际游客。① "清代开国龙兴地，都市田园新沈阳。"以清代为历史背景的港产电影在海外发行，使国际游客对中国清代历史有了初步感性认识，对于这个朝代发祥之地的追溯，对国际游客来说具有神秘色彩。龙是非常中国化的事物，对龙的含义进行阐释，并把龙与清代发祥、中国沈阳相结合，也能起到良好效果。都市与"新"的结合，原因在于，沈阳的本底形象是现代都市，但过多地蒙上了"重工业"的影子，强调"新"字，意在打破国际游客的原初印象。随着世界后工业化时代的到来，久居城市的居民必然对紧张生活、机器运转、环境污染、身心疲惫产生逃逸之心，出行目的地指向城市郊野。"田园风光"是旅游产业走向怀旧道路的永恒主题，以"田园"对抗"重工业"，维持沈阳"都市"的本底形象，是"新"字意义所在。尽管沈阳暂时不具备塑造"田园"形象的优势，但通过形象推广，一旦让田园新形象为我所有、为我所用，就一定能使国际游客产生对沈阳形象的新鲜感觉。②"沈阳：中国东北第一大都市。"外国旅游者对"第一"、"之最"比较敏感，容易留下深刻印象。沈阳与中国的关系有东北这个特定的、等级化的概念做过渡，给人以层次清晰之感。③"东北军旧地，张学良故里"。将历史人物与沈阳的城市名称相联系，一提起东北军或张学良将军就想到沈阳这个地方。有利于海外（中国港澳台地区）来内地市场的开拓。④"中国第二个故宫"。利用北京故宫的国际声誉，进行比附定位，简洁明了。

（2）针对国内游客。①"畅游沈阳，了解东北。"对于那些不熟悉沈阳的国内游客，特别是西南、西北、华南地区的旅游者，这样的定位符合地域等级层次性认知规律，即人们对一个陌生城市的认知首先取决于对该城市所隶属的高级别区域的认知（李蕾蕾，1999）。②"新世纪，新辽宁，新沈阳。"对于那些比较熟悉沈阳的国内游客，这一定位意在于强调"新"字的丰富含义和想象空间。

（3）针对省内游客。"清代发祥地，商都田园情。"省内居民对满族以及清代历史熟悉，口号容易在理解的基础上被记忆。"商都、田园"则归并了省内购物旅游、观光旅游两类最主要的旅游目的地指向。

（4）针对市内游客。"环城郊野，都市田园。"这一定位，需要配套兴建环城农业观光景观和郊野湖泊景观，使生活在都市之中的沈阳市民能够体验到重返田园的感觉，进而激发城市居民的自豪感，有利于"田园"形象的口碑宣传。城市规模越大，现代化程度越高，"田园"形象带给受众的反差感就越强烈。如果推广成功，其吸引效应必然会扩大到本市居民以外，影响其他城市源地的旅游者。

前述针对国际市场的形象设计，因为在目标市场定位上具有较为开阔的空间视野，同时考虑了沈阳争创国际化旅游大都市的长期性发展目标，所以应当是该市的主体形象。

2. 塑造沈阳城市旅游形象的基本思路

（1）物理景观形象塑造。主要针对最能体现旅游形象功能的旅游景区、景点进行维护或兴建。对于"一宫两陵"等拳头景观，尽可能维护和保持原赋资源的特色，不必增加过多现代设施，避免景观污染，防止资源破坏，尽量延长产品的成熟期，强化"清代发祥地"的形象。对于自然类景观，由于"郊野田园"形象尚未建立，需要加大力度予以强化，特别应该对城郊湖泊水体景观，进行大规模建设，增加其体量，变一日游为过夜游。

（2）文化景观形象。旅游城市举办地方性节庆活动，既是当地文化建设的一部分，又可以作为城市旅游的代表性事件，不乏成功案例，如哈尔滨冰雪节、大连服装节、洛阳牡丹花会、潍坊风筝节等。沈阳创办地方性节庆活动，可以选择以下主题：①努尔哈赤、张学良等代表性人物；②在"新沈阳"的"新"字上做文章；③满族习俗和满族风情；④加强市民好客度教育。

（3）核心地段形象。沈阳的核心地段形象塑造要把握住几个点：①清代龙兴之地的象征物；②现代都市的标志性雕塑或建筑物；③反映环城郊野田园风光的代表性景观；④代表性历史人物的雕塑；⑤政府颁布施行的沈阳旅游标徽。

(4) 旅游企业形象。沈阳的旅行社、宾馆饭店、旅游风景区等旅游企业，直接与旅游者进行接触，传递形象信息。考虑旅游企业形象对于整个城市旅游形象塑造的重要性，还必须做好旅游企业的形象设计，使沈阳的旅游企业能够在理念识别、行为识别、视觉识别三个方面，更加有效地传递城市旅游的整体形象。

参考文献

[1] 谷成，郭强．大连城市旅游形象的CIS战略．经济地理，2001，21（4）．

[2] 郭舒，曹宁．城市旅游发展的竞争力分析与政策建议．商业研究，2004（9）．

[3] 郭英之．入境旅游客源市场与营销策略研究——以徐州市的入境旅游为例．商业研究，2002（11）．

[4] 纪根立．打造中国旅游金三角构建世界级旅游经济圈．http://tours.ankang.gov.cn．

[5] 贾茹，俞金国．大连市入境旅游市场分析．河北师范大学学报（自然科学版），2004（9）．

[6] 李蕾蕾．旅游地形象策划：理论与实务．广东旅游出版社，1999．

[7] 刘元晨，杨秀丽．构造大旅游圈的理论基础及现实意义．理论界，2005（6）．

[8] 刘元晨，杨秀丽．论城市群与大旅游圈的耦合．理论界，2005（4）．

[9] 马耀峰，李天顺．中国入境旅游研究．科学出版社，1999．

[10] 宋俊芳，隆学文．近十年北京市入境旅游市场特征分析．首都师范大学学报（自然科学版），2003（9）．

[11] 覃海宁，施敏．我国区域旅游合作中的若干问题及对策分析．经济与社会发展，2005，3（3）．

[12] 佟玉权．辽宁中部旅游区系列旅游产品开发研究．辽宁师范大学学报（社会科学版），2004（3）．

[13] 王伟伟．辽宁旅游形象的策划与宣传推广．旅游调研，2003（11）．

[14] 王秀兰，甘枝茂．陕西省入境旅游市场分析及发展对策．干旱区资源与环境，2003（1）．

[15] 王铮．区域管理与发展．科学出版社，2002．

[16] 吴必虎，宋治清．一种区域旅游形象分析的技术程序．经济地理，2001，21（4）．

[17] 吴必虎．区域旅游规划原理．中国旅游出版社，2001．

[18] 席建超．旅游者旅游消费结构及潜力分析——以入境旅游者旅游消费为例．桂林旅游高等专科学校学报，2004（4）．

[19] 谢彦君．基础旅游学（第二版）．中国旅游出版社，2004．

[20] 薛莹．对区域旅游合作研究中几个基本问题的认识．桂林旅游高等专科学校校报，2001，12（2）．

[21] 阎学兵,李辉恒. 关于旅游圈的理论探讨. 湘潭大学社会科学学报,2005,23(6).

[22] 殷柏慧,吴必虎. 长三角与环渤海区域旅游合作条件对比研究. 旅游学刊,2004,19(6).

[23] 张琛. 长江三角洲区域旅游合作初探. 资源开发与市场,2003,19(5).

[24] 张广瑞. 关于京津冀区域旅游合作发展的思考. http://www.cnta.com.

[25] 钟海生,郭英之. 中国旅游市场需求与开发. 广东旅游出版社,2001.

[26] 邹晓明,熊国保,马杰. 区域旅游合作谫论. 江西社会科学,2004(11).

[27] Crompton J. L.. Motivations for Pleasure Vacation. Annals of Tourism Research,1979,6(4).

[28] Dann M. S. Anomie. Geo – enhancement and Tourism. Annals of Tourism Research. 1977,4(4).

[29] H. P. Gray. International Travel – International Trade. Health Lexington,1970.

[30] Iso – Ahola S. E.. Toward a Social Psychological Theory of Tourism Motivation:A Rejoinddr. Annals of Tourism Research,1982,9(2).

[31] Robert W.. Mclntosh, Charles R. Goeldner. Tourism: Principles, Practices, Philosophies. John Wiley & Sons, Inc. 1995.

第七章 城市旅游发展与竞争力

导言：城市旅游竞争力：理论与评价

（一）城市旅游发展的决定要素

城市旅游发展的竞争领域包括经济增长、产品创新、市场争夺、永续发展等多个方面。在城市发展的实践中，旅游被赋予城市扶贫、振兴经济、产业替代等"任务"，发展旅游产业是城市在经济增长上竞争的需要。雷同的商业城市在吸引旅游者的过程中难以获得竞争优势，主要是因为产品创新困难。从市场角度看，外出旅行的决策往往具有偶然性，可供选择的目的地则庞杂无序，城市为此在目的地形象和好客程度上的口碑变得重要。旅游的双面性不断显现，积极效应的背后旅游污染、资源浪费、社会问题的困境不断增加，城市可持续发展进程里旅游到底发挥什么样的功能也是未来竞争需要思考并解决的重要议题，"城市旅游发展的竞争力分析与政策建议"提出了谋求城市旅游竞争力的现实途径。

城市旅游发展的决定要素包括居民、投资者和旅游者。城市旅游产业发展需要高素质人才，可供旅游业使用的人力资源的数量和质量以及成本是城市旅游竞争的决定因素之一。旅游产业过去一直被片面地理解为劳动密集型产业，现在对这个产业的认识更加充分，它的雇员范围十分广泛，从餐厅的服务员到酒店的行李员，从旅游景点的讲解员到航空公司的售票员，从旅行社的咨询师到旅游规划与设计专家。一个城市对旅游类员工的产业自给自足程度和对外部优质人才的吸引强度，都是至关重要的。城市化的进程对城市居民的人口数量的增加毫无疑问是有利的，吸引并留住大学毕业生、降低技术移民门槛的做法在发达地区比较普遍。

城市旅游产业的投资者可能是本地居民，也可能是近似于旅游者的外来人。外来的投资者对城市而言，本身不一定有很多关联，他们通过对旅游资源和市场的考察，最后决定投资的项目。相对于旅游者，他们对城市的访问次数与停留天数更多，随着投资与经营的推进，这些人与城市开始了越来越多的经济关联度。对于投资者的争夺与追逐在发达城市从来没有停止过。城市的旅游资源、运营环境、政府支持、劳动供给、教育条件、区位优势、生活质量与市场潜力都是重要的影响因素。

旅游者是实现城市旅游价值最具贡献力与推动力的决定因素。旅游市场吸纳就业的能力高、方式灵活，酒店、餐饮、景区、代售、网络服务等直接就业机会和更多的间接就业岗位提供了后续就业机会。此外是旅游者消费带来的税收。最为重要的是城市成功地吸引旅游者将增加投资者的信心，优质投资最后会壮大城市旅游产品的吸引力，形成良性循环。

（二）城市旅游竞争力的理论

城市竞争力是一个相对概念，是指一个城市在竞争和发展过程中同其他城市相比较所具有的多、快、好、省地创造财富和价值收益的能力（倪鹏飞，2004）。城市旅游竞争力同样也是一个相对的概念，它是用来说明城市与城市之间在旅游发展上存在竞争上的差异化表现。这个被用于对比分析并从比较中寻找彼此优势与差距的概念，事实上是个多维的综合概念。从狭义上看，城市旅游竞争力城市旅游收益的比较。这个收益比较包括城市旅游收益的构成、收益的规模、收益的增长速度以及收益的可持续性。具体地讲，就是城市旅游产业在生产和销售有价值的产品和服务时所获得的旅游产业增加值收益。从宏观上看，城市旅游竞争力还包括非货币收益，城市旅游的形象、声誉和地位，城市自然环境质量，旅游者与居民的满意度，城市的宜居宜游程度，居民的生活质量等彼此或独立或包含的一系列收益。旅游的效应研究在不断深入，但是基础性的研究成果包括旅游的经济效应、旅游的社会文化效应与旅游的环境效应给竞争力研究提供了很好的视角。宏观的城市旅游竞争力应该包括城市旅游发展进程里带来的经济、社会文化、环境上的全部收益。认识到旅游现象的双重性，即既有积极效应也存在发展的代价。选择宏观的视角，对城市旅游竞争力加以多维的认识，无疑是有益的。"旅游目的地竞争力问题的一种解释"提出了一个能够带来区域经济繁荣并且有利于环境经营，同时又能够为居民提供高质量生活保障的城市，才是真正"有竞争力的旅游目的地城市"。

城市旅游竞争力研究的实质是判断不同城市对资源旅游化利用倾向的能力以及对旅游市场的争夺能力，表现在对资金、资源、人才和潜在旅游者的争夺上。从竞争力研究的价值来看，城市旅游竞争力的比较与排序，其目的就是要解释为什么有些城市旅游产业发展的竞争力强，有些竞争力弱；或者什么样的城市能够具有长久的旅游发展竞争力，什么样的城市一定不会有竞争力。城市旅游竞争力的概念框架包括两个方面，一方面是城市旅游竞争力的"表现"、"结果"、"显示指标"，另一方面是城市旅游竞争力存在差异的"解释"、"原因"、"隐含指标"。前者说明城市旅游竞争上存在怎么样的差异与差距，优势、劣势在哪里；后者说明存在这样的优劣差异的原因是什么以及未来的努力空间有多大，"城市旅游竞争力研究的理论与方法"详细讨论了这个命题。

从研究方法上看，旅游竞争力有区域学派和产业学派。区域学派在解释城市旅游竞争力的时候倾向于从区域原赋资源为逻辑起点，对比较优势理论中的人力资源、自然资源、知识资源、基础设施和旅游设施、历史和文化资源、经济规模等要素进行判断评价。产业学派却认为由于产业组织能力存在差异，即使某两个城市的要素禀赋近似，依然可能会导致不同的竞争结果。因此，产业学派关注的是要素禀赋之外的资源配置水平和产业组织能力,诸如城市旅游的政策、规划、营销、环境保护、形象设计等。是否可以从旅游自身发展的特点出发找到"区域学派"与"产业学派"之间彼此融合的理论与方法,用于指导城市旅游竞争力研究呢?"旅游价值链演进规律与区域旅游竞争力的关系"部分对此做了首次尝试。

(三) 中国旅游城市竞争力的基本表现

中国的旅游城市大体包括三种类型:第一种是专门的旅游城市,包括丽江、桂林、黄山、杭州、青岛、大连、苏州、绍兴、秦皇岛、厦门。这些城市的旅游功能强大,有的凭借历史文化,有的依赖自然风光,吸引众多旅游者。旅游接待的历史悠久,旅游成为城市的名片。第二种是转型的旅游城市,如深圳、温州、东莞、宁波、佛山、惠州等。这些城市积聚大量财富之后,向第三产业转型,深圳最初的锦绣中华与世界之窗兴起的历程验证了这个转型期。东北的一些老工业基地也同样面临转型问题,几百米高的烟囱、千米深的矿井、升级淘汰下来的工厂在西方许多城市申请了世界遗产,转型进行了旅游开发。第三种是综合旅游城市,这类城市既可以自己作为旅游目的地城市,也可以为旅游者的出行提供支撑,作为强大的中转地城市,如北京、上海、广州、天津、武汉、重庆、南京、沈阳、福州、西安、济南、徐州、哈尔滨等。这些城市是区域政治中心,也是经济和文化中心,本身具有旅游吸引力,也具备了发达的交通能力。这类城市很容易成为区域旅游中心城市。

2004年,中国社会科学院选取"地方文脉"、"资源条件"、"区位因素"、"战略管理"4个一级指标和23个亚指标,对中国旅游城市进行了"定位分析"。基本结论如下:上海、北京、广州、深圳是中国旅游排名最高的城市;天津、南京、杭州、厦门、大连、青岛、苏州、东莞、武汉、宁波、珠海、无锡、成都、重庆、福州是旅游城市中"雄厚的中坚力量";沈阳、西安、哈尔滨、泉州、温州、中山、佛山、秦皇岛、烟台、济南、郑州是"重要的发展力量";常州、绍兴、合肥、南昌、石家庄、南通、长沙、威海、长春、惠州、嘉兴、台州、徐州是"潜在生长力量"。"城市旅游竞争力提升的理论依据与现实途径"部分,对辽宁省14个地级市的旅游竞争力进行了量化研究,对城市旅游资源利用和城市旅游管理提出很多针对性的建议。

一、城市旅游发展的竞争力分析与政策建议①

本部分内容初步探讨了城市旅游发展的竞争力问题,认为城市旅游发展面临着经济增长、产品创新、市场争夺、永续发展等多目标的竞争压力,决定城市旅游发展竞争优势的因素主要包括旅游发展的专门化、信息化和集团化水平,并在此基础上提出了相应的政策建议。

---

① 郭舒,曹宁.城市旅游发展的竞争力分析与政策建议.商业研究,2004 (9).

城市旅游发展是一种以旅游产业发展为主导的，旨在促进地方国民经济增长的经济活动过程，但研究城市旅游的发展问题，不应该局限于对城市旅游产业本身的考察。由于旅游经济活动的特殊关联性，应该将城市旅游发展定位为一种以区域或地方为主体，在旅游产业发展主导下，谋求经济社会文化持续发展的行为过程。本书的立论基础，是将城市旅游发展视为一种区域的或地方的行为过程，这一过程当然主要包含了旅游产业发展的内容。

（一）城市旅游发展面临的竞争压力

城市作为旅游目的地，谋求强势竞争力的原动力主要包括以下几个方面：首先，如果把经济增长作为竞争目标，就会发现彼此竞争的城市空前增多了。发展旅游产业、驱动城市经济增长，不仅仅是旅游城市的选择，非旅游城市也同样在设法扩大城市旅游产业的影响力及其对经济的牵动作用。另据研究，旅游中心的功能作为城市共性的功能会随着城市的发展得到不断强化。城市旅游功能的开发，被认为是后现代社会带有规律性的普遍现象。其次，如果把旅游产品创新能力作为竞争的目标加以考察，将会发现由于旅游资源具有普遍性、广延性的特点，同时城市旅游产品开发又在相当程度上受到偶然性、历史依赖、特殊事件的影响，具有资源脱离的倾向，造成我国城市旅游产品开发的明显趋同性。再次，如果把提高客源市场份额作为竞争的目标，城市将面临如何扩大旅游流量的压力。因为，随着经济社会文化的发展，旅游者对休闲的需求越来越强烈，旅游者跨越区域的、国家的界限，在众多拥有近似旅游产品和服务的城市当中，任意选择某个城市作为旅游目的地或旅游中转服务地，已经变得越来越容易。相对而言，城市对旅游者的争夺却变得越来越困难。最后，如果把城市是否具备永续发展旅游产业的能力作为竞争目标，除却需要充分考虑城市作为旅游地的承载能力的变化，还要认识到城市（旅游地）会经历一个从兴起到衰退的生命周期过程，并且在不同阶段上受到需求因素、效应因素和环境因素的影响，这些因素增加了城市谋求旅游竞争优势的变数，甚至会导致城市旅游发展原有优势的失效。综上所述，城市旅游发展面临着经济增长、产品创新、市场争夺、永续发展的竞争压力。只有认清决定城市旅游发展优势的基本因素，积极探索提升竞争力的途径，才能获得强势竞争力，有效拓展城市旅游的发展空间。

（二）决定城市旅游发展竞争优势的因素

1. 要素禀赋与城市旅游发展的专门化水平

要素禀赋指城市赋存的旅游资源的类型结构、数量、质量，是旅游资源开发和旅游产品生产的条件，它反映了旅游产品的生产价值和生产成本，是形成旅游产品的基础。一般而言，人们常常趋向于资源禀赋丰度高、品质优秀的景观，旅游者的旅游行为受旅游资源的品质影响较大。G. Deasy 和 P. Griess（1996）的研究就一度认为，旅游者对于目的地的选择是倾向于资源指向型的。因此，在城市旅游发展中，通过对特色旅游资源的开发来扩大城市的吸引半径，从而提高城市旅游竞争力的做法一度盛行。

随着新贸易理论的发展，李嘉图的比较优势说和俄林的资源禀赋说逐渐受到挑战，克鲁格曼解释了生产要素禀赋越来越趋于相似的区域之间发生贸易的现象，他认为这是发展专门化的结果，与区域各自的要素禀赋之间的差异关系不大。

将克氏的理论应用到城市旅游竞争研究中，发现随着全球范围的旅游业大发展，各城市旅游资源的可得性普遍增强，旅游资源在决定城市旅游发展优势上的地位下降了，而城市旅游发展的专门化程度对于竞争力的影响上升了。毫无疑问，旅游专门化在一定程度上仍然受到旅游资源条件的基础性制约，但这种影响并不是绝对的，特别是对于资源脱离型旅游产品的开发。

城市旅游活动可以理解为一种相对于城市的服务输出活动，它通过接待旅游者前来消费，实现城市与外部的交换。因此，其专门化程度的加深必然会不断增加城市旅游的竞争力。J. A. Mazance（1997）曾经撰文指出，专门化程度相对较低、彼此类似的城市具有很强的替代性，而专门化程度较高、差异性大的城市具有互补性。当同一区域内存在多个作为旅游目的地的城市时，相互之间作用的结果或相互抑制或相互促进，往往是受到城市旅游发展专门化程度的影响。何谓城市旅游发展的专门化尚没有统一的认识，良好的城市旅游形象无疑会突出城市旅游发展的专门化方向，在吸引人们前来旅游、增强旅游目的地的吸引力方面发挥着重要作用。

2. 需求状况与城市旅游发展的信息化水平

进入20世纪80年代，强调旅游需求成为旅游发展竞争力研究的主旋律。深圳、中国香港、新加坡旅游发展的成功，证明了在旅游需求强劲而资源禀赋相对缺乏的城市同样存在着谋求旅游竞争强势的可能性。20世纪90年代以来，一些学者依据波特的竞争优势理论中对"需求因素"的解释，认为老练的、挑剔的旅游者是影响地方旅游能否获得竞争优势的关键；国内旅游需求的低水平，使旅游企业普遍缺乏创新压力，因此无法起到提升国际旅游竞争力的作用。该观点强调了在有着旅游传统的城市里，指向该地的挑剔性旅游市场一旦形成，就会促进地方旅游创新，从而有利于旅游经济活动在该地的发展。

进入21世纪，我国城市旅游面临着国内外市场融为一体的竞争局面。旅游市场呈现内外市场交融，国际竞争国内化，国内市场国际化的态势。区域内市场与区域外市场同时对城市旅游产业的发展产生巨大影响。加之随着我国国民经济总体实力日益提高，国内旅游需求变得日益复杂，档次与规格都将不断攀高。在这种情况下，挑剔性区域内部旅游需求市场的形成对于城市旅游竞争力的影响作用将会下降，相反，城市对旅游者需求进行预测并加以影响的能力开始受到重视。强调旅游者需求导向，成为使竞争有利的因素，即设法识别旅游者所需求的产品类型并使其得以满足。这得益于现代市场营销观念的影响，但在实际操作中对旅游者需求进行调查与预测相当困难。很少有旅游者愿意接受"破坏旅游情绪的"调查；作为旅游地的城市也很难确定其产品开发是否一定就会满足预期客源市场上旅游者的需求。在旅游开发与规划工作中，因市场需求的调查、预测失灵而导致大量规划结果的不尽如人意，就曾一度受到各界批评。单纯着眼于旅游者需求的识别，即使可以确认目标市场的旅游者对何种旅游产品类型具有偏好，也无法解释为什么旅游者选择了某个城市却舍弃了和它有着相类似旅游产品的另一些城市。

转向于对旅游者决策过程的研究则表明，旅游者对于目的地的选择更多情况是在诸多不确定条件下所进行的抉择，其特征具有明显的非理性和随机性。A. Jhaahti（1986）的研究结果部分地证明了，旅游者对城市目的地的选择，依赖于对该城市的认知水平。旅游者对作为旅游目的地城市的认知水平，取决于城市旅游发展的信息化水平。特别是在高度竞争环境中，旅游者对目的城市和旅游产品的选择，往往受其所掌握的旅游信息所影响。因此，城市对外联系的信息网络的功能、信息质量、信息结构、传播速度以及信息的可达性程度，成为影响城市旅游发展竞争力的关键因素。

3. 旅游企业发展的集团化水平

城市旅游企业的集团化发展包括两种模式，即纵向一体化模式和横向一体化模式。旅游企业的纵向一体化是指把旅游交易链条上有前后关系的旅游业务环节整合在一个企业集团内，进行整体经营和管理的一种集团成长方向。横向一体化是指旅游企业在旅游交易链条上行、游、住、食、购、娱的某一业务环节上进行集团扩张。

城市旅游企业规模的大小，决定了城市在与其他城市争夺客源时面临的竞争局面。后起旅游城市（或旅游非优城市）的旅游企业一般规模小，市场竞争力有限，在同先行旅游城市争夺客源时，处于劣势。大都市旅游企业居于主导地位，它们通过控制客源地的旅行社，同中小城市的旅游企业展开竞争，控制局面。在此情况下，劣势城市的旅游企业是否能够进行有效的纵向一体化，直接影响着城市旅游的竞争优势。

从产业关联角度看，旅游产业的发展不能脱离相关及辅助产业发展的基础。城市旅游的发展涉及国民经济的各个行业，因此，必须认识到产业关联程度对城市旅游发展竞争力的影响作用。以旅游企业为核心，突破产业界限，发挥其横向一体化联系，将会有利于谋求相关产业对旅游产业的支撑，从而使地方在整体上提高旅游竞争能力。

旅游企业集团化发展模式的优势在于以下几个方面：第一，旅游企业集团集中管理和经营那些对所属企业具有通用性的设施和服务，与所属的各企业独立承担这些职能相比，能够降低单位"产品"的时间和费用，使所属企业获得一定的规模经济。第二，旅游企业集团一般因其所拥有的企业较多且对有关的服务及其他的原材料有较大的需求，能够较为容易地同各有关服务及原材料供应企业或部门进行压价谈判，并且能够在购买价格、交货条件、服务质量等方面取得独立企业不能企及的优惠待遇。第三，旅游企业集团在内部完成旅游产品的设计、制作、销售、管理等工作，比通过一系列相互独立的旅游企业完成这些工作具有更大的优越性。第四，地方性旅游企业集团的建立，可以避免力量分散的中小旅游企业各自为政、恶性竞争、重复建设等行为，减少资源浪费，有利于提高城市旅游整体的接待水平，有利于创立名牌。

（三）政策建议

1. 调整城市旅游资源的管理结构，以便更加合理地配置资源

在我国，地方的旅游资源存在着管理上的行业部门分割。旅游资源主管部门表面上是旅游局，但实际管理部门多达十几个。由于缺乏权威管理机构，使得旅游资源的开发

利用行为政出多门、管理不力，不利于管理效率提高及资源优化配置，也不利于产业规模和市场规模的扩大。一般来讲，城市各部门、各级别的管理单位之间，协调一致的程度越高、权限越统一，在资源使用的竞争中处于越有利的地位；反之，协调程度越低、权限越分散，在竞争中处于越不利的地位。因此，地方政府的关键作用在于为旅游资源的开发商创造公开、公正、平等的资源利用环境，以使旅游资源作为重要的产业要素能够按照市场机制的作用，达到优化配置。政府必须消除资源使用和开发中经济竞争与非经济竞争并存的局面，对涉及旅游资源管理的各个行政部门的权限进行必要的调整与整合。

2. 塑造城市旅游形象，形成旅游发展专门化优势

城市如果缺乏鲜明、独特、整体性的旅游形象，是难以长久吸引旅游者的，旅游形象的建设势必成为城市旅游发展的战略武器和竞争工具。值得关注的是，对城市的旅游形象，既不要说得虚无缥缈，也不要说成包罗万象，城市整体形象定位一经确定，就必须加强对城市空间形象的关注。城市空间形象是城市内在素质和文化在城市外部形态上最直观、最具体的反映，最能对旅游者产生直观的影响。因此，城市旅游形象的设计必须首先考虑城市布局形态、空间现象和景观、历史文化基点、标志性建筑与标志性地段、地方民族传统特色等城市空间形象要素。

3. 积极进行信息化建设，提高旅游者对城市的认知水平

信息是城市旅游发展的命脉，旅游市场流通领域的活动主要是由旅游产品信息传递而引起的旅游者流动，而非普通产品的流动。信息化建设有两个基本思路，一是基于旅游者先验性信息需求的满足而构建旅游咨询系统，二是基于旅游者对于旅游服务信息化的要求而增加信息化手段在旅游接待服务中的应用。有学者提出由政府筹划建设公益性的"城市旅游信息咨询中心"的建议，通过信息中心向旅游者提供旅游产品特色介绍、服务保障系统、娱乐休闲设施、天气等各类信息，以满足旅游者的先验性信息需求，促成旅游决策的形成。建设这样的城市旅游信息中心必须考虑布局科学、数量适当、规模合理、标识统一、手段先进等问题，务必使信息中心同时具有旅游导向、咨询服务、宣传促销、市场调研、形象传播等多种功能。另外，还要加快城市旅游接待服务中的信息化手段的利用，如旅游结算中的电子货币、航空公司的机票预订系统、风景区的电子触摸屏、公共区域的 IC 卡电话、旅游酒店内部的互联网接驳插口等。

4. 营销城市，促进城市营销主体之间互动网络的形成

孟庆民等（2000）的研究认为，地方竞争优势的获得主要依据地方营销。杨开忠也主张将旅游地视为企业，将旅游者、投资者、本地居民和输出市场视为"企业"产品的消费者，通过营销地方实现旅游发展供求双方动态平衡。根据这一思路，提升城市旅游竞争力就不仅仅需要加强城市旅游企业的市场营销，更重要的是营销地方，其关键在于形成城市营销主体之间的互动网络。这些主体包括地方政府、城市公众、旅游（及其相关）产业界、旅游教育培训机构和媒体。在五个主体中，地方政府应该发挥主导作用。要促进城市旅游竞争力的持续提升，就必须使各个营销主体有机地联系在一起，发挥它们之间的网络互动作用，激发各自的竞争优势并共同担负起营销城市的目标，即吸

引城市之外的各类旅游投资商、跨国航空公司、跨国企业总部、专业人才、流动人口和旅游者。

二、旅游目的地竞争力问题的一种解释[①]

（一）研究背景

任何旅游目的地都面临着如何提供最好的社会福利并提高居民生活质量水平的决策。决策的选择涉及复杂的经济、文化、社会、政治和环境方面的问题。近年来，由于认识到旅游产业潜在的、巨大的经济回报，越来越多的省份、城市将旅游产业作为地方新的经济增长点。旅游目的地（特别是大尺度的目的地）需要在地方居民生活质量提高和游客旅游体验满足之间找到平衡点。如果处理得当，旅游业可以成为扩大社会目标的巨大动力。许多地方正在为达成这个目标而谋求旅游目的地竞争力的提升。遗憾的是，没有一个完整的研究框架清晰地描述旅游目的地竞争力所涉及的方方面面的问题。在本部分内容中，笔者运用区域竞争的有关理论考察了旅游竞争力与目的地发展之间的关系，分析了影响旅游目的地核心竞争力的六个关键性因素，并构建了描述它们之间关系的模型。

随着旅游业的发展，越来越多的研究人员和研究机构呼吁对不同形式旅游活动（包括旅游者活动与旅游业活动）的后果进行严格、全面的评价，以便确保其对环境和社会的影响可以接受。在旅游业发达的西方国家，这种对旅游业的评估在某种程度上甚至超过了对传统工业产业（如炼油）的考察。公众需要对旅游业的经济效率、环境影响、社会关联进行评估——以确认旅游确实可以作为区域经济发展中重要的组成部分。

国外学者自 20 世纪 80 年代就开始关注城市旅游竞争力研究的理论与方法。窦文章（2000）、杨英宝等（2002）的研究对此做了详尽的综述。在我国，旅游产业与区域发展之间的关系经常被冠以"旅游对目的地的经济贡献如何巨大"等单指标的溢美之词，而除了"经济繁荣"外，旅游业对区域"环境经营"和"居民生活质量改善"的作用则被忽视了。遗憾的是，这种由于评估者认识的局限或是无可奈何的人为原因导致的忽视，也大量地反映在关于旅游目的地竞争力的研究中。国内学者在目的地旅游竞争力研究领域的主要观点有以下几项：用生命周期理论解释旅游目的地的竞争表现；认为旅游资源的垄断性特征是目的地竞争力差异的主要原因；依据旅游空间供求理论解释不同区域旅游竞争力的差异化表现；综合考虑旅游资源、社会经济、环境和科学技术等因素对区域旅游持续发展潜力的作用；从目的地形象策划角度考察旅游地竞争力问题；依据波特的竞争优势理论进行旅游产业国际竞争力比较研究。上述研究不同程度地丰富了旅游竞争力问题的研究，但是尚没有一个完整的研究框架能清晰地描述旅游目的地竞争力所

---

① 郭舒，曹宁. 旅游目的地竞争力问题的一种解释. 南开管理评论，2004（2）.

涉及的诸多方面问题。

加拿大政府曾经在《竞争与经济繁荣》报告中称,"经济的成功与繁荣,是而且仅仅是改善我们生活质量的手段,我们需要繁荣因此我们能够达到目标——这个目标不是用GDP来衡量的,而是用每个人得以享有的强有力的社会演进、清洁的环境、激荡的文化以及感兴趣并且报酬合理的工作",这给我们很大的启发。本部分内容关于旅游目的地竞争力的研究,一个基本认识就是把旅游者的需要与当地居民的需要同时加以考量。

(二) 改善居民生活质量——旅游目的地竞争的基本目标

1. 旅游与生活质量

旅游所带来的大量持续增长的社会经济福利已经被广泛论证。同样应该引起人们重视的是,旅游改变了目的地居民的生活质量,使得他们在自己成为旅行者的同时也乐于充当外来旅行者的东道主。旅游活动对目的地居民生活质量的影响,表现在经济、物质、社会、心理、文化、政治等方面,这些影响可能是积极的,也可能是消极的。表7-1强调了必须对所有影响居民生活质量的方面进行全面的关注,而不仅仅是经济方面。我们主张用目的地居民生活质量这个综合的指标代替单一的经济贡献指标,来反映旅游对区域发展的影响,这有利于分析使目的地具有竞争力的特征以及由旅游引起的目的地居民生活方式的变化。

表7-1 旅游对目的地影响列举

影响	积极方面	消极方面
经济	增加收入、创造就业	价格上涨、地产投机
物质	完善基础设施、建设新设施	环境破坏、人口拥挤
社会	发展区域节事、增加社区服务	贪婪、过度城市化
心理	自豪感、地方精神、非狭隘意识	防御倾向、文化冲突
文化	生活方式示范、加强传统价值观	人际关系货币化、迎合游客的假民俗
政治	国际社会认同、政治宣传	歪曲节事真相以追求政治目的

2. 困境:如何度量旅游对目的地居民生活质量的影响

现有的对旅游目的地竞争力等级的衡量,仍然以考察旅游收入、旅游人次、游客满意度等颇具经济意义的特征为主,而对目的地居民生活质量这样相对综合的指标则明显失察,其原因主要是缺乏有效的度量方法。

长期以来,我们实际上假定那些使用的评估模型和统计数字是最能反映"事实"的,这个假设的前提一直在领域内引起专家学者们的关注与质疑。令人欣慰的是,旅游卫星账户体系(STSA)的建立,将旅游作为独立的产业纳入国民经济核算体系中是个明显的进步。卫星账户体系不但有着明确的标准,而且精确地描绘了旅游在一个国家国民经济中的影响力；更重要的是，它提供了一种度量方法，增加了定量评估的可操作性。这种方法可以用来评估具有模糊边界的、十分不容易度量的部分。

例如，Prugh（1995）把卫星账户的方法应用在旅游环境影响方面，构建了一个旅游对目的地环境影响的度量系统。其研究结果应用于改善旅游地区环境状况、野生动植物保护、环境敏感地区的旅游管理实践方面。

旅游对目的地居民生活质量的影响力，是一个包括旅游经济影响、旅游环境影响和旅游社会文化影响在内的、更加综合的指标体系。对这一综合指标的度量，目前很大程度上是经济、心理、社会评估方法的简单结合，尽管生活质量度量相对于这些学科本身来说已不是新的课题，但是直接以旅游目的地为背景的研究，其度量方法的有效性还远不能说服别人。

3. 生活质量与竞争力

现有研究对旅游竞争力的理解有多个层次，即首先是以国家、区域或地方为研究对象的区域旅游竞争力；其次是以产业或行业为对象的旅游产业竞争力；最后是以特定市场上的企业为对象的旅游企业竞争力。研究旅游目的地的竞争力问题显然更接近第一种理解。

Scott 和 Lodge（1985）认为，国家竞争力将越来越多地与战略问题联系，而越来越少地与资源禀赋相联系。Newall 将竞争力定义为："竞争力是产出更多、更好的优质产品与服务，在国内或国际市场上成功地向消费者销售。它引致了服务于公众的优厚报酬的就业岗位和充分有效的资源利用，同时避免对于公众的消极影响。"Newall（1992）的另一种概括更为直接，即"一个国家的竞争力是能够为她的人民提供较高水平的、并不断上升的生活质量的能力"。这一定义阐明了竞争力与地方繁荣之间的关系——旅游目的地竞争力的提升必须以改善当地居民生活质量为基本目标。

（三）比较优势与竞争优势——旅游目的地竞争的理论基础

Richardson（1987）认为，在某种意义上说，旅游属于国际贸易的一种形式，在完全自由竞争市场条件下，任何国家的旅游供给都能够在国际市场上展开竞争。由于旅游者流向目的地的主要需求是获得包括目的地服务在内的真实经历，因此，（构成经历的）条件因素就成为决定目的地吸引力的重要因素。由此，持有比较优势理论的学者认为，与旅游产品相联系的要素禀赋在特定区域上的空间分布情况，是作为旅游目的地的特定区域的竞争力不同的原因。但是波特所提出的竞争优势理论发展了这个观点，同以要素依赖为特征的比较优势相区别，波特认为是不同区域对于要素利用的能力和效率的差异，而不是要素本身，导致了不同区域之间的优劣差异。

我们将构成比较优势的因素称为基础性因素，而将构成竞争优势的因素称为发展性因素，并认为，提升旅游目的地竞争力需要对这两类因素同时加以考虑。

1. 比较优势

世界竞争力研究报告指出，根据国际贸易理论，一个国家境况的好转是由于在出口产品和服务过程中从其贸易对手那里获得了最大的优势或者是最小的劣势。比较优势取决于一国资源的充裕程度，而竞争优势则取决于行为主体在可得资源上追加价值的能力。从长期看，一个国家景况的根本好转，不是因为出口资源，而是通过出口新创造出来的资源增值部分而获得经济发展的。因此，世界竞争力报告模型更看重与资源的增值能力相联系的竞争优势而忽视与资源禀赋相联系的比较优势。

上述重视竞争优势忽视比较优势的观点在旅游领域内有失妥当，原因在于：旅游者购买的不是目的地的资源本身，而是与资源密切联系的一次旅游经历；旅游产生了外部性——导致了资源质量的恶化和变质，如环境污染、景区的抢劫、道德弱化、疾病流行、野生栖息地被侵占、民俗表演化等。因此，如何利用资源以创造完美经历，同时保护资源以减少外部性便成为目的地竞争的关键，而比较优势所关注的正是目的地的资源禀赋状态。

波特曾提出构成比较优势的资源包括五类：人力资源、物质资源（Physical Resources）、知识资源、资本资源和基础设施。在旅游研究领域，应该适当地将"基础设施"调整为"旅游设施"，而将历史与文化资源也作为一类至关重要的因素增加进来，由上述六部分资源共同构成目的地的基础性因素。

基础性因素随着时间的变化而发生变化，目的地的比较优势也随之发生改变。例如，一个为了经济增长而清除某个敏感生态保护区的决策一旦付诸实践，将导致颇具吸引力的物质资源遭受不可逆转的毁灭，从而削弱目的地的竞争力。

旅游目的地要追求长期（Long - term）竞争力，就必须对与基础性因素相联系的工作进行综合考虑，主要包括人力资源教育培训、自然物质资源保护、知识资源扩张、资本资源增值、旅游设施的建设与维护、历史文化资源的继承与弘扬。

2. 竞争优势

当比较优势所依赖的资源的可得性，对于彼此竞争的目的地来说差异很小时，按照长期的眼光对可得资源进行高效利用的能力便成为影响目的地竞争力大小的关键，竞争优势的重要性凸显出来。竞争优势理论认为，一个资源禀赋充裕的旅游目的地可能不如一个资源禀赋存量少的目的地的竞争力强——如果那个资源禀赋少的区域能够更加充分、高效地利用较少的资源的话。波特在1990年就曾经提出，一个缺乏资源的国家常常通过发展竞争优势，迅速找到创新的方法，来克服比较劣势。

对于不同的目的地来说，所拥有基础性因素不同比例的组合，只是部分地解释了彼此间竞争力差异的不同，另一部分原因在于目的地行为主体对各类资源利用的不同效果，即目的地资源的发展性因素。这类因素至少应该由五方面内容构成：一是资源的调查评价能力。在资源被恰当地使用之前，不仅需要对资源进行分类和调查，而且要知道资源的承载力，包括资源被使用的极限和使用的后果。二是资源的保持维护能力。采取恰当的保护方法避免资源过度恶化，促进资源可持续利用的能力。三是资源的增值发展能力。特别是对于历史文化资源。四是资源利用的效率。五是资源利用的有效性。

决定资源利用能力的目的地各行为主体主要是旅游业的受益者、各类资源的所有者与使用者。从营销地方的意义上看，目的地的行为主体应当包括地方政府、公众、产业界、教育培训机构和媒体。近年来，我国旅游目的地的各级政府在旅游资源的调查、评价、规划、监督、保护等方面发挥了比以往更多的作用，尽管不同政府部门控制与关心的核心问题各不相同。教育培训机构和媒体提高了公众对资源利用问题的兴趣，呼吁旅游业对各种消极影响给予关心。旅游产业界是在政府有关资源利用政策的许可范围内，实际地决定在哪里和怎么样对资源加以利用。

因此，只有当各行为主体详细深入了解资源状态，彼此之间进行广泛有效的交流，对目的地的旅游发展战略有着共同一致的理解时，各类资源才可能被更加充分有效地利用，才能有效地谋求旅游目的地的长期竞争力。Samli 和 Jacobs 曾经把目的地各行为主体简化地分成政府部门和私营部门，并认为在谋求竞争力的问题上两者需要拥有共同的观念和有效的沟通途径，而不是在彼此交叉的目的下简单地各行其是。这使我们直觉地意识到，一个关于旅游目的地竞争力问题的研究框架将有助于各方面通过交流达成有关竞争战略的共识。

（四）六因素联动模型——一个旅游目的地竞争力研究提纲

比较优势与竞争优势为目的地的竞争力提升提供了理论基础。但是仅仅列出比较优势和竞争优势的影响因素，缺乏对其他相关因素的理解，仍然是不够的。还必须用系统的观点理解各类因素对于竞争力的影响和它们彼此之间的关系。波特的钻石模型强调了应该系统地看待影响竞争力的诸要素，Poon（1993）注意到构成旅游竞争力的要素之间明显的联动性质。遗憾的是，这些竞争模型过于一般化，对于特定的"旅游目的地竞争力问题"而言，缺乏具体的指导性。

为探索一个更加丰富、能够覆盖所有关键问题的目的地竞争力研究提纲，我们设计了 7 个问题（见表 7-2），向区域经济、产业经济方向的 64 位博士生进行了开放式问卷调查。

表 7-2　用于目的地竞争力问卷研究的 7 个关键问题

序号	问题
1	影响目的地竞争取胜的因素是什么
2	旅游目的地竞争成功的标准是什么
3	影响目的地在国际、国内市场上竞争的因素相同吗
4	旅游目的地最核心的竞争力是什么
5	国际、国内旅游市场上有特殊竞争力的目的地是哪里
6	目的地竞争的成本是什么
7	有关人士对改善目的地竞争位置的责任感是短期还是长期的

对上述问题的求解，使我们得出了一个用于目的地竞争力研究的提纲，即提升旅游目的地核心竞争力需要关注的六个关键性问题，并构建了一个描述它们之间关系的"六因素联动模型"（见图 7-1）：一是核心吸引物。旅游目的地的吸引物主要包括自然景观、文化和历史、客源地与目的地之间的先天联系（如寻根）、参与性活动、特殊事件

（路径依赖）、旅游设施等类型。目的地旅游形象的设计和塑造主要依托于吸引物系统。二是基础性因素。如前文所述，基础性因素主要是目的地与旅游活动密切相关的资源禀赋，是旅游吸引物"产生的土壤"。三是支持性因素。旅游目的地存在一类特殊的因素，这些因素并非完全是为了旅游产业的发展而存在并不断得以完善的，但是其完善的程度却影响着区域旅游产业竞争力的高低。这些因素集中反映在三个方面：基础设施、相关企业和可进入性。Crouch 和 Ritchie 认为，旅游相关企业的健康、生命力、成就感以及企业不断扩张的商业冒险性投资，将从不同角度、以不同方式为目的地竞争力提供巨大的贡献，并改善目的地居民的生活质量。可进入性既表现在航空的班次、往来的护照与签证、定期的联运、交通枢纽等政治经济开放程度方面，也表现在机场容量、景区的道路、公园容量等与目的地物理承载力相关的方面。四是发展性因素。如前所述，发展性因素主要是指目的地对各类资源加以利用的能力。如果一个目的地的旅游产业在获取资源与利用资源的能力上超过了竞争对手，将会使该目的地的竞争力等级相对提升。五是资格性因素。有些因素甚至可以成为旅游目的地竞争潜力的最高限制，但是旅游产业对这些因素的控制和影响力却微乎其微，我们将之称为资格性因素。这些因素包括目的地的区位、目的地的安全感（恐怖主义和战争的影响可以使一个地区失去竞争力）、目的地的成本（货币兑换率、目的地的旅游产品与服务的成本过高，会使价格上涨而失去竞争力）。资格性因素可以弱化一个目的地的既有优势，也可以扩大目的地的某种优势。六是管理创新。旅游目的地作为相对独立的区域，必然涉及区域营销、旅游服务、信息传递、产业组织与协调、产品开发等管理活动。在资格性因素的过滤下，这些管理活动不断创新的结果最终将促进目的地竞争力的提升。

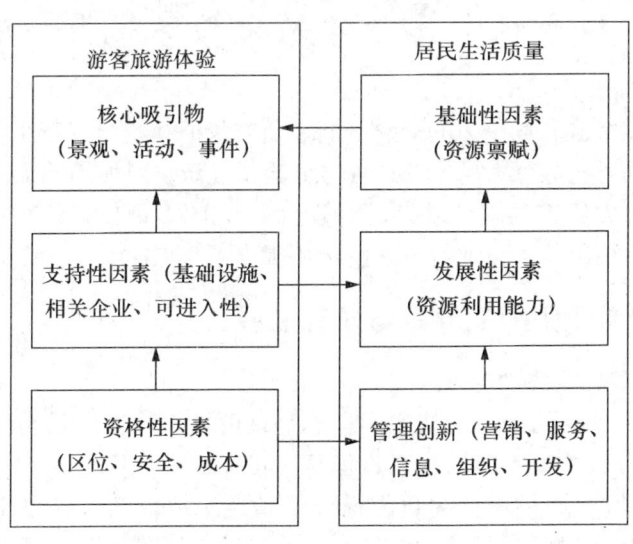

图 7-1 六因素联动模型——一个旅游目的地竞争力研究提纲

从纵向上看，目的地要满足游客对高品质旅游经历的需要：一个旅游目的地只有具备了一定的资格性因素，支持性因素才能更好地发挥作用，资格性因素和支持性因素又共同增强了核心吸引物对潜在游客的吸引力,从而为满足游客旅游经历提供基本保证。同时,目的地也要满足当地居民对高品质生活的需要:一个目的地的管理创新能力高低决定着资源利用能力(发展性因素)的强弱,资源利用能力又决定了基础性因素的"有效性"。在可持续发展的框架下,只有资源被充分高效地加以利用,才能为居民提供更好的生活条件。

从横向上看,一个旅游目的地的核心吸引物更多地"产生"于该地的基础性因素之中;发展性因素是资源利用能力的反映,目的地各类资源并非完全用于旅游产业领域,只有当支持性因素更多地向旅游产业倾斜时,发展性因素才能更加充分地为旅游领域的竞争发挥作用;目的地的管理创新活动需要在资格性因素的约束条件下谋求最佳绩效的取得。

上述提纲的一个基本的目的在于"解释"——Neuman 曾指出理论解释和普通解释之间的区别,即理论解释是逻辑的,在于解释现象发生的原因,它依赖于公认的原理和规则,属于研究者的理论观点或概念之间的联系;普通解释是为了使现象更加清楚明晰或者描述一项事物使之可以被理解。两类解释应该很好地结合。在我们研究的现有阶段,上述提纲仅仅符合普通解释的概念,由于旅游目的地提升竞争力方面的决策大量发生,又缺乏具有内在联系的变量模型,本部分内容的提纲有助于决策信息的搜集整理。留待解决的问题包括以下两个:本文只运用了定性分析的方法,尚未建立反映一些主要变量之间重要数量关系的模型;受研究能力所限,提纲所讨论的竞争力问题,没有能够针对具有代表性的旅游目的地进行实证分析。

三、城市旅游竞争力研究的理论与方法[①]

本部分内容对城市旅游竞争力的概念内涵、研究价值和本质进行了界定,对国内外关于城市旅游竞争力的研究进行了简要的述评。分析了经济学对城市旅游竞争力的解释,提出了经济学作为竞争力研究的理论基础的合理性,并前瞻了未来竞争力研究的跨学科方向,最后对目前城市旅游竞争力评价方法的运用提出了建议。

(一) 城市旅游竞争力的界定与研究进展

1. 关于城市旅游竞争力的界定

首先,城市是一个空间概念。从空间概念上理解城市旅游,是与乡村旅游相对应的一个概念。尽管城市旅游尚无公认定义,但至少可以简单地概括为"城市旅游是以城市为目的地的旅游活动"。将城市作为目的地而不是客源地,既研究发生在这里的旅游业活动,也研究发生在这里的旅游者活动,应该是城市旅游竞争力研究的前提之一。其次,城市又是一个行政概念,城市旅游竞争力研究的结果所反映的城市之间的优劣差

---

① 曹宁,郭舒. 城市旅游竞争力研究的理论与方法. 社会科学家,2004 (3).

异，实际上指的是城市在行政区划上的概念，即包括这个城市所管辖的市区、郊县和乡村地区。换言之，我们比较城市旅游的竞争力，实际是在比较包括乡村在内的城市行政区域的竞争力，而不仅仅局限在城市的市区范围内。选择这样一个研究前提也部分地取决于现行统计工作所反映的城市旅游数据基本上是对应了行政区划的城市概念。这样，我们所界定的城市旅游竞争力是在研究一个旅游接待地相对于另外一个旅游接待地，吸引游客（而不是输出游客），为游客提供旅游产品和服务，从而获得回报，提高当地居民生活质量的能力。这个接待地是以行政区划的城市为单元被考察的。

竞争力是一个十分复杂的概念，对于城市旅游竞争力的学术性表述历来存在模糊性。这种模糊性表现在：一方面，城市旅游竞争力被理解为不同城市旅游竞争的结果或者是最终表现；另一方面，它被认为是不同城市的旅游产业在发展过程中拥有竞争优势的原因或其决定性因素。尽管竞争力一直是一个内涵和外延都难以精确界定的概念，但对城市旅游存在竞争力差异化表现这一客观现象的认识实际上具有很高的共识性，这一点从现有国内外相关研究中可见一斑。从竞争力研究的价值来说，其目的就是要解释为什么有些城市旅游产业发展的竞争力强，有些竞争力弱；或者，什么样的城市能够具有长久的旅游发展竞争力，什么样的城市一定不会有竞争力。

2. 关于城市旅游竞争力研究的进展

国外学者自 20 世纪 80 年代就开始关注城市旅游竞争力研究的理论与方法。窦文章等（2000）、杨英宝（2002）等的研究对此做了详尽的综述。国内学者在目的地旅游竞争力研究中广泛借鉴了地学、经济学、传播学等学科的相关理论，主要观点有以下几个：用生命周期理论解释旅游目的地的竞争表现；旅游资源的垄断性特征是目的地竞争力差异的主要原因；依据旅游空间供求理论解释不同区域旅游竞争力的差异化表现；综合考虑旅游资源、社会经济、环境和科学技术等因素对区域旅游持续发展潜力的作用；从目的地形象策划角度考察城市旅游竞争力问题；依据波特的竞争优势理论进行旅游产业国际竞争力比较研究。从竞争力评价的方法上看，使用较多的仍然是层次分析法（AHP）和聚类分析法。从竞争力研究的层次上，包括业竞争力（主要是饭店企业）、产业竞争力、城市或区域竞争力和国家竞争力。上述研究不同程度地丰富了中国城市旅游竞争力问题的研究，但是在城市旅游竞争力的概念界定、本质内涵和应用理论等方面尚未形成共识。

（二）城市旅游竞争力研究的理论基础

简单地看，城市旅游竞争力是由城市的旅游企业的竞争力凝聚而成的。在新古典经济学分析中，企业竞争力在统计上被理解为市场占有率或盈利率。通常假定相互竞争的企业所生产和销售的产品是完全相同的，这样，哪个企业的市场占有率高，其原因就归结为哪个企业提供的产品价格更低。成本差别被用于解释企业在市场上的竞争力差别。后来，经济学本身也承认，即使是同类产品之间也可以存在一定程度的差异，因此会产生由于产品差异所导致的超额利润，这样就出现了成本、产品差异共同成为解释竞争优劣的变量。但是，由于旅游企业，特别是拥有旅游吸引物的企业，其提供的产品之间存

城市旅游发展与管理

在相当大而不是一般性的差异。新古典经济学从产品同质性假设出发,把竞争归结为价格—成本竞争,就不足以应用到城市旅游竞争力的研究领域中来。

产业经济学中产业组织理论放松了产品同质性假设,引入了产品差别化因素,并把这些非价格性的差别因素看作形成不同市场结构进而决定相应市场绩效的因素。依据这一理论,形成有效竞争的旅游产业组织和旅游市场结构①便是培育和增强城市旅游产业竞争力的决定性条件。它解释了旅游活动类型和旅游客源市场十分类似的城市的旅游产业之间所表现出来的竞争差异,但是对于地域相邻而客源市场迥异的城市的旅游竞争力差别的解释就缺乏说服力。究其原因,产业组织理论假设市场空间是无差异的,而现实中的旅游市场是分为不同地区和国家、呈现多元市场空间态势的。

区域经济学和区位论在承认存在着空间差异性因素的假设条件下,用"绝对成本优势"、"比较成本优势"作为竞争力研究的重要解释变量或条件。对于不同的旅游城市来说,多元化市场差异首先表现在旅游者来自不同的国家,关税、汇率会对城市入境旅游竞争力产生影响。其次是地区之间存在区位和要素差异,游客的交通运输成本、城市自然条件(包括景观)、与旅游相关的要素禀赋条件等差异均影响着旅游竞争力。事实证明,一个城市所拥有的资源禀赋确实对其旅游产业竞争优势的形成发挥作用,但是基于资源禀赋优势所获得的竞争优势是否可以持久维持就有争议了。新贸易理论就认为某个区域特定产业竞争优势的维持不依赖其资源禀赋的比较优势,而是看其在技术、规模等方面如何维持领先。波特(Michael E. Porter)在 1990 年出版的《国家竞争优势》中提出了一套解释一国产业或企业竞争优势的全新理论,认为要素条件、需求条件、相关及支持性产业以及企业的战略结构和竞争是决定竞争优势的基本因素,机会和政府是两个辅助因素。这个被称为"菱形模型"的竞争优势理论与区域旅游竞争力问题十分契合,被迅速应用到区域或城市旅游竞争力问题的研究中,但也不无争议。尽管如此,在解释城市旅游竞争力这一问题上,比较优势理论和竞争优势理论仍然是具有较强说服力的理论之一。

城市旅游产业发展的实践,使其在选择研究的理论依据时,也开始关注制度经济学、政府管制经济学和福利经济学的应用。制度经济学、政府管制经济学承认存在制度差异和政府干预,改变了经典的理论经济学无制度差异、无政府干预的假设条件,即市场经济制度不可能是纯粹的,产权制度也总是具有具体复杂的性质。特别是在经济转型期,城市的旅游产业受到制度因素和地方性政策因素的影响是非常强烈的,这一点从许多城市旅游资源的产权关系错综复杂进而影响旅游投资与经营的现实可以得到佐证。福利经济学的观点对城市旅游竞争力研究更具有启发性:繁荣是中央和地方政府的一种选择,城市有理由选择通过增强城市旅游竞争力来有效地实现繁荣。这是否可以视为是城市旅游竞争的最终目的呢?当我们认识到经济的成功与繁荣,是而且仅仅是改善我们生活质量的手段,而居民生活质量改善才是我们需要设法达到的目标的时候,城市旅游竞

---

① 杜传忠(2003)的研究提出了与之相争议的观点,即垄断市场结构未必一定导致垄断市场行为,一味强调有效竞争的市场结构未必就意味着一定会提高产业竞争力。

争力的本质就不辩自明了：一个既能够带来区域经济繁荣，并且有利于环境经营，同时又能够为居民提供高质量生活保障的旅游城市，才是真正有竞争力的旅游目的地。

总之，对竞争力可按照不同的假设条件为前提，从不同层面进行分析和研究。经济学的各个分支学科都可以对城市旅游竞争力研究做出贡献，但是由于各分支学科的假设前提和分析工具不同，所以，所关注的影响城市旅游竞争力的主要因素也有一定区别。如果将城市旅游竞争力研究深入到城市可持续发展的领域，就必然需要经济学同社会学、管理学等其他学科相结合的研究范式了。尽管如此，上述认识仍然构成了城市旅游竞争力评价的有效的理论基础。

(三) 城市旅游竞争力评价的方法与逻辑

城市旅游竞争力研究，不仅要说清楚竞争力的性质和决定竞争力的实际因素，还需要用某种方法把它表现出来。只有这样，城市旅游竞争力才能既得到理论上的解释，又得到经验上的证明。目前，刻画城市旅游竞争力强弱，揭示影响竞争力因素的常用方法是层次分析法（AHP）。对该方法在应用中涉及的指标选取以及操作上的问题提一些基本逻辑。对这些问题的认识，也影响到对城市旅游竞争力性质和特征的进一步理解和表述。

第一个是评价指标的对应性问题。城市旅游竞争力的评价指标应该有两类，即显示性指标和分析性指标。显示性指标反映的是竞争的结果或者竞争的最终表现，分析性指标用于反映竞争力的原因或其决定因素。显示性指标应该简单明了，像足球赛一样，谁进球多谁就赢了，可以直接说明其具有较强的竞争力，尽可能使用较少的指标就可以基本上反映竞争力的结果。分析性指标需要通过构建多角度、多层次的指标体系来解释为什么有的城市拥有旅游竞争力，有的就缺乏竞争力（见表7-3）。

表7-3 构建城市旅游竞争力分析性指标体系的基本思路

指标构成	指标含义	数据方向
核心吸引物	自然景观、文化和历史景观、与客源地的先天联系（如寻根）、参与性活动、特殊事件（路径依赖）、异化为吸引物的旅游设施	旅游资源、旅游产品调查评价
基础性因素	与旅游活动密切相关的资源禀赋，是旅游吸引物产生的土壤	人力资源、物质资源、历史与文化资源、知识资源、资本资源、基础设施
支持性因素	这些因素并非完全是为了旅游产业的发展而存在并不断得以完善的，但其完善的程度却影响着城市旅游产业竞争力的高低	基础设施、相关企业、可进入性
发展性因素	对各类资源加以利用的能力，如果一个城市的旅游产业在获取资源与利用资源的能力上超过竞争对手，将会使其竞争力等级相对提升	资源的调查评价、保持维护、增值发展的能力；资源利用的效率和有效性

续表

指标构成	指标含义	数据方向
资格性因素	可以成为城市旅游竞争潜力的最高限制,但是旅游产业对这些因素的控制和影响力却微乎其微,它可以弱化城市的既有优势,也可以扩大目的地城市的某种优势	区位、安全感、成本(如汇率)
管理创新因素	地方政府在旅游领域的管理创新程度与效率	营销地方、旅游服务、信息传递、产业组织与协调产品开发

第二个是评价指标的适用性问题。所选择的指标要十分明显地同竞争力有很密切的关系。类似"客房出租率"这样的指标就不是很合适。虽然客房出租率确实同城市旅游竞争力有很大的关系,但是客房出租率反映竞争力的作用容易被房价的相反方向的变化所抵消,这个指标与城市旅游竞争力之间的量化关系不是很明显,很难说多高的出租率最有利于竞争力,是不是出租率越高越有竞争力,或者是不是出租率有一个最优值?这些都难以确定,所以适用性不强。

第三个是评价指标的量化性问题。必须承认有些指标可以量化,有些指标不能够量化。对于不可以量化又十分重要的指标,如城市旅游管理的创新度和效率等,就要通过对特殊人群的问卷调查来解决。一般来讲,分析性指标更需要对那些难以计量的非经济性因素给予关注。如果我们自问一下,城市旅游竞争力到底是个单纯的经济指标还是个综合性的社会发展指标,我们将会发现,目前对于区域旅游竞争力评价中使用的指标太多是可得性很强的,可以直接量化的经济性指标,而忽视了反映旅游产业对城市环境的经营和居民生活质量改善方面能力的指标。这对评价结果的分析意义和运用价值无疑是有消极影响的。

(四) 结论与启示

经济学严密的演绎逻辑有助于解释城市旅游竞争力的性质并寻找影响竞争力的决定性因素。同时需要注意的是,在城市旅游可持续发展的要求下,许多影响甚至决定竞争力的重要因素是经济学研究所不涉及的;城市旅游竞争力将成为跨学科的研究领域。另外,构建城市旅游竞争力评价指标体系进行实际评价工作时,必须对指标的对应性、适用性和量化性给予重视,避免降低竞争力评价的意义和价值。

四、旅游价值链演进规律与区域旅游竞争力的关系[①]

区域旅游竞争力的研究存在"区域学派"与"产业学派"两类不同的研究差异,

---

① 曹宁,郭舒. 试论旅游价值链演进规律与区域旅游竞争力的关系. 中国地名,2010 (11).

谋求研究视角的融合与统一，挖掘影响区域旅游竞争力的核心要素及其作用机理十分令人关注。笔者主张通过对旅游价值链演进阶段的判断来评价区域旅游竞争力在水平上的差异。本部分内容对区域旅游价值链的构成与网络化特征进行了描述，对价值链的阶段性演进与区域旅游竞争力水平之间的关系进行了剖析，并提出了提升区域旅游竞争力的阶段性政策重点。

（一）问题的提出

对旅游竞争力的研究大致可以概括为两条线索，即区域角度和产业角度。从区域角度开展的研究，一般侧重于旅游发展的要素条件，并据此解释竞争差异的原因，如用旅游资源的原赋性差异解释旅游竞争力水平的差异。从产业角度研究旅游竞争力，则重视旅游发展的现实表现和竞争结果。例如，习惯性地通过接待人次和旅游收入差异来比较不同区域之间的旅游发展竞争状态。

毋庸置疑，区域旅游竞争力的研究应该是一种比较关系的研究，不能只研究一个，至少是两个以上的旅游地之间的比较。因此，旅游竞争力研究不能舍弃区域视角。但同时，区域研究的视野具有综合性的特点，倾向于将产业要素整合在区域的"黑箱"中。旅游竞争力非常容易被城市竞争力、省份竞争力、国家竞争力所取代，而不能作为独立的研究对象而存在。旅游自身的产业要素和竞争特点被置于区域整体竞争力之下，难以窥视全貌。因此，旅游竞争力研究也不能舍弃产业视角。

国外学者波特的钻石模型正是产业视角与区域视角的混合体。因此，在国内旅游竞争力的研究发端之时就被广为引用。但服务属性凸显的旅游业与制造业的先天差异，导致了波特竞争力模型在解释区域旅游竞争力问题上从一开始就存在争议。

国内近年来出现了将产业视角与区域视角相融合的趋势。例如，把产业要素作为区域上的要素看待。把要素差异导致的产业竞争力水平差异解释为区域对要素的利用水平（产业组织水平）存在差异，进而导致了竞争力水平上的差异。本部分内容倾向于这样的融合视角，并主张把旅游价值链视为"区域识别"和"产业识别"的桥梁，通过对价值链演进阶段的判断来评价区域旅游竞争力在水平上的差异。

（二）区域旅游价值链的构成与网络化特征

旅游价值链的形成得益于三类成员：核心成员、依托成员和基础成员。由三类成员共同构成的区域旅游价值链具有网络化的形态和特征（见图7-2）。

核心成员是旅游集群的基本层次，主要包括以下几种：经营自然、历史或文化景观、主题公园、事件旅游景点的企业；组织生态旅游、冒险旅游、户外运动旅游、遗产旅游等旅游项目的企业。核心层集群成员主要面向旅游者提供产品和服务，离开了旅游者的消费，就不可能存在和发展。

依托成员是那些向旅游者提供部分产品和服务的企业，主要包括餐饮企业、住宿企业、零售企业、代办出入境手续企业、旅游交通企业、旅游交通的维护与保养企业、食品加工与销售企业、休闲与娱乐企业。依托层集群成员不仅向旅游者提供产品和服务，

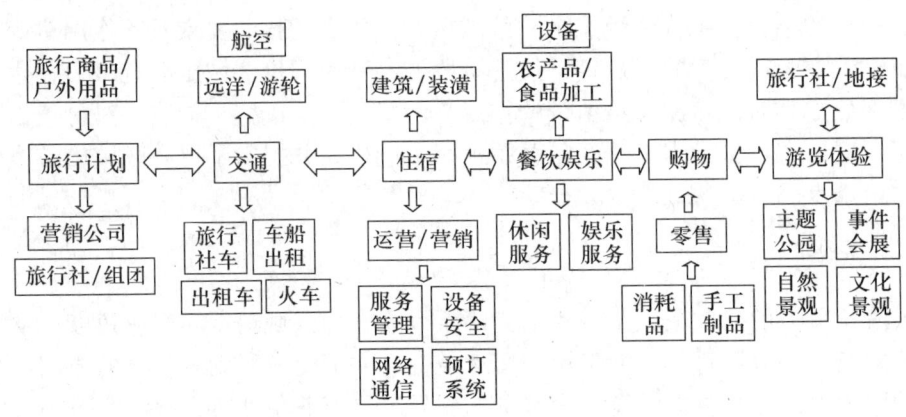

图7-2 区域旅游价值链的网络化特征

也为当地居民和其他消费者提供产品和服务。依托层既是创造地方经济收入的主力军（虽然它们获取的收入仅仅有一部分来自旅游者），也是创造旅游者体验的重要组成部分。

基础成员包括提供财务咨询的企业，能提供企业诊断的顾问型企业，旅游规划企业，旅游培训企业，投资公司，营销公司，提供公共安全、公共卫生等社会服务的企业或部门，对供水与道路等基础设施进行维护的企业或部门。这些成员企业在教育、创新、金融、基础设施、信息服务、商业环境、生活质量和市场营销等领域支撑着旅游供给活动，是旅游集群的基础层面。基础成员的数量与质量构成了一个地区旅游发展规模和水平的门槛，决定着旅游集群提供旅游产品和服务的效率。

（三）价值链的阶段性演进与区域旅游竞争力水平差异

随着时间的推移，"利益驱动"把越来越多种类和数量的产品和服务吸纳到旅游价值链网络中来，旅游价值链经历由形成到横向延展，再到包括纵向在内的扩张过程。

在旅游价值链的形成阶段，以个人的人际关系或者社会关系为基础的旅游企业网络开始萌芽。网络中节点主要来自于企业家预先存在的社会的、家庭的或者是历史上长期存在的关系，即旅游价值链成员之间的社会关系网络先于商业交易网络而存在，因此整体的旅游价值链还会受到很多交易不确定性的影响，争夺资源和市场的区域旅游竞争能力有限。

在旅游价值链的延展阶段，由于分工和协作而引发了旅游企业之间的长期竞争与合作，促成了区域旅游价值链成员之间网络化互动的制度创新。同时，一些具有异质性的旅游企业开始寻求以技术创新为手段来支撑企业的生存与发展。价值链内部技术和制度的创新，吸引了更多的旅游企业加入。企业数量的增加不仅意味着价值链的延展与完善，也意味着区域旅游竞争力的增加。

旅游价值链的扩张阶段是区域旅游网络进入强大与成熟的阶段。旅游价值链内部形成了完善的企业网络与创业机制。旅游企业的进入门槛、退出门槛降低，既有创业者看见新商机而加入，也有企业因无利可图而退出。在这一阶段，区域旅游价值链最突出的特点是网络的成熟化，即交易网络与社会网络的融合，以及网络规则的完善，也是区域旅游最具竞争优势的高级阶段。

（四）政策启示

区域旅游价值链的演进阶段暗示了区域旅游产业发展与管理的主要政策方向：瞄准旅游价值链、有利于价值链延展与扩张的政策，就有可能提升区域旅游竞争力。由于旅游价值链的演进经历不同的阶段，旅游产业政策的重点也需要适时地调整并有选择性地实施。

第一，在旅游价值链的形成阶段，地方旅游形象的成功确立是吸引和利用公共与私人投资的关键。不同于企业形象的塑造，地方旅游形象最有力的推广者是政府。对于那些拥有独特的旅游吸引物与开发潜力，但是还远未在某个细分市场上树立起鲜明形象的目的地，国家或地方政府的旅游形象推广计划应该是该地区谋求旅游竞争力的第一步。

第二，在旅游价值链的延展阶段，政策的重点是制定并完善各类标准，完善旅游价值链网络内部的制度环境与技术环境。例如，旅游产品与服务的标准，旅游企业的等级标准等。

第三，在旅游价值链的扩张阶段，政策重点是保持价值链中优秀的制度环境与技术环境，并加大对创新的鼓励与扶持。具有创业精神和战略柔性的中小旅游企业更容易面对需求的突变做出快速反应。

五、城市旅游竞争力提升的理论依据与现实途径[①]

本部分内容在严格界定研究假设前提的基础上，回顾了国内外旅游竞争力研究的进展，分析了城市旅游竞争力研究的理论依据和影响竞争力的决定性因素，据此建立了城市旅游竞争力评价模型并进行了实证研究。对辽宁省14个地级市做了旅游竞争力的总体特征分析与城市类别分析。研究发现，14个城市旅游竞争力的阵营划分与人们的常识性客观认识存在差异，该差异反映了不同城市在旅游资源利用和城市旅游管理方面的巨大潜力和旅游竞争力提升的广阔空间，并就此提出了若干政策建议。

（一）城市旅游竞争力的研究进展与理论依据

1. 假设前提

首先是对城市的理解。城市旅游竞争力研究的结果所反映的城市之间的优劣差异，实际上指的是城市在行政区划上的概念，即包括这个城市所管辖的市区、郊县和乡村地区。换言之，我们比较城市旅游的竞争力，实际是在比较包括乡村在内的城市行政区域

---

① 郭舒，曹宁. 城市旅游竞争力提升的理论依据与现实途径——以辽宁省为例. 产业与科技论坛，2006（1）.

的竞争力，而不仅仅局限在城市的市区范围内。选择这样一个研究前提也部分地取决于现行统计工作所反映的城市旅游数据基本上是对应了行政区划的城市概念。其次是对旅游的理解。从空间上看城市旅游活动，包括游客的输入和输出两种流动类型，本部分内容所选择的前提是将城市作为目的地而不是客源地，即认为城市旅游竞争力是在研究一个旅游接待地相对于另外一个旅游接待地，吸引游客而不是输出游客，为游客提供旅游产品和服务，从而获得回报，提高当地居民生活质量的能力。最后是对竞争力的理解。繁荣是中央和地方政府的一种选择，城市有理由选择通过增强旅游竞争力来有效地实现繁荣。这是否可以视为是城市旅游竞争的最终目的呢？当我们认识到经济的成功与繁荣是而且仅仅是改善我们生活质量的手段，而居民生活质量改善才是我们需要设法达到的目标的时候，城市旅游竞争力的本质就不辩自明了：一个既能够带来区域经济繁荣，并且有利于环境经营，同时又能够为居民提供高质量生活保障的旅游城市，才是真正有竞争力的旅游目的地。所以我们主张，尽管对竞争力的研究可以考虑经济学方法，但是对竞争力本质的认识，不要局限在经济现象上，而需要一个更加宏观的视野。

2. 理论依据

如前文所述，竞争力是一个十分复杂的概念，一方面，城市旅游竞争力被理解为不同城市旅游竞争的结果或者是最终表现；另一方面，它被认为是不同城市的旅游产业在发展过程中拥有竞争优势的原因或其决定性因素。城市旅游竞争力研究，不仅要说清楚城市旅游竞争的结果表现，更重要的是分析其性质和决定竞争力的实际因素，并且要用某种方法把它表现出来。从竞争力研究的价值来说，其目的就是要解释，为什么有些城市旅游产业发展的竞争力强，有些竞争力弱；或者，什么样的城市能够具有长久的旅游发展竞争力，什么样的城市一定不会有竞争力。只有这样，城市旅游竞争力才能既得到理论上的解释，又得到经验上的证明。经济学严密的演绎逻辑有助于解释城市旅游竞争力的性质并寻找影响竞争力的决定性因素。在分析经济学的各个分支学科对城市旅游竞争力研究做出的贡献的基础上，对影响城市旅游竞争力的关键性因素进行总结（见表7-4）。这一结果将有助于各方面通过交流达成有关城市旅游竞争力研究的共识。

表7-4 城市旅游竞争力的影响因素和理论依据[①]

影响因素	含义	理论依据
核心吸引物	自然景观、文化和历史景观、与客源地的先天联系（如寻根）、参与性活动、特殊事件（路径依赖）、异化为吸引物的旅游设施	旅游流运动规律
基础性因素	与旅游活动密切相关的资源禀赋，是旅游吸引物"产生的土壤"，包括人力资源、物质资源、历史与文化资源、知识资源、资本资源、基础设施	比较优势理论

---

① 郭舒，曹宁．旅游目的地竞争力问题的一种解释．南开管理评论，2004（2）．

续表

影响因素	含义	理论依据
支持性因素	这些因素并非完全是为了旅游产业的发展而存在并不断得以完善的,但其完善的程度却影响着城市旅游产业竞争力的高低,如旅游相关产业、可进入性	产业组织理论
发展性因素	对各类资源加以利用的能力,具体包括资源的调查评价、保持维护、增值发展的能力及资源利用的效率和有效性	竞争优势理论
资格性因素	可以成为城市旅游竞争潜力的最高限制,但是旅游产业对这些因素的控制和影响力却微乎其微,如区位、安全感、旅行的汇率成本	区位论
管理创新因素	地方政府在旅游领域的管理创新程度与效率,包括在营销地方、旅游服务、信息传递、产业组织与协调、产品开发等方面的能力	制度经济学、福利经济学

(二) 实证研究及结论分析①

基于上述理论认识,本部分内容建立了用于城市旅游竞争力评估的指标体系,即城市旅游竞争力 = F (B_1, B_2, B_3, B_4, B_5, B_6)。其中,B_1 为核心吸引物,B_2 为基础性因素,B_3 为支持性因素,B_4 为发展性因素,B_5 为资格性因素,B_6 为管理创新因素。另外,还确定了37个C层次指标和七八十个D层次指标,来反映城市旅游竞争力的决定因素(而不是竞争力表现或结果),说明该城市为什么能够拥有旅游发展竞争力,是哪些因素导致了其具有较强的竞争力(关于这些指标的详细讨论,本部分内容从略)。研究选取辽宁省14个地级市运用层次分析法进行定量评价,并做了聚类分析,辽宁省城市旅游竞争力的总体特征和各城市的类别特征得到了较为真实的反映(见表7-5)。

表7-5 辽宁省各城市旅游竞争力综合评价表

城市	大连	沈阳	鞍山	丹东	锦州	本溪	葫芦岛	抚顺	营口	朝阳	盘锦	辽阳	阜新	铁岭
总评价值	2.79	2.02	1.41	0.80	0.79	0.69	0.45	0.39	0.29	0.18	0.16	0.10	0.05	0.03
竞争力指数	1	0.72	0.51	0.29	0.28	0.25	0.16	0.14	0.10	0.06	0.06	0.04	0.02	0.01
聚类	I			II			III			IV				

1. 总体特征分析

辽宁省城市旅游竞争力呈现"少数领先,多数集中"的特征。通过各城市旅游竞争力综合评价,可以简单地将14个市分为两类:大连、沈阳、鞍山3个城市和其余11个城市。大连、沈阳、鞍山的竞争力总体评价值远远领先于辽宁省内其他城市,特别是大连和沈阳成为旅游竞争力超强城市,而其余城市的旅游竞争力虽然也呈现梯度排列现

---

① 数据来源:a. 辽宁省旅游局信息中心(2003)。b. 傅鸿志,等. 辽宁省旅游资源地区差异研究. 经济地理,2003,23(3).

象，但由于竞争力指数差异都没有超过0.1，因此就归为一类。大连、沈阳、鞍山3个城市之间的竞争力指数差异为0.3~0.5，也说明了三个领先的城市之间的旅游竞争力优势差异比大多数其他城市之间的竞争力差异要大得多，即少数领先者之间的竞争要明显激烈于多数落后者之间的竞争。上述结论也正好印证了聚类分析对序化分析的补充意义。

另外，城市旅游竞争力的总体特征中还反映出，各城市的综合竞争力排序并非完全与"核心吸引物"和"基础性因素"（主要是旅游资源与产品）相适应，相反与"支持性因素"和"发展性因素"（主要是都市化水平）之间的相关性十分明显。

2. 城市类别分析

根据各城市旅游竞争力特征的聚类分析，可以把辽宁省14个城市分为4个阵营。

第一阵营城市包括前述的大连、沈阳、鞍山，不仅综合评价值在最前，3个城市的许多D级指标也名列前茅，是辽宁省真正或最有潜力发展为国际化旅游城市的领导型城市。大连、沈阳除了在核心吸引物方面全省领先外，其他B级指标也没有明显拉后腿现象。鞍山的旅游竞争力综合排名居沈阳之后，其支持性因素评价值偏低，与其历史上作为"钢都城市"、支持性因素向旅游产业倾斜不足有关。

第二阵营城市包括丹东、锦州、本溪。这些城市的支持性因素评价值较高，丹东"旅游立市"的口号、本溪"山水工业城"的形象定位，均反映出旅游产业在这些城市的整体经济建设和社会发展中发挥的作用十分明显。另外，第二阵营城市虽然基础性因素指标值低于第一阵营，但是所拥有的特色旅游资源却得到了较好的利用，丹东的边境旅游资源、本溪水洞、锦州的山海风光在资源特色评价中得分较高。

第三阵营城市包括葫芦岛、抚顺和营口。3个城市的旅游资源评价值较高，但开发利用能力的评价值较低，即基础性因素得分远远超过发展性因素。这个阵营的城市变数较大，若提高其旅游资源的调查评价、保持维护和增值发展能力，有的城市具有跻身于第二阵营甚至接近第一阵营的发展潜力。

第四阵营城市由朝阳、盘锦、辽阳、阜新、铁岭构成。这些城市各类指标均相对较低，说明整体上明显落后一个层次，但是综合竞争力排名靠后的原因略有差异：朝阳、阜新的支持性因素评分较低，而基础性因素得分略具优势；盘锦、铁岭的核心吸引物和基础性因素评价值均很低；辽阳、铁岭的资格性因素，特别是区位优势相对落后。

（三）城市旅游竞争力提升途径与政策启示

本部分内容选取的研究角度试图揭示城市旅游竞争力差异化表现的原因，而不是简单地反映竞争力的最终结果，因此在指标体系的构建中对"旅游收入"等指标权重进行了缩小化；同样，在研究结论中4个阵营的划分未必与人们对上述城市旅游竞争力的客观认识一致，特别是一定不会与各城市的旅游收入或旅游接待人次的排名相一致。这种差异事实上正说明了不同城市在旅游资源利用和城市旅游管理方面的巨大潜力和城市旅游竞争力提升的广阔空间。提升城市旅游竞争力，可以有这样两个逻辑：一是如何认清城市所在的阵营，确立城市旅游竞争的阶段性目标，从城市内部挖掘竞争潜力的问题；二是如何树立战略联盟意识，通过与外部城市合作共同提升竞争力的问题。

1. 建立旅游竞争力视角的城市发展战略

并不是所有城市均需要将提升旅游竞争力作为城市发展战略来定位。只要将上述分析结论与近几年来辽宁省各城市的旅游贡献率排名加以对照就会发现，有些城市一定不会具有旅游发展的相对竞争力优势，而另外一些城市确实存在旅游竞争力提升的巨大空间。建立旅游竞争力视角的城市发展战略，其实质是要界定针对特定城市而言，旅游产业发展与城市建设之间的关系。解释二者的关系需要明确三个问题：一是城市是一个在旅游市场上被销售的整体产品，包括旅游产业界在内的所有利益相关主体都要对此形成共识。政府各部门、公众、教育培训机构、媒体、产业界等各个方面控制与关心的核心问题各不相同，因此只有当各行为主体详细深入了解城市旅游竞争力实质，彼此之间进行广泛有效的交流（而不是在各自目标下自行其是），对城市旅游发展战略有着共同一致的理解时，才能有效地谋求城市旅游的长期竞争力。二是城市是一个旅游投资的场所，投资报酬率影响着资本的空间流动规律，也影响着其产业选择的规律。旅游竞争力提升的资金"瓶颈"问题能否解决，在某种程度上受到城市定位和发展战略的影响。三是城市是一个生活的地方、表达意见的地方，旅游开发应该使居民和其他利益主体受益。城市所追求的旅游竞争力一定是既能满足旅游者旅游体验的需要，又能满足当地居民生活质量改善的需要，在此基础上所实现的长期竞争优势。

2. 树立战略联盟意识，加强区域旅游合作发展

研究发现，处于第四阵营的朝阳、阜新、铁岭等辽西北城市由于相似的发展背景、产业基础、区位条件，其城市旅游竞争力特征十分相似。如果在旅游发展过程中，有意识地推动城市间合作，依托像沈阳这样的第一阵营城市作为客源输入市场，通过形成旅游信息、旅游资源等区域共享性合作网络机制，就可以实现共同发展的多赢效果，增强与区域外城市的竞争力。对于第一阵营的沈阳、鞍山，甚至包括辽宁中部城市群在内的区域，可以在同样的启示下，进行区域性旅游发展合作。这部分城市旅游资源优势明显，旅游产业专业化水平高、信息化程度好，如果进一步探讨建立城市间旅游发展的战略联盟，对于其挑战国际级优秀旅游城市是非常有益的思路。继续通过区域合作携手共进的思路也有利于第一阵营城市抛弃一味争夺省内桂冠的观念，将竞争视野扩展到省外乃至国际。

参考文献

[1] 保继刚，楚义芳. 旅游地理. 高等教育出版社，1999.

[2] 保继刚. 旅游开发研究——原理·方法·实践. 科学出版社，1996（85）.

[3] 陈建斌. 区域旅游竞争力分析. 广东商学院学报，2001（3）.

[4] 陈伟，马少春. 略论城市旅游信息咨询中心的构建. 桂林旅游高等专科学校学报，1998，9（4）.

[5] 陈兆坤. 我国城市旅游竞争力提升及发展战略选择. 经济师，2001（11）.

[6] 窦文章,杨开忠,杨新军.区域旅游竞争研究进展.人文地理,2000,15(3).

[7] 杜传忠.网络型寡占市场结构与中国产业的国际竞争力.中国工业经济,2003(6).

[8] 付临芳.试论旅游企业集团的成长方向.桂林旅游高等专科学校学报(旅游学科建设与旅游教育增刊),1999(10).

[9] 郭利平,陈忠暖.中国区域旅游经济综合实力分析和类型划分.地理学与国土研究,2001(3).

[10] 郭鲁芳.关于我国旅游业国际竞争力的思考.旅游科学,2000(2).

[11] J. R. Brent Ritchie.旅游目的地竞争力管理.南开大学出版社,2006.

[12] 江金波.AHP法在梅州旅游资源定量评价中的运用.地理学与国土研究,2001(2).

[13] 黎洁,赵西萍.论国际旅游竞争力及其阶段性演进.社会科学家,1999(5).

[14] 李蕾蕾,区域旅游形象系统研究——TDIS理论、方法、应用.北京大学博士学位论文,1998.

[15] 李蕾蕾.旅游地形象策划:理论与实务.广东旅游出版社,1999.

[16] 李树民,陈实,邵金萍.西安城市旅游竞争力的比较研究.西北大学学报(哲学社会科学版),2002(4).

[17] 林璧属.试析旅游规划中的客源市场分析.旅游学刊,2001,16(6).

[18] 陆林.山岳型旅游地生命周期研究——安徽黄山、九华山实证分析.地理科学,1997,17(1).

[19] 孟庆民,李国平,杨开忠.新国际分工的动态:概念与机制.中国软科学,2000(9).

[20] 倪鹏飞.中国城市竞争力报告No.2.社会科学文献出版社,2004.

[21] 牛亚菲.旅游供给与需求的空间关系研究.地理学报,1996,51(1).

[22] 彭华.旅游规划研究必须注意的几个问题.旅游学刊,2001,16(2).

[23] 苏伟忠,杨英宝,顾朝林.城市旅游竞争力评价初探.旅游学刊,2003(3).

[24] 万绪才,李刚,张安.区域旅游业国际竞争力定量评价理论与实践研究.经济地理,2001(3).

[25] 魏小安.旅游城市与城市旅游——另一种眼光看城市.旅游学刊,2001,16(6).

[26] 谢彦君.基础旅游学.中国旅游出版社,1999.

[27] 谢彦君.旅游地生命周期的控制与调整.旅游学刊,1995,10(2).

[28] 闫敏.旅游业与经济发展水平之间的关系.旅游学刊,1999,14(5).

[29] 杨开忠.公共事务型旅游发展规划的"工商管理化".旅游学刊,2001,16,(4).

[30] 杨英宝.旅游竞争力研究的回顾与展望.世界地理研究,2002(2).

[31] 姚作为.中国旅游业产业竞争力的现状分析.南方经济,2001(5).

[32] 张明清, 刘超. 旅游产业国际竞争力的理论思考与竞争态势分析. 经济问题探索, 2000 (4).

[33] 左冰. 旅游竞争优势战略: 旅游业发展的新战略观. 云南财贸学院学报, 2001 (5).

[34] A. Jhaahti. Finland's Competitive Position As a Destination. Annals of Tourism Research, 1986, 13 (1).

[35] Butler R. W.. The Concept of Tourist Area Cycle of Evolution: Implications for Management of Resources. Canadian Geographer, 1980, 24 (1).

[36] Crouch G., Ritchie J. B. Brent. The Destination Audit, Annual CHRIE Conference, Washington, DC. August, 1996.

[37] Douglas G. Pearce. Competitive Destination Analysis in Southeast Asia. Journal of Travel Research, Spring, 1997, 12 (4).

[38] D. Fodness, B. Murray. Tourism Information Search. Annals of Tourism Research, 1997, 24 (4).

[39] E. Canestrill, P. Costa. Tourism Carry Capacity: Fuzzy Approach. Annals of Tourism Research, 1991, 18 (2).

[40] Government of Canada Prosperity through Competitiveness. Minister of Supply and Service. Ottawa, Canada, 1991.

[41] G. Deasy, P. Griess. Impact of a Tourist Facility on its Hinterland. Annals of the Association of American Geographers, 1996, 56 (1).

[42] J. A. Mazance. International City Tourism Analysis and Strategy. Ed. A Josef Mazance, London and Washington Printed and in Great Britain By Biddles Ltd. Guild ford and King's Lynn, 1997.

[43] Martin R., Sunley P. Paul. Krugman's Geographical Economics and Its Implications for Regional Development Theory: A Critical Assessment. Economic Geography, 1996, 72 (3).

[44] Neuman W. Lawrence. Social Research Methods. Qualitative and Quantitative Approaches, 2nd, Allyn and Bacon, Needham Heights, MA, 1994.

[45] Newall J. Edward. The Challenge of Competitiveness. Business Quarterly, 1992 (56).

[46] Poon Auliana. Tourism, Technology and Competitive Strategy. CAB International, Wallingford, UK, 1993.

[47] Porter Michael E.. The Competitive Advantage of Nations. The Free Press, New York, 1990 (20).

[48] Prugh Thomas. Natural Capital and Human Economic Survival. International Society for Ecological Economics, Solomons, MD, 1995.

[49] Richardson John B.. A Sub - sectoral Approach to Services' Trade Theory in the

Emerging Service Economy. Orio Giarini, cd. , Pergamon Press, Oxford, 1987.

[50] Samli A. Coskun, Jacobs Laurence. Achieving Congruence between Macro and Micro Generic Strategies. A Framework to Create International Competitive Advantage, Journal of Macromarketing, 1995 (15).

[51] Scott Bruce R. , Lodge George C. . U. S. Competitiveness in the World Economy. Harvard Business School Press, Boston, MA, 1985 (3).

[52] The World Competitiveness Report. World Economic Forum and IMD International, Lausanne, Switzerland, 1994.

[53] W. Schertler. Information and Communication Technologies in Tourism. Springer – Verlag Wien, New York, 1998.

后 记

《城市旅游发展与管理》是我对自己近年来的研究论文进行的回顾与整理，结合在研究生授课期间与学生讨论交流的心得体会完成的。我想借此书出版之际感谢给予我关心和帮助的师长、同行与好友。

高闯教授（首都经贸大学）是我的博士生导师，给了我人生最深刻的学术影响。谢彦君教授（东北财经大学）是我在旅游学领域学术启蒙的良师益友。丁培毅研究员（格里菲斯大学）是我在澳大利亚昆士兰大学访学期间的合作者，对我在城市旅游研究领域指教颇多。曹宁副教授（辽宁大学）是我学术论文的主要合作者，给了我很多学术灵感。

感谢辽宁大学商学院、辽宁大学亚澳商学院的领导和老师们，多年来他们给予我的生活关怀和学术滋养，对我的社会与人生经验产生了重要影响。《旅游学刊》、《南开管理评论》、《经济地理》、《旅游科学》、《辽宁大学学报》、《社会科学辑刊》、《社会科学家》、《景观研究》、《旅游研究》等杂志社的编辑和匿名审稿人对我的学术成长给予了热情帮助和关心。我的学生们充满了批判与探索精神，同他们的交流常常让我得到有益的启发。

感谢本书参考文献和注释中引文的作者。感谢经济管理出版社的杨雅琳编辑和其他工作人员为本书的顺利出版付出的大量心血。没有他们的帮助，本书不可能有这样好的编印质量。

由于研究水平及时间所限，本书难免存在不足之处，我期待与领域内专家学者交流，对本书及相关研究进行进一步探讨。

郭舒
2014 年 3 月

图书在版编目（CIP）数据

城市旅游发展与管理/郭舒著.—北京：经济管理出版社，2014.6
ISBN 978-7-5096-3148-5

Ⅰ.①城… Ⅱ.①郭… Ⅲ.①城市旅游—旅游业发展—研究②城市旅游—旅游经济—经济管理—研究 Ⅳ.①F590.7

中国版本图书馆 CIP 数据核字（2014）第 112166 号

组稿编辑：杨雅琳
责任编辑：杨雅琳
责任印制：司东翔
责任校对：赵天宇

出版发行：经济管理出版社
（北京市海淀区北蜂窝 8 号中雅大厦 A 座 11 层　100038）
网　　址：www.E-mp.com.cn
电　　话：（010）51915602
印　　刷：三河市延风印装厂
经　　销：新华书店
开　　本：787mm×1092mm/16
印　　张：12.25
字　　数：276 千字
版　　次：2014 年 7 月第 1 版　2014 年 7 月第 1 次印刷
书　　号：ISBN 978-7-5096-3148-5
定　　价：58.00 元

·版权所有　翻印必究·
凡购本社图书，如有印装错误，由本社读者服务部负责调换。
联系地址：北京阜外月坛北小街 2 号
电话：（010）68022974　　邮编：100836